环境生态学研究

邢顺林　著

湘潭大学出版社
XIANGTAN UNIVERSITY PRESS

图书在版编目（CIP）数据

环境生态学研究 / 邢顺林著．-- 湘潭 ：湘潭大学出版社，2022.3
ISBN 978-7-5687-0750-3

Ⅰ．①环… Ⅱ．①邢… Ⅲ．①环境生态学一研究 Ⅳ．①X171

中国版本图书馆 CIP 数据核字（2022）第 062470 号

环境生态学研究
HUANJING SHENGTAIXUE YANJIU
邢顺林 著

责任编辑：丁立松
封面设计：童越图文
出版发行：湘潭大学出版社
社　　址：湖南省湘潭大学工程训练大楼
电　　话：0731-58298960 0731-58298966（传真）
邮　　编：411105
网　　址：http://press.xtu.edu.cn/
印　　刷：长沙创峰印务有限公司
经　　销：湖南省新华书店
开　　本：710 mm×1000 mm 1/16
印　　张：15
字　　数：246 千字
版　　次：2022 年 3 月第 1 版
印　　次：2022 年 3 月第 1 次印刷
书　　号：ISBN 978-7-5687-0750-3
定　　价：58.00 元

前　言

随着社会经济的快速发展，人们的环保意识逐步增强，同时生态环境的可持续发展对改善人们的生活质量也具有极大的意义。事实上社会生产和人们的生活方式对环境生态的影响很大。过去那种以生态环境的牺牲为代价来换取经济效益的粗放发展方式，使生态环境逐渐恶化。而今，改善生态环境成为现代人的当务之急，需要促进生态环境的可持续发展。

作为一门新兴的边缘学科，环境生态学仍在不断发展的过程中。目前，环境生态学主要研究生态系统中的生物与污染的环境之间作用与反作用、对立与统一、相互依赖与相互制约、物质的循环与代谢等相互作用的规律，将理论研究成果应用于改善现实中的环境问题，这样不仅能够改善生态环境，还能促进经济、环境和人类社会的可持续发展。

为了更好地研究环境生态学，笔者查阅了大量资料，围绕环境生态学进行撰写，全书共有七章内容。第一章是绪论部分，包括环境问题的产生及危害、环境生态学的形成与发展、环境生态学与相关学科之间的联系；第二章是生物与环境研究，主要讲述了地球上的生物、环境的定义及其类型、主要环境因子的生态作用、生态因子作用的一般规律；第三章是对生物圈中的生命系统进行研究，包括生命系统的层次、生物种群的特征与动态、种群关系概述、生物群落的形成及演替等；第四章主要是对生态系统生态学进行研究，内容涉及了生态系统的组成与结构、生态系统的主要功能、生态系统的平衡与调节机制、世界主要生态系统的类型等；第五章主要写生态系统服务，包括生态系统服务概述、生态系统服务的分类与特征、生态系统服务价值的评估；第六章主要写环境污染与生态监测，包括环境污染物与毒物、环境污染物在生态环境中的迁移与转化、生态监测与生态环境影响评价；第七章主要研究了生态环境保护与可持续发展，包括全球生态环境问题、人类应对环境问题的举措、人类社会的发展观与可持续发展战略等。全书内容翔实、语言精练、论述深入浅出，具有较强的可读性和参考性。

在本书的撰写过程中，笔者查阅了大量文献资料，吸收借鉴了相关研究成果，得到了同事亲朋的鼎力相助，在此深表谢意。尽管笔者在写作过程中力求完美，但不足之处在所难免，恳请各位专家、读者不吝赐教。

作者

2022 年 2 月

目　录

第一章　绪　论 ………………………………………… 1

第一节　环境问题的产生及危害 ………………………… 1

第二节　环境生态学的形成与发展 ……………………… 8

第三节　环境生态学与相关学科之间的联系 …………… 17

第二章　生物与环境研究 ………………………………… 28

第一节　地球上的生物探究 ……………………………… 28

第二节　环境的定义及其类型分析 ……………………… 36

第三节　主要环境因子的生态作用分析 ………………… 39

第四节　生态因子作用的一般规律 ……………………… 53

第三章　生物圈中的生命系统 …………………………… 60

第一节　生命系统的层次 ………………………………… 60

第二节　生物种群的特征与动态分析 …………………… 65

第三节　种群关系概述 …………………………………… 76

第四节　生物群落的形成及其特征 ……………………… 85

第五节　生物群落的演替 ………………………………… 97

第四章　生态系统生态学研究 …………………………… 108

第一节　生态系统的组成与结构 ………………………… 108

第二节　生态系统的主要功能 …… 117
第三节　生态系统的平衡与调节机制 …… 131
第四节　世界主要生态系统的类型 …… 137
第五章　生态系统服务 …… 147
第一节　生态系统服务概述 …… 147
第二节　生态系统服务的分类与特征 …… 152
第三节　生态系统服务价值的评估 …… 163
第六章　环境污染与生态监测 …… 170
第一节　环境污染物与毒物 …… 170
第二节　环境污染物在生态环境中的迁移与转化 …… 178
第三节　生态监测与生态环境影响评价 …… 188
第七章　生态环境保护与可持续发展 …… 198
第一节　全球生态环境问题研究 …… 198
第二节　人类应对环境问题的举措 …… 213
第三节　人类社会的发展观与可持续发展战略 …… 222
参考文献 …… 231

第一章

绪　论

20 世纪 70 年代以来，人类通过对环境问题的认真思考，选择了正确的发展观——可持续发展。科学技术的突飞猛进，使社会形态进入了一个新的阶段——信息社会或生态文明社会。正确的发展战略、新的产业结构、文明的生态意识，使人们对新世纪的未来充满了希望。然而，20 世纪产生的许多重大的全球性环境问题并没有因此而消失。人类要生存，经济要发展，环境要保护，三者间仍然存在着诸多矛盾，这是人类在 21 世纪无法回避的挑战。因此，正确处理人类社会发展与环境的关系，回顾人类社会发展与环境问题产生的过程，仍是认识和解决 21 世纪环境问题的基础和依据。

第一节　环境问题的产生及危害

一、环境与环境问题

环境（environment）是指生物有机体周围空间以及其中可以直接或间

接影响有机体生活和发展的各种因素的总和。环境必须相对于某一中心或主体才有意义，不同的主体其相应的环境范畴不同。如以地球上的生物为主体，环境的范畴包括大气、水、土壤、岩石等；以人为主体，还应包括整个生物圈（biosphere），除了这些自然因素，还有社会因素和经济因素。

环境科学所研究的主体是人类，故其环境指的是人类的生存环境。其内涵可以概括为：作用于人的一切外界事物或力量的总和。

人类与环境是相互作用、相互影响、相互依存的对立统一体。人类的生产和生活活动作用于环境，会对环境产生有利或不利的影响；反过来，变化了的环境也会对人类社会产生各种影响。

人类在生存和发展过程中不恰当的生产和生活活动引起全球环境或区域环境质量恶化，出现了不利于人类生存和发展的现象，即所谓环境问题（environmental problems）。人类环境问题按成因的不同，可分为自然的和人为的两类。前者是指自然灾害问题，如火山爆发、地震、台风、海啸、洪水、旱灾、沙尘暴等，这类问题在环境科学中称为原生环境问题（original environmental problems）或第一环境问题（primary environmental problems）。后者是指由于人类不恰当的生产与生活活动所造成的环境污染、生态破坏、人口急剧增加和资源的破坏与枯竭等问题，这类问题称为次生环境问题或第二环境问题（secondary environmental problems）。我们在环境科学中着重研究的不是自然灾害问题，而是人为的环境问题，即次生环境问题。由于环境是人类生存和发展的物质基础，环境问题日益严重，引起了人们的普遍关注和重视，同时也促进了环境科学的发展。

二、环境问题的产生

人类是环境的产物，又是环境的改造者。人类在发展自身的同时，不断地改造自然，创造新的生存条件。然而，由于认识自然的能力和科学技术水平的限制，人类在改造环境的过程中，往往会产生意想不到的后果，造成环境的污染和破坏。

环境问题伴随着人类社会的发展而不断发生改变。在原始社会，人类以采集天然植物和猎获野生动物为生，生产力水平低下，人类对环境基本上不构成危害和破坏，即使局部环境受到了破坏，生态系统也很容易通过自身的调节得以恢复。到了奴隶社会和封建社会，随着生产工具不断改进，生产力水平不断提高，人类改造自然的能力也随之提高，其生产或生活活动使得局部区域内的环境受到破坏。古代经济发达的美索不达米亚、希腊等地区，就是由于不合理的开垦和灌溉变成荒芜不毛之地；我国的黄河流域是人类文明的重要发源地之一，原本森林茂密、土地肥沃，西汉末年和东汉时期的大规模开垦，促进了当时农业生产的发展，但长期的滥砍森林，使该区域水土流失严重，甚至造成了某些物种灭绝。许多人类文明中心如苏美尔文明、中美洲的玛雅文化、中亚丝绸之路沿线的古文明均随着环境问题的出现而消亡。①

18 世纪后半叶开始第一次工业革命，蒸汽机的发明和使用，使人类改造自然的能力显著增强，西方国家也因此由农业社会转变为工业社会，人类对环境的影响发生转折性变化。小规模的手工业被以畜力、风力、水力等为能源的机械所代替。工业迅速崛起，工业企业集中分布的工业区和城市大量涌现，城市和工矿区出现了不同程度的环境污染问题。如英国伦敦从 1873 年至 1892 年间发生了多起烟雾污染事件，并夺走了数千人的生命；工业废水和城市生活污水使河流和湖泊水质急剧下降，泰晤士河几乎成为“臭水沟”；对矿物的大量开采使土地和植被受到严重破坏和污染，大片矿区及其邻近土地成为不毛之地。这时期环境问题的特点是工业污染和工业原材料开发引起的环境破坏。不过从全球角度看，由于地球各区域经济发展不平衡，这一时期环境问题仍然是区域性的。

19 世纪随着电的发现和电气设备的应用，人类进入第二次产业革命时期。特别是在第二次世界大战以后，社会生产力突飞猛进，导致电力、石油、化工及机器制造业等在世界经济中占主导地位。能源、原材料消耗数量急剧增加，自然资源开发与污染物排放达到空前的规模。一些工业发达

① 胡荣桂，刘康．环境生态学[M].2 版．武汉：华中科技大学出版社，2018.

国家普遍出现环境污染问题，如著名的“八大公害”事件。人类首次感觉到环境污染和生态破坏已成为关系到自身生存和发展的重大现实问题。①

从 20 世纪 60 年代开始，西方发达国家公众的环境意识日益增强，展开了声势浩大的环境运动，要求政府采取有效手段治理日益严重的环境污染。罗马俱乐部提交了著名的报告——《增长的极限》，并成功地使全世界对环境问题产生了“严肃的忧虑”。1972 年，联合国在瑞典首都斯德哥尔摩召开人类环境会议，通过了《人类环境宣言》，可以说这是人类社会对严峻的全球环境问题的正式挑战。1987 年世界环境与发展委员会（WCED）向联合国大会提交的研究报告《我们共同的未来》则标志着人类对环境与发展的认识在思想上有了重要飞跃。1992 年联合国在巴西里约热内卢召开的“环境与发展”大会，标志着人类对环境与发展的观念升华到一个崭新阶段。1994 年，人类首次观察到南极上空臭氧层空洞面积相当于欧洲大小；1997 年 12 月，联合国气候变化框架公约大会在日本京都通过《京都议定书》。这些会议和活动表明环境问题是当代世界上一个重大的社会、经济、技术问题。

进入 21 世纪后，我国的国家环保总局掀起了一场“环保风暴”，仅在 2005 年一年里，就因严重违反环保法律法规，叫停了 30 个总投资达 1 197 亿元的在建项目，接着通报酸雨控制区和二氧化硫控制区，还公布了 46 家尚未启动脱硫项目的火电厂。这场环保风暴也体现我国谋求可持续发展的决心。2018 年环保风暴再次在全国掀起，山东、湖北、江苏、浙江、山西等地相继出台了针对化工园区、化工厂的整治、限产、关停、保留方案。

随着社会、经济的发展，环境污染正以一种新的形态在发展，生态破坏的规模和范围也在进一步扩大。而环境污染和生态破坏所造成的影响，已从局部向区域和全球范围扩展，并上升为严肃的国际政治问题和经济问题。

---

① 乌云娜，王晓光. 环境生态学[M]. 北京：科学出版社，2020.

三、全球性环境问题及危害

全球性环境问题的产生是多种因素共同作用的结果。其影响范围也从区域扩展为全球，并给人类的生存和发展造成了极大的威胁。当前威胁人类生存的主要环境问题可归纳如下。

（一）全球气候变化

人类活动产生大量二氧化碳（CO_2）、甲烷（CH_4）、氧化亚氮（N_2O）等气体，当它们在大气中的含量不断增加时，即产生所谓温室效应（greenhouse effect），使气候逐渐变暖。全球气候的变化，给全球生态系统带来严峻的考验。例如全球升温使极地冰川融化，海水膨胀，从而使海平面上升；全球气候变化还使全球降雨和大气环流发生变化，使气候反常，易造成旱涝灾害等。

2015 年 3 月，美国国家海洋和大气管理局（NOAA）[①] 发布，CO_2 及其他温室气体增加导致全球气温升高、海平面上升。而气温的升高和极端气候频发将对农业和生态系统产生严重影响。

（二）臭氧层破坏

在离地球表面 10～50 km 的大气平流层中集中了地球上 90% 的臭氧（O_3）气体，在离地面 25 km 处臭氧浓度最大，并形成了厚度约为 3 mm 的臭氧集中层，称为臭氧层（ozonosphere）。臭氧层能吸收太阳的紫外线，以保护地球上的生命免受过量紫外线的伤害，并将能量储存在上层大气中，起到调节气候的作用。但臭氧层是一个很脆弱的气体层，如果一些会和臭氧发生化学反应的物质进入臭氧层，臭氧层就会遭到破坏，这将使地面受到紫外线辐射的强度增加，给地球上的生命带来很大的危害。[②]

大量观测和研究结果表明，南北半球高纬度大气中臭氧已经损耗了

---

① 它隶属于美国商业部下属的科技部门，主要关注地球的大气和海洋变化，提供对灾害天气的预警，提供海图和空图，研究如何改善对环境的了解和防护。

② 张秀军．全球性环境问题分析[J]．科学之友（学术版），2006（1）：92-93.

5%~10%，在南极的上空臭氧层损失高达50%以上，形成了所谓的臭氧层空洞，臭氧的减少使到达地面的短波长紫外辐射（UV-B）的辐射强度增加，导致皮肤病和白内障的发病率增高，植物的光合作用受到抑制，海洋中的浮游生物等减少，进而影响水生生物的生存，并对整个生态系统构成威胁。

（三）生物多样性降低

生物多样性是指一定范围内多种多样活的有机体有规律地结合所构成的稳定生态综合体，它包括物种内部、物种之间和生态系统的多样性。在漫长的生物进化过程中会产生一些新的物种，而随着生态环境的变化，也会有一些物种消失。近年来，由于人口的急剧增加和人类对资源的不合理开发，以及环境污染导致的生态破坏等，地球上的各种生物及其生态系统受到了极大的冲击，生物多样性也受到了很大的损害。

联合国千年生态评估计划研究发现，世界上每年至少有5万种生物物种灭绝，平均每天灭绝的物种达150~200种。约41%的两栖类动物、33%的珊瑚、25%的哺乳动物及13%的禽类处于濒危境地。专家警告，地球已经经历过5次物种大灭绝（包括发生在6 500万年前的恐龙爬行动物的灭绝），第6次物种大灭绝即将到来。因此，保护和拯救生物多样性以及这些生物赖以生存的生活条件，同样是摆在我们面前的重要任务。

（四）酸雨危害

酸雨是指pH值低于5.6的雨、雪或其他形式的大气降水，是大气污染的一种表现。酸雨对人类环境的影响是多方面的：酸雨降落到河流、湖泊中，会妨碍水中鱼、虾的生长，以致鱼虾减少甚至灭绝；酸雨导致土壤酸化，破坏土壤的营养，使土壤贫瘠化；酸雨还危害植物的生长，造成作物减产或森林退化。此外，酸雨还腐蚀建筑材料。有关资料表明，近十几年来，酸雨地区的一些古迹特别是石刻、石雕或铜塑像的损坏超过以往数百年甚至千年的影响，如我国乐山大佛、加拿大的议会大厦等。

21世纪以来，全世界的酸雨污染范围日益扩大。原来只发生在北美和欧洲工业发达国家的酸雨，逐渐向一些发展中国家扩展，如印度、东南亚、中国等。同时酸雨的酸度也在逐渐增加。据欧洲大气化学监测网近20年连续监测的结果表明，欧洲雨水的酸度增加了10%，瑞典、丹麦、波兰、德国、加拿大等国的酸雨pH值多为4.0~4.5，美国已有15个州的酸雨pH值在4.8以下。

（五）土地退化和荒漠化

全世界有80%的人口生活在以农业和土地为基本谋生资源的国家，然而土地资源退化及荒漠化是全球面临的严重问题。全球退化土地估计有19.6亿公顷（UNEP，1997），其中38%为轻度退化，46.5%为中度退化，15%为严重退化，0.5%为极严重退化。

人类活动，尤其是农业活动，是造成土地退化的主要原因。在北美，这类活动影响了不少于52%的退化干旱地区，墨西哥北部以及美国和加拿大的大平原和大草原地区受到的影响最大。农业活动还在不同程度上造成了发展中国家不同形式的土地退化。许多农村开发项目的目标都是增加农作物产量和缩短耕地休闲期，这些活动导致土壤营养的净流失，大大降低了土壤的肥力。而化肥、农药的大量施用，则对一些土地造成了严重污染。

对森林的过量砍伐是造成土地退化的另一个原因。毁林导致土地退化情况最严重的地区是亚洲，其次是拉丁美洲和加勒比地区。

在草场、灌木林和牧场过度放牧也会导致土地退化。当前过度放牧导致土地退化的面积已达6.8亿公顷，占退化干旱土地总面积的三分之一以上。

除人类活动外，年降雨量和雨水蒸发量等重要的气候因素的变化也是土地退化的主要原因，而这些变化又是与农业、城市发展及工业等行业强化使用土地相伴随的。在干旱地区，退化土地总面积中有近一半是水土流失作用造成的。水土流失使非洲5 000多万公顷干旱土地严重退化。

（六）海洋污染与渔业资源锐减

海洋是生命之源。由于过度捕捞，海洋的渔业资源正以无法想象的速度减少，许多靠捕捞海产品为生的渔民正面临着生存危机。不仅如此，海产品中的重金属和一些有机污染物等都有可能对人类的健康带来威胁。人类活动使近海区的氮和磷增加了 50%~200%，过量营养物导致沿海藻类生物大量生长，波罗的海、北海、黑海、东海等海域经常出现赤潮。[①]

（七）人口爆炸，城市无序扩大

人口、资源、环境是困扰当今社会最严峻的问题，而人口问题则是这些问题中起关键作用的因素。人口的大量增加以及城市的无序扩大，使城市的生活条件恶化，造成拥挤、水污染、卫生条件差、无安全感等一系列问题，对环境造成了严重破坏。

几千年来，人类文明的发展基本上是以消耗大量环境资源为代价换来的。这一过程使生态环境不断恶化，并累积和形成了许多重大的生态环境问题。我国是一个开发历史悠久、人口众多的国家，生态环境的恶化更为显著，问题更为严重，因此，解决重大的生态环境问题，改善生态环境，提高生态环境质量，逐步走上可持续发展道路，是我国生态环境保护的基本国策。

第二节　环境生态学的形成与发展

一、环境生态学的概念

环境生态学（environmental ecology）是生态学和环境科学之间的交叉学科，是生态学的重要应用学科之一。环境生态学是研究在人为干扰下，生态系统内在的变化机理、规律和对人类的反效应，寻求受损生态系统恢

---

① 程发良，孙成访. 环境保护与可持续发展[M]. 3 版. 北京：清华大学出版社，2014.

复、重建和保护对策的科学，即运用生态学理论，阐明人与环境间的相互作用及解决环境问题的生态途径。[①] 因此，环境生态学不同于以研究生物与其生存环境之间相互关系为主的传统生态学，也不同于只研究污染物在生态系统中的行为规律和危害的污染生态学和研究社会生态系统结构、功能、演化机制，以及人的个体和组织与周围自然、社会环境相互作用的社会生态学，它是侧重于研究人类干扰条件下的环境污染和生态破坏引起的生态系统自身的变化规律及解决环境问题的生态途径的学科。

二、环境生态学的产生

20 世纪中叶，环境问题频频困扰人类。全球气候变化、酸雨、臭氧层破坏、荒漠化、生物多样性减少等严重生态危机，使全球面临环境和生态系统失衡的危险，从无数现实教训中人类认识到，地球的环境是脆弱的，各种资源也不是取之不尽的，当环境被破坏、资源被过度利用后要恢复是很难的。20 世纪 50 年代美国海洋生物学家蕾切尔·卡逊（Rachel Carson）在研究美国使用杀虫剂所产生的种种危害后，于 1962 年出版了《寂静的春天》[②] 一书。该书是科普著作，但蕾切尔·卡逊（Rachel Carson）的科学素养使这本书成功地论述了生机勃勃的春天“寂静”的主要原因，描述了使用农药造成的严重污染，以及污染物在环境中的转化和污染对生态系统的影响；揭示了人类生产活动与春天“寂静”间的内在机制；阐述了人类同大气、海洋、河流、土壤及生物之间的密切关系；批评了“控制自然”这种妄自尊大的思想。这些论述有力地促进了生态系统与现代环境科学的结合。作为环境保护的先行者，蕾切尔·卡逊（Rachel Carson）的思想在世界范围内引发了人类对自身的传统行为和观念的反思。在同一时期，另外一些著作的发表更加深了人类对环境问题的认识，如《人类与环境》（R. Arvill，1967）和《人类对环境的影响》（T. Detwuler，1971）等，使人们更加清晰地认识到人类活动已

① 胡荣桂，刘康. 环境生态学[M]. 2 版. 武汉：华中科技大学出版社，2018.

② 它是由美国科普作家蕾切尔·卡逊创作的科普读物，首次出版于 1962 年。该书讲述的是农药对人类环境的危害。

经影响地球表面大气圈、水圈、土壤-岩石圈和生物圈的一些自然过程。人们意识到，生态学的原理和方法在人类维护赖以生存的环境和持续利用资源方面起着重要的作用。环境生态学正是在这样的基础上诞生的。

1968 年，来自世界各国的几十位科学家、教育家、经济学家聚会于罗马，成立了一个非正式的国际协会——罗马俱乐部。1972 年罗马俱乐部提交了成立后的第一份研究报告——《增长的极限》。该报告深刻阐明了环境的重要性以及资源与人口之间的基本联系。由于世界人口增长、粮食生产、工业发展、资源消耗和环境污染这 5 项基本因素的运行方式是呈指数增长而非线性增长的，全球的增长将会因为粮食短缺和环境破坏于 21 世纪某个时段内达到极限，经济增长将发生不可控制的衰退，因此，要避免因超越地球资源极限而导致世界崩溃的最好方法是限制增长，即“零增长”。尽管《增长的极限》的结论和观点存在一些明显的缺陷，但这份报告以全世界范围为空间尺度，以大量的数据和事实提醒世人，产业革命以来的经济增长模式所倡导的“人类征服自然”，其后果使人处于与自然的尖锐矛盾之中，并不断地受到了自然的报复。《增长的极限》对人类发展历程的理性思考，唤起了人类自身的觉醒。其所阐述的“合理的、持久的均衡发展”，为孕育可持续发展的思想萌芽提供了土壤，为环境生态学的理论体系奠定了基础。①

1972 年，联合国人类环境会议在斯德哥尔摩召开，来自世界 113 个国家和地区的代表共同讨论了环境对人类的影响问题。这是人类第一次将环境问题纳入世界各国政府和国际政治事务。大会通过的《人类环境宣言》，其意义在于唤起各国政府对环境问题的反思、觉醒和关注。在同一年 Barbra 等出版了《只有一个地球》一书，该书从整个地球的发展前景出发，从社会、经济和政治的不同角度，论述了经济发展和环境污染对不同国家产生的影响，指出人类所面临的环境问题，呼吁各国重视维护人类赖以生存的地球。该书的出版对环境生态学的发展起到了重要的作用，其学术思

① 舒展，黄慧，于文男．环境生态学[M].哈尔滨：东北林业大学出版社，2017.

想和观点丰富了环境生态学的理论，促进了环境生态学理论体系的完善和发展。而 White 的《我们生态危机的历史根源》、Baulding 的《未来宇宙飞船的经济》等著作从不同的角度和不同的研究领域为环境生态学的形成与发展作出了积极贡献。

20 世纪 70 年代后，研究者们在受干扰和受害生态系统的恢复和重建的理论与实际应用方面做了大量工作。美国生态学家 Odum 编写了《生态学基础》，详细论述了生态系统结构与功能，该书对环境生态学发展有很大影响。他因此于 1977 年获得美国生态学最高荣誉——泰勒生态学奖。1975 年在美国召开了题为"受害生态系统的恢复"的国际会议。专家们第一次讨论了受害生态系统的恢复和重建等许多重要的环境生态学问题。J. Carins 等在 1980 年出版了《受害生态系统的恢复过程》一书，广泛探讨了受害生态系统恢复过程中的重要生态学理论的应用问题。1983 年美、法两国专家召开了"干扰与生态系统"的学术讨论会，系统地探讨了人类的干扰对生物圈、自然景观、生态系统、种群和生物个体的生理学特性的影响。1987 年，B. Freedman 出版了第一本环境生态学教科书，其主要内容包括空气污染、有毒元素、酸化、森林退化、油污染、淡水富营养化和杀虫剂等。该书的副标题为"污染和其他压力对生态系统结构和功能的影响"。该书的出版对环境生态学的发展起到了积极的推动作用。1996 年在北京召开了第一届世界恢复生态学大会。

国内外以《环境生态学》为名的专著和教科书并不多，但作为有明确研究领域和学科任务的分支学科，环境生态学的地位已得到越来越多学者的认可。金岚等（1991）编著的《环境生态学》是我国第一本系统的环境生态学教材，出版以来，已经多次印刷，为我国高等学校的环境生态学教育作出了贡献。进入 21 世纪，盛连喜等（2002）编著的《环境生态学导论》较全面地介绍了环境生态学的发展、内容及其动态。近些年来，我国学者已陆续出版了多部环境生态学教材与专著，但数量与内容与我国环境生态学教学与科研快速发展的需求之间尚有很大的差距。

三、环境生态学的研究内容

进入 21 世纪后，环境生态学的研究内容也在不断丰富。根据国内外的研究进展，环境生态学的研究内容除了涉及传统生态学的基本理论外，主要包括以下几个方面的问题。

（一）人为干扰下生态系统内在变化机理和规律

环境生态学研究的对象是受人类干扰的生态系统。人类对生态系统的干扰主要表现在对环境的污染和生态的破坏上。自然生态系统的干扰效应在系统内不同组分间是如何相互作用的，有哪些内在规律，各种污染物在各类生态系统中的行为变化规律和危害方式是什么，等等，都是环境生态学研究的主要内容之一。

（二）生态系统受损程度及危害性的判断研究

受损后的生态系统，在结构和功能上有哪些影响，其退化特征是什么，这些退化现象的生态效应和性质、危害性程度如何等，都需要作出准确和量化的评价。物理、化学、生态学和系统理论的方法是环境质量评价和预测所常用的 4 个最基本的手段，而生态学判断所需的大量信息就来自生态监测。因此，生态监测与评价是环境生态学研究的另一项主要内容。

（三）生态系统退化的机理及其修复

在人类干扰和其他因素的影响下，大量的生态系统处于不良状态，如森林功能衰退、土地荒漠化、水土流失、水源枯竭等。脆弱、低效和衰退已成为这一类生态系统的显著特征。重点研究的内容有：人类活动造成这些生态系统退化的机理及恢复途径；人类活动对生态系统干扰效应的生态监测技术；防止人类活动使环境失调的措施；保持生态系统平衡与可持续发展的途径。另外，还要研究自然资源综合利用以及污染物的处理技术，使退化的生态系统恢复成为清洁和健康的系统；研究对脆弱生态系统（如黄土高原水土流失区、西南石灰岩发育区）的恢复机理；研究石油、煤炭、矿山等开发过程中或开发后生态系统恢复、重建问题等。

（四）各类生态系统的功能和保护措施的研究

各类生态系统在生物圈中发挥着不同的功能，它们是人类生存的基础。当前，各类生态系统正遭受损害和破坏，出现了生态危机。环境生态学要研究各类生态系统的结构、功能，保护和合理利用的途径与对策，探索不同生态系统的演变规律和调节技术，为防治人类活动对自然生态系统的干扰，有效地保护自然资源，合理利用资源提供科学依据。以森林生态系统为例，要研究各类森林生态系统在人类活动下的变化与影响、提高森林生态系统生产力的途径、森林生态系统的生态服务功能、人工林的营造和丰产技术、生态防护林的建设、森林生态系统的复原及演替理论、酸雨和其他污染物对森林的危害及防治技术、农林复合生态系统、森林在全球变化中的作用等问题。

（五）解决环境问题的生态学对策研究

单纯依靠工程技术解决人类面临的环境问题，已被实践证明是行不通的，而采用生态学方法治理环境污染和解决生态破坏问题，尤其在区域环境的综合整治上，已经初见成效。结合环境问题的特点，依据生态学的理论，采取适当的生态学对策并辅之以其他方法或工程技术来改善环境质量，恢复和重建受损的生态系统是环境生态学的重要研究内容，包括各种废物的处理和资源化的生态工程技术，以及对生态系统实施科学的管理。

（六）全球性环境生态问题的研究

近几十年来，许多全球性的生态问题严重威胁着人类的生存和发展，面对这些全新的问题，如臭氧层破坏、温室效应等，人类只有共同努力才能解决。21 世纪人类面临全球性的生态环境变化的挑战，因此，要在监测全球生态系统变化的基础上，研究全球变化对生物多样性和生态系统的影响，探寻生存环境历史演变的规律，了解地球敏感地带和生态系统对环境变化的响应情况；模拟全球环境变化及其与生态系统的相互作用，建立适应全球变化的生态系统发展模型，提出减缓全球变化中自然资源合理利用和环境污染控制的对策和措施等。①

综上所述，维护生物圈的正常功能，改善人类生存环境，并使两者间得到协调发展，是环境生态学的根本目的。运用生态学理论，保护和合理利用自然资源，治理被污染和被破坏的生态环境，恢复和重建受损的生态系统，实现保护环境与发展经济的协调，以满足人类生存发展需要，是环境生态学的核心研究内容。

四、环境生态学的发展趋势

进入 21 世纪后，世界环境问题既有历史的延续，也有些新的变化和发展，人们将更加关注以下几方面的问题，并努力取得突破性进展。

（一）人为干扰的方式及强度

虽然人类的干扰已经改变了全球所有生态系统，但人类社会的生存与发展还在不断地对生态系统施加各种干扰。环境生态学所研究的干扰主要是人为干扰，且人类活动对生态系统的干扰已经成为许多学科研究的热点，并被认为是驱动种群、群落和生态系统退化的主要因素。随着近几十年来人类干扰空间的扩大和强度的加剧，人为干扰的方式及强度的研究越来越为人们所关注。人为干扰对生态系统产生的效应和表现形式是多样的，人为干扰涉及干扰的类型、损害强度、作用范围和持续时间，以及发生频率、潜在突变、诱因波动等方面。但人为干扰也有破坏和增益的双重性，环境生态学最关注的是人为干扰的方式和强度与生态效应的关系，通过诊断和排除消极干扰，把危害降到最低，按照符合生态系统健康发展的原则，主动采取措施进行生态恢复，甚至使之达到增益的目的。②

（二）退化生态系统的特征判定

各种干扰的方式和强度不同，对生态系统的危害性和产生的生态效应

① 张秀军．全球性环境问题分析[J]．科学之友（学术版），2006（2）：92-93.

② 高寒，李伟玮．环境可持续发展的环境生态学研究[J]．中国资源综合利用，2020，38（8）：169-170.

也不同。如何判定一个生态系统是否受到人为干扰的损害、损害程度、受损生态系统的结构和功能变化有什么共同特征，对此目前仍有不同的看法，还没有一个公认的判断和评价指标体系。

（三）人为干扰下的生态演替规律

受损生态系统恢复与重建的最重要理论基础之一是生态演替理论。各种人为干扰的演替能否预测？在什么条件下，人为干扰后的生态演替会出现加速、延缓、改变方向甚至向相反方向进行？斑块的大小及形状对生态演替有何影响？生态异质性与干扰过程中生态演替的关系如何？这些重要的理论问题也是未来环境生态学的主要研究对象。

（四）受损生态系统恢复和重建技术

受损生态系统的恢复与重建常因政策、目的的不同而产生不同的结果。如何使受损生态系统尽快地恢复、改建或重建，这既是个理论问题，也是个实践问题。目前，关于各类受损生态系统恢复与重建的具体原则和方法已有了大量的实践，包括森林、草地、农田、湿地及水域等受损生态系统，都有实际研究的成功事例。然而，这个研究领域仍不能满足实践的需要。一些恢复技术缺乏整体的、系统的考虑还不能实现生态、社会和经济效益的统一。成功的生态恢复应包括生态保护、生态支持和生态安全 3 个方面，生态恢复和重建技术的研究是环境生态学中最具有吸引力和最有发展前景的内容。

（五）生态系统服务功能评价

生态系统服务是指生态系统与生态过程所形成及所维持的人类生存环境的各种功能与效用，它是生态系统存在价值的真实和全面体现，也是人类对生态系统整体功能认识的深化。地球上大大小小的生态系统都是生命支持系统，为人类的生存与发展提供各种形式的服务。但是，由于生态系统的复杂性和不确定性，人们对生态系统服务功能的评价在方法上仍然很不成熟，对生态系统服务功能的正确评价，能较好地反映生态系统和自然资本的价值，可为一个国家、地区的决策者、计划部门和管理者提供背景资料，也有利于建立环境与经济综合核算新体系和制定合理的自然资源价格体系，因此，生态系统服务功能评价研究是环境生态学研究的基础，是生态系统受损程度判断和实施恢复的依据。

（六）生态系统管理

生态系统管理的概念是在环境生态学的发展过程中逐渐形成和发展的。在探索人类与自然和谐发展的道路上，生态系统的可持续性已成为生态系统管理的首要目标。生态系统的科学管理是合理利用和保护资源、实现可持续发展的有效途径。在实践中，由于对生态系统功能及其动态变化规律还缺乏全面认识，往往注重的是短期产出和直接经济效益，而对于生态系统的许多公益性价值，如污染空气的净化、减灾防灾、植物授粉和种子传播、气候调节等功能，以及维护生态系统长期可持续性的研究还重视不够，对于恢复和重建生态系统的科学管理更缺乏经验，因此，加强生态系统管理的研究，也是环境生态学的重要任务。[①]

（七）生态规划和生态效应预测

生态规划一般是指按照生态学的原理，对某地区的社会、经济、技术和生态环境进行全面综合规划，以便充分、有效和科学地利用各种资源，促进生态系统的良性循环，使社会经济持续稳定发展。这是人类解决环境问题的有效途径。生态规划所要解决的中心问题之一就是人类社会的生存和持续发展问题，这是涉及许多领域而又极其复杂的问题。环境生态规划是减少生态破坏、设计生态恢复和重建的有效手段，是依据生态学原理实现社会、经济和环境协调发展的途径。全球生态环境变化的现状是已经历的一系列发展变化的新阶段，同时也是即将经历的未来演替的起点，研究发生在生物圈各类生态系统内并受人类活动影响的物理、化学、生物的相互作用过程及其生态效应，提高对全球环境和生态过程重大变化的预测能力，将是今后一段时期内环境生态学必须努力探索的重要课题。

---

① 高寒，李伟玮．环境可持续发展的环境生态学研究［J］．中国资源综合利用，2020，38（8）：169-170.

第三节 环境生态学与相关学科之间的联系

一、生态学

环境生态学是生态学学科体系的组成部分，是依据生态学理论和方法研究环境问题而产生的新兴分支学科。因此，在诸多的相关学科中，环境生态学与生态学的联系最为紧密，生态学是环境生态学的理论基础。

1. 生态学的定义

德国动物学家海克尔（Haeckel，1866）首次将生态学定义为：研究有机体与其周围环境（包括非生物环境和生物环境）相互关系的科学。一些学者曾认为，海克尔的这个定义太宽泛，所以生态学总有新的定义出现，但目前教科书经常使用的还是海克尔的定义。

著名的美国生态学家奥德姆（Odum，1956）对生态学的定义为：生态学是研究生态系统结构和功能的科学。1971 年，他编写的著名教材《生态学基础》就是以生态系统为中心构成教材体系的，这本教材对全世界许多大学的生态学教学和研究产生了很大的影响，他因此而荣获了美国生态学的最高荣誉——泰勒生态学奖（1977）。我国著名生态学家马世骏先生对生态学的定义为：生态学是研究生命系统和环境系统相互关系的科学。实际上，生态学的不同定义能够反映生态学不同发展阶段的研究重心。

2. 生态学的研究对象

由于生物是呈等级组织存在的，由生物大分子→基因→细胞→个体→种群→群落→生态系统→景观直到生物圈。过去，生态学主要研究个体以上的层次，被认为是宏观生物学，但近年来除继续向宏观方向发展外，同时还向个体以下的层次渗透。[①] 20 世纪 90 年代初期出现了"分子生态学"，并由 Harry Smith 于 1992 年创办了 *Molecular Ecology* 杂志。可见，从分子到生物圈都是生态学研究的对象。生态学涉及的环境也非常复杂，从无机环境（岩石圈、大气圈、水圈）、生物环境（植物、动物、微生物）到人与人类社会，以及由人类活动所导致的环境问题，因此，生态学的研究范围异常广泛。

由于生态学研究对象的复杂性，它已发展成一个庞大的学科体系。根据其研究对象的组织水平、类群、生境以及研究性质等可将其划分如下。

（1）根据研究对象的组织水平划分。上面谈到生物的组织层次从分子到生物圈，与此相应，生态学也分化出分子生态学（molecular ecology）、进化生态学（evolutionary ecology）、个体生态学（individual ecology）或生理生态学（physiological ecology）、种群生态学（population ecology）、群落生态学（community ecology）、生态系统生态学（ecosystem ecology）、景观生态学（landscape ecology）与全球生态学（global ecology）。

（2）根据研究对象的分类学类群划分。生态学起源于生物学，生物的一些特定类群（如植物、动物、微生物）以及上述各大类群中的一些小类群（如陆生植物、水生植物、哺乳动物、啮齿动物、鸟类、昆虫、藻类、真菌、细菌等），甚至每一个物种都可从生态学角度进行研究。因此，可分出植物生态学、动物生态学、微生物生态学、陆生植物生态学、哺乳动物生态学、昆虫生态学、地衣生态学，以及各个主要物种的生态学。

（3）根据研究对象的生境类别划分。根据研究对象的生境类别划分有陆地生态学（terrestrial ecology）、海洋生态学（marine ecology）、淡水生态学（freshwater ecology）、岛屿生态学（island ecology）等。

（4）根据研究性质划分。根据研究性质划分有理论生态学与应用生态学。理论生态学涉及生态学进程、生态关系的数学推理及生态学建模。应用生态学则是将生态学原理应用于有关部门。例如，应用于各类农业资源

① 舒展，黄慧，于文男．环境生态学[M]．哈尔滨：东北林业大学出版社，2017.

的管理，产生了农业生态学、森林生态学、草地生态学、家畜生态学、自然资源生态学等。应用于城市建设则形成了城市生态学（urban ecology）；应用于环境保护与受损资源的恢复则形成了保育生物学（conservation biology）、恢复生态学（restoration ecology）、生态工程学（engineering ecology）；应用于人类社会，则产生了人类生态学（human ecology）、生态伦理学（ecological ethics）等。

此外，还有学科间相互渗透而产生的边缘学科，如数量生态学、化学生态学、物理生态学、经济生态学等。

3. 生态学发展简史

从广义上讲，生态学的发展历史与人类同样古老，人类为了生存和发展，早就注意到了生物和季节、气候之间的相互关系，并思考与之有关的各种变化，不断积累生态学方面的知识。生态学思想在我国和古希腊等国的古代著作和歌谣中都有大量记载。作为一门科学，生态学的发展历程可概括为以下 4 个阶段：

（1）奠基阶段。这一阶段始于 16 世纪文艺复兴之后，各学科的学者都为生态学的诞生做了大量的工作。如曾被推许为第一个现代化学家的鲍尔（Boyle），1670 年发表了低气压对动物效应的实验结果，标志着动物生理生态学的开端；法国布丰（Buffon，1749—1769）提出了生物物种的可变性和生物的数量动态概念；马尔萨斯（Molthus，1798）发表了他的《人口论》，阐述了人口增长和食物关系的观点；汉堡德（Humbodt，1807）发表了《植物地理知识》，描述了物种的分布规律；达尔文（Darwin，1807）发表的《物种起源》，更系统地深化了对生物与环境相互关系的认识；德国生物学家海克尔（Haeckel）于 1866 年对生态学予以定义；德国苗比乌斯（Mobius，1877）创立了生物群落（biocoenose）概念；华尔明（Warming，1895）发表的《以生态地理为基础的植物分布》，被认为是植物生态学诞生的标志；德国斯洛德（Sohoter，1896）提出了个体生态学（autoecology）和群体生态学（synecology）两个概念。这些学者以及许多未提及的学者所做的工作，为生态学的建立和发展打下了良好的基础。①

（2）建立初期。1890 年，生态学被公认为是生物学的一个独立分支学科。到 20 世纪 20 年代，生态学处于定性描述阶段。在个体、种群或群落的水平上阐述其变化（行为、生理、分布、组成和演替等）与环境的关系。在行为学、耐受生理学、水生生物学和生态演替等方面开展了研究工作。也有少量专著问世，如亚当斯（Adams，1913）的《动物生态学研究指南》，被认为是第一部动物生态学教科书。

（3）发展及成熟期。20 世纪 30 年代初期，生态学有了迅速发展，研究重点已经不只是现象的描述，而开始了对生态现象的分析和解释。同时，对种群动态变化的研究颇有进展，如美国皮沃（Peral，1920）和里德（Read，1920）对逻辑斯谛方程（Logistic equation）的再发现，这个方程是描述种群数量变化的最基本方程。描述有竞争关系的两个种群间相互作用的洛特卡-沃尔泰拉方程（Lotka-Voltera equation），也是在这个时期建立的。生态学专著在此时也大量问世，如由伯斯（Pearse，1926）和埃尔顿（Elton，1927）分别著述而被广泛用作教科书的《动物生态学》，谢尔福德（Shelford，1927）的《实验室及野外生态学》。德国的田尼曼（Thieneman，1926）以生产者和消费者为名提出了营养级的概念。

20 世纪 30 年代后，生态学日趋成熟，其标志是大量专著的出版和生态系统概念的提出，如美国查普曼（Chapman，1931）的《动物生态学》、比尤斯（Beus，1935）的《人类生态学》、克列门茨（Clements，1939）和谢尔福德（Shelford，1939）的《生物生态学》、罗利麦（Lorime，1934）的《种群生态学》。我国第一部生态学著作《动物生态学纲要》也是这个时期由费鸿年（1937）先生撰写的。1935 年英国坦斯利（Tansly）提出了“生态系统”这一重要的科学概念，它的提出是生态学发展历程中一个重要转折的开始。进入 20 世纪 40 年代，林德曼（Lindeman，1942）等人对生态系统能流的研究以及一些内容广泛的生态学专著的出版，标志着它作

① 乌云娜，王晓光. 环境生态学[M]. 北京：科学出版社，2020.

为一门独立的学科开始，经过半个多世纪的发展，生态学已进入了成熟期。①

（4）生态科学体系的兴起。20 世纪 60 年代后，世界各国环境问题的加剧，使生态学的发展进入了新的高潮，故有人将其称为“现代生态学”。与以前相比，生态学自身具有许多鲜明特点，如在研究方法上，采取了野外与室内试验相结合，微宇宙、人工模拟生态实验室、受控生态系统等方法，实现了在不破坏生物体及环境的情况下进行研究分析；在研究对象上，从自然生态系统转向了受人为干扰的生态系统；在对生态问题的分析上，由于计算机、遥感技术、航天技术和电子等技术的发展，以及学科间的渗透和交叉，使生态学克服了过去难以定量的困难，由定性描述转向了定量分析；研究的重点也从个体、种群层次向更宏观的群落、生态系统甚至生物圈等发展。另一方面，相关学科包括社会科学的一些学科也主动与生态学相融合，生态学的新分支不断涌现，诸如社会生态学、污染生态学、工业生态学和经济生态学等，使生态学的基本原理成为解决当今经济、社会和环境协调发展的主要理论基础。生态学发展成为一个庞大的科学体系。

二、环境科学

环境科学是 20 世纪 50 年代后，由于环境问题的出现而诞生和发展的新兴学科。它经过十多年奠基性工作的准备，到 20 世纪 70 年代初期便发展成一门研究领域广泛、内容丰富的独立学科。环境科学的发展异常迅速，可以说，它的产生既是社会的需要，也是 20 世纪 70 年代自然科学、技术科学、社会科学相互渗透并向广度和深度发展的一个重要标志。

1. 学科的研究内容

环境科学是研究和指导人类在认识、利用和改造自然中，正确协调人与环境相互关系，寻求人类社会可持续发展途径与方法的科学，是由众多

---

① 李洪远．环境生态学[M]．2 版．北京：化学工业出版社，2012.

分支学科组成的学科体系的总称。从广义上说，它是研究人类周围大气、土地、水、能源、矿物资源、生物和辐射等各种环境因素及其与人类的关系，以及人类活动对这些环境要素影响的科学。从狭义上讲，它是研究由人类活动所引起的环境质量的变化以及保护和改进环境质量的科学。“可持续发展”理论的提出和不断完善，对环境科学产生了深刻的影响，无论是对环境问题的认识，还是研究内容和学科任务等方面都有了许多新的发展。这些新发展集中体现在学科提倡的资源观、价值观和道德观上。它的资源观是，整个环境都是资源，即环境中可以直接进入人类社会生产活动的要素是资源，不能直接进入人类社会生产活动的要素也是资源，而且这些要素的结构方式及其表现于外部的状态，还是资源。因为它们都能在不同程度上满足和服务于人类社会生存发展的需要。它提倡的价值观包含两层含义：一是环境具有价值，人类通过劳动可以提高其价值，也可以降低其价值，因为客体的价值是该客体对主体需要的满足关系；二是发展活动所创造的经济价值必须与其创造的社会价值和环境价值相统一。它的道德观是，提倡人与自然的和谐相处、协调发展、协同进化，也就是说人类应尊重自然的生存发展权，人对自然的索取也应该与对自然的给予保持一种动态的平衡。否定对自然的征服和主宰，改变以能“做大自然的主人”而自豪的错误的道德观念。① 具体地说，环境科学的研究内容主要包括以下几方面：

(1) 人类与其生存环境的基本关系。

(2) 污染物在自然环境中的迁移、转化、循环和积累的过程及规律。

(3) 环境污染的危害。

(4) 环境质量的调查、评价和预测。

(5) 环境污染的控制与防治。

(6) 自然资源的保护与合理使用。

(7) 环境质量的监测、分析技术和预报。

---

① 舒展，黄慧，于文男. 环境生态学[M]. 哈尔滨：东北林业大学出版社，2017.

（8）环境规划。

（9）环境管理。

环境科学的这些研究内容可概括为：研究人类社会经济行为引起的环境污染和生态破坏；研究环境系统在人类干扰（侧重于环境污染）影响下的变化规律；确定当前环境恶化的程度及其与人类社会经济活动的关系；寻求人类社会经济发展与环境协调持续发展的途径和方法，以争取人类社会与自然界的和谐共处。所有这些决定了环境科学的两个明显特征，即整体性和综合性。同时，也决定了环境科学是一门融自然科学、社会科学和技术科学于一体的交叉学科，而且在很多领域，与环境生态学的研究内容有交叉。

2. 环境科学的分支学科

经过几十年的发展，环境科学已形成了一个由环境学、基础环境学和应用环境学三部分组成的较为完整的学科体系，如图 1-1 所示。这三部分各自的主要任务是：

（1）环境学。这是环境科学的核心和理论基础，它侧重于环境科学基本理论和方法论的研究。

（2）基础环境学。它由环境科学中许多以基础理论研究为重点的分支学科组成，包括环境数学、环境物理学、环境化学、环境毒理学、环境地理学和环境地质学等。

（3）应用环境学。它是由环境科学中以实践应用为主的许多分支学科组成，包括环境控制学、环境工程学、环境经济学、环境医学、环境管理学和环境法学等。

某些分支学科的主要研究范畴概括如下：

（1）环境地理学：以人–地系统为对象，研究它的发生和发展、组成和结构、调节和控制及改造和利用等，具体内容包括地理环境和地质环境的组成、结构、性质和演化，环境质量调查、评价和预测，以及环境质量变化对人类的影响。

（2）环境化学：鉴定、测量和研究化学污染物在大气圈、水圈、生物圈、岩石圈和土壤中的含量、存在形态、迁移、转化和归宿，探讨污染物的降解和再利用。

（3）环境生物学：研究生物与受人为干扰（主要是污染）的环境之间相互作用的机制及其规律。在宏观方向，研究污染物在生态系统中的迁移、转化、富集和归宿，以及对生态系统结构和功能的影响；在微观方向，研究污染物对生物的毒理作用和遗传变异影响的机制和规律。

（4）环境医学：研究环境污染与人群健康的关系，尤其是环境污染对人群的有害影响及预防措施。探索污染物在人体内的动态和作用机制，查明环境致病因素和致病条件，阐明污染物对健康损害的早期反应和潜在的远期效应，提供制定环境卫生标准和预防措施的科学依据。

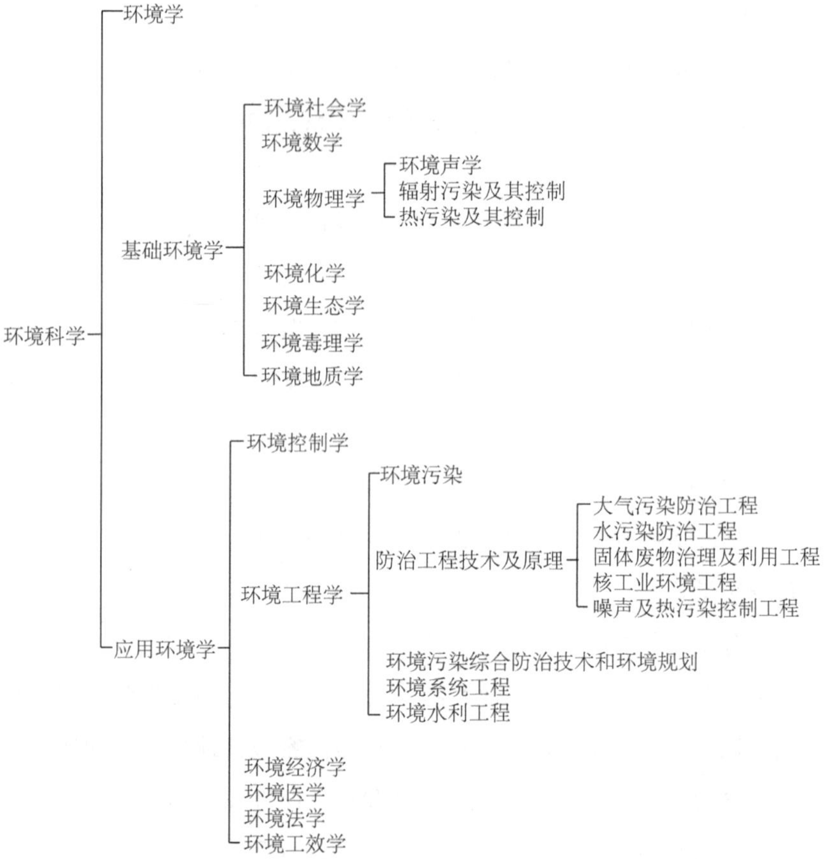

图 1-1　环境科学的学科体系

三、恢复生态学

20 世纪 90 年代中期开始，一门以研究受损生态恢复为主要内容的新学科——恢复生态学迅速兴起并得到快速发展。恢复生态学是研究生态系统退化原因、退化生态系统恢复与重建技术及方法、生态学过程与机制的科学。很显然，恢复生态学的研究内容与环境生态学有交叉，但又不是完全相同的学科重复。首先，在学科的性质上，恢复生态学更侧重于恢复与重建技术的研究，应属于技术科学的范畴，而环境生态学则更侧重于基本理论的探讨，属于基础学科；其次，是学科的研究内容，在受损生态系统恢复这一重叠领域，环境生态学注重研究受损后生态系统变化过程的机制和产生的生态效应，关注的是“逆向演替”的动态规律；恢复生态学则注重研究生态恢复的可能与方法，更关注恢复与重建后，生态系统“正向演替”的动态变化，以及如何加快这种演替的各种措施；在研究方法上，恢复生态学对生态工程学的理论及其技术的发展十分关注，而环境生态学更注意生态监测与评价以及有关生态模拟研究方法和技术的发展。总之，就两个独立的学科关系而言，环境生态学与恢复生态学是最紧密的。

四、其他相关学科

1. 生态经济学

生态经济学是生态学和经济学相互交叉、渗透、有机结合形成的新兴边缘学科，也是一门跨自然科学和社会科学的交叉学科。生态经济学是研究生态经济系统运行机制和系统各要素间相互作用规律的科学。它产生于 20 世纪 60 年代末期，之后得以迅速发展并显示出旺盛的生命力，得到了世界各国政府、社会团体、学术界和企业界的高度重视。近 20 多年来，由于生态学家与经济学家的积极合作，生态经济学发展迅速。其中特别值得注意的是，生态经济学根据生物物理学的理论，依据物理学中的能量学定律，采用“能值”（energy）作为基准，把不同种类、不可比较的能量转换成同一标准的能值进行分析，在研究方法上，实现了生态系统各种服务功能价值评价中无法统一比较标准的突破。这对环境生态学的研究，无疑是非常重要的。

经典生态学只限于研究生物与其生存环境的相互关系，几乎不涉及经济社会问题。20 世纪 20 年代中期，美国科学家麦肯齐首先把植物生态学与动物生态学的概念运用到对人类群落和社会的研究中，主张经济分析不能不考虑生态学过程。但真正把经济社会问题结合生态学基本原理进行阐述的，还是美国海洋生物学家蕾切尔·卡逊（Rachel Carson）的《寂静的春天》这本著作，书中对美国大量使用杀虫剂所造成的生态环境问题做了符合生态学规律的描述，揭示了现代社会的生产活动对自然环境和人类自身影响的生态学过程。此后，生态学与社会经济问题密切结合，又有大批论述生态经济学的著作问世，促进了诸如污染经济学、环境经济学、资源经济学等新兴分支学科的产生。20 世纪 60 年代后期，美国经济学家肯尼斯·鲍尔廷在他所著的《一门科学——生态经济学》中正式提出了“生态经济学”的概念。作者对利用市场机制控制人口和调节消费品的分配、资源的合理利用、环境污染，以及用国民生产总值衡量人类福利的缺陷等作了有创见性的论述。继鲍尔廷的著作问世之后，论述生态经济问题的许多专著相继出现，其内容已远远超出了经典经济学和生态学的范围。①

从生态经济学的发展过程中，可以看出它与环境生态学之间存在的渊源关系。环境生态学的主要研究内容是人为干扰下受损生态系统的内在变化规律、变化机制和产生的生态效应，所以它首先需要界定生态系统受到损害的程度，评价其功能和结构的变化。从本质上看这属于生态资源的评价问题，是生态系统各种服务功能的维护与管理问题，这也是生态经济学研究的主要范畴。因此，除生态学和环境科学外，生态经济学与环境生态学的关系也是很密切的。

2. 其他学科

除以上重点论述的几个相关学科外，环境生态学还与许多新兴的分支

---

① 史永纯. 环境生态学基础[M]. 北京：中国劳动社会保障出版社，2010.

学科有着密切联系。其中，人类生态学、环境经济学和污染生态学的研究范畴，在很大程度上都与环境生态学有交叉。从广义上讲，人类生态学是研究人与生物圈相互作用，人与环境、人与自然协调发展的科学（周鸿，2001）。从狭义上讲，主要是以人类生态系统为研究对象。在人类已改变了大部分自然生态系统的今天，人类生态学所研究的主体和对象对于自然生态环境有着重要的影响，而这些正是环境生态学所要研究的“人为干扰问题”。环境经济学主要研究环境与经济的相互作用关系、环境资源价值评估及其作用、管理环境的经济手段、环境保护与可持续发展和国际环境问题等内容（马中，1999）。其中，环境资源价值评估和环境管理的经济手段等研究内容，对环境生态学所要研究的受损生态系统的判断、生态恢复等具有很强的互补性。污染生态学是以生态系统理论为基础，用生物学、化学、数学分析等方法研究污染条件下生物与环境之间相互关系规律的科学，而研究生物受污染后的生活状态、受害程度、污染物在生态系统中的转移及富集和降解规律等内容，可为环境生态学分析受污染生态系统的变化过程和机制，提供科学的依据。

总之，现代科学的发展及其相互渗透，已使各学科之间都有着直接或间接的联系，新兴的综合性交叉学科更是如此。可以形象地说，现代科学的各学科之间已构成了一张“科学之网”，每个学科都是这张网上的一个结节并与整个网的所有“学科节”紧密联系着，它们各自的不断发展，推动着科学技术整体水平的不断进步。

第二章

生物与环境研究

第一节 地球上的生物探究

一、生命的产生与进化

地球上到处都有生命。随着科学的发展，人们逐渐认识到，生命是高度组织化的物质结构，其分子是具有自我复制和负载遗传信息功能的核酸等生物大分子，通过生物膜实现内部的分隔，形成形形色色的细胞、组织与生物体，并借助外界能量的输入，通过一系列相互关联的生物化学过程而实现内外物质变换和自身的复制。

（一）生命的起源

关于生命的起源问题一直是悬而未决的热点问题。但经过几十年对地球早期环境、早期生命形态和地球化学循环的研究，人类在这个问题上达成了一定程度上的共识——地球生命起源于地球上的化学过程。

地球形成于 46 亿年前，当时地表为还原性气体，有水蒸气、H_2S、N_2、CH_4、NH_3 及 H_2 等，没有 O_2，大气层也很薄，更没有臭氧层。紫外线照射强烈，昼夜以及季节的温差很大。正是这种环境为原始生命的形成提供了条件。1953 年，S. L. Miller 在实验室中让混有氨、甲烷和氮的水流经一个电弧（模拟太阳紫外辐射），最后得到了甘氨酸、丙氨酸等氨基酸，这就为无机环境提供了理论依据：在还原性大气中形成的各种有机物随着时间的推移越聚越多。有的会形成较为复杂的化合物，最后形成蛋白质和能够自我复制的核酸分子，也就是具有生命活性的大分子，这就是生命的开始。这一过程大约发生在 35 亿年以前，原始生命形态只能依靠分解复杂化合物时所释放的能量来维持自身的生存，生命靠这种化学反应得到发生和发展，称为化学进化阶段。①

从具有生命活性的大分子到细胞，是生命进化中的关键所在。自细胞出现后，生命就从化学进化过渡到生物学进化，进化过程就由变异、遗传、选择等因素驱动。但进化具体过程还不十分清楚，仍处在假说阶段。需要特别指出的是，微生物化石证明，约在 30 亿年之前地球上就已形成光合自养生物（Awrantik，1983，1991）。这种光合自养生物以蓝藻门（Cyanophyta）的生物为主，在原始海洋里逐渐繁殖、蔓延、消耗 CO_2，产生分子氧，这一过程几乎进行了 28 亿年。光合自养生物的出现改变了大气的组成成分，使气体由还原性逐渐变为氧化性。氧化大气的形成为绿色植物的登陆创造了条件，高空臭氧的出现使陆生生物的生命有了保证。大约在 4 亿年前，绿色植物登陆成功，陆地上出现了一片繁荣景象。

在生物界的漫长历史中，种的分化是生物对环境异质性的适应结果。一个种能代代相传、保存种性，取决于遗传物质或生化控制机制。没有这种控制机制，种就不会存在，但种又是适应环境的产物，它不能脱离其生存环境，由于环境的变动和一个种的分布区内外环境的异质性，常常会引起物种性状的改变。

种的性状可分两类：基因型与表型。前者是种的遗传本质，即生物性状表现所必须具备的内在因素；后者为与环境结合后实际表现出的可见性

---

① 舒展，黄慧，于文男．环境生态学[M]．哈尔滨：东北林业大学出版社，2017.

状。一个物种的性状随环境条件而改变的程度称为该种的可塑性，如植株的高低、叶子的大小、分枝的多少等。属于非遗传性变异，另一类变异来自基因型改变，主要是通过“突变”与基因的重组实现，这类变异可以遗传，如果变异幅度朝一个方向继续变化，则导致种的分化。可见，一个种内的所有个体，并非是完全同质的，而存在着各种各样的变异。

生命的产生是地球上各种物质综合作用的结果。首先作为环境中的生物，不能脱离环境而单独存在，必须依赖于周围环境。生物在环境中也不是一成不变的，而是在进化中生存，在进化中发展自身。但生物的这种进化不是通过自身来实现的，而是通过自然选择。生物世代中产生遗传变异，出现各种不同特征的生物体。自然选择决定哪个个体或种群应该生存，而其他的则被取代。因此，生命是适应环境的一种特殊的物质运动，但是生命又不是一成不变的，而是由于遗传变异和自然选择向着更高的、更适应于环境的方向进化。生命的存在过程就是不断地适应新环境、改变新环境的过程，形成了生物与环境间的相互补偿和协同发展的关系。

（二）生物的协同进化

生物的协同进化主要是由于生物个体的进化过程是在其周围环境的选择压力下进行的，而环境不仅包括非生物因素，也包括其他生物。因此，一个物种的进化必然会改变作用于其他生物的选择压力，引起其他生物也发生变化，这些变化反过来又会引起相关物种的进一步变化。在很多情况下，两个或更多物种的单独进化常常互相影响，形成一个相互作用的协同适应系统。

捕食者和猎物之间的相互作用是这种协同进化的最好实例。捕食对于捕食者和猎物都是一种强有力的选择：捕食者为了生存必须获得狩猎的成功，而猎物的生存则依赖逃避捕食的能力。在捕食者的压力下，猎物必须靠增加隐蔽性、提高感官的敏锐性和疾跑来减少被捕食的风险。例如，瞪羚为了不成为猎豹的食物就会跑得越来越快，但瞪羚提高了奔跑速度反过来又成了猎豹的一种选择压力，促使猎豹也增加奔跑速度。捕食者或猎物的每一点进步都会作为一种选择压力促进对方发生变化，这就是我们所说的协同进化。

1. 昆虫与植物间的协同进化

昆虫与植物间的相互作用同捕食者与猎物间的相互作用非常相似。植食性昆虫可给植物造成严重的损害，这对植物来说可能是个最大的选择压力。作为对这种压力做出的反应，植物会发展自身的防卫能力。对于在演替早期阶段定居的一年生植物来说，主要靠植物体小、分散分布和短命来逃避取食；对于多年生植物来说，由于更容易受到昆虫攻击，它们必须发展其他的防卫方法，很多植物靠物理防卫阻止刺吸式口器昆虫的攻击，如表皮加厚变得坚韧、多毛和生有棘刺等；还有一些植物则发展了化学防卫功能。所有植物都含有许多化学物质，这些物质对植物的主要代谢途径（如呼吸和光合作用）没有明显的作用，但其中很多都具有了防卫功能。植物即使有大量的昆虫以它们为食物，它们也总是显示出对某些昆虫的有毒性。例如，甘蓝的次生化学物质使它具有特殊的气味，这些化合物对于那些不适于吃这类植物的昆虫是有毒的。植物获得化学防卫力，就会对植食性昆虫形成一种选择压力，昆虫会逐渐适应并克服这种防卫手段，并反过来对植物形成一种新的压力，迫使植物产生新的适应性变化。①

2. 大型草食动物与植物的协同进化

大型草食动物的取食活动可对植物造成严重的损害，这无疑对植物也是一个强大的选择压力。在这种压力下，很多植物都采取了储存的生长方式或者长得很高大。几乎所有的植物都靠增强再生力和增加对营养生殖的依赖来适应草食动物的啃食。其生长点都不在植物顶尖而在基部，这样草食动物啃食就不会影响它们的生长。大型草食动物（如各种有蹄类动物）的存在对整个植物群落的结构有显著影响。通过啃食活动，它们淘汰了那些对啃食敏感的植物；通过啃食，它们还能抑制抗性较强植物的营养生长，从而减弱种间竞争，使某些植物得以在此定居，这在一定程度上保持了物种的多样性。大型草食动物均可影响植物群落的结构和物种组成，就像捕食动物可影响猎物群落的物种多样性一样。

---

① 胡荣桂，刘康．环境生态学[M]．2版．武汉：华中科技大学出版社，2018.

詹森（Janzen，1975）认为动物采取什么对策取决于动物的大小。如果与食物相比动物显得很小（如昆虫），那么就很可能采取寡食性或单食性对策；如果与食物相比动物很大，就更可能采取多食性对策。动物在适应植物防卫上所采取的不同对策将会导致出现不同类型的植食动物与植物间的相互作用。

3. 互惠共生物种间的协同进化

生物之间适应和反适应过程是一个持续的螺旋式发展过程，选择压力不断地起作用，更有可能导致一种稳定状态，此时每一方都以这样的方式发生适应，即尽量减少对对方的干扰和损害，从而最大限度地减少对方的反应。Janzen 曾详尽地描述了一种金合欢和一种蚂蚁之间的共生关系。这种金合欢树的特点是有膨大的叶形刺，栖于空心刺中的蚁群保卫金合欢树不受植食动物危害，并攻击在树上遇到的其他昆虫。此外，它们还攻击生长在金合欢树下半径 150 cm 以内的任何外来植物。因此，一棵拥有足量共生蚁的成年金合欢树可在自己独占的一个圆筒形空间内靠蚂蚁的保卫而使天敌减少，并在其周围创造了一个无竞争环境。在与蚂蚁共生之前，金合欢幼苗的生长非常缓慢，一旦与蚂蚁群建立共生关系，生长就会大大加速。如果不同蚁群建立这种关系，金合欢树就永远不会发育成熟。

4. 协同适应系统

上面的讨论只限于两个物种之间的进化关系。实际上，每一个物种都处在一个由很多物种组成的群落环境之中，一种树栖昆虫，不可能孤立地只同树木发生关系，而是同树上的所有其他昆虫都处在相互作用之中。协同进化不仅仅存在于一对物种之间，而且也存在于同一群落的所有成员之间。所有种类的捕食者之间也存在着互相影响、互相作用和互相竞争的关系。捕食者要适应它们的每一种猎物，而每种猎物也要适应捕杀它们的每一种肉食动物。

总之，所有物种都处于协同进化的相互适应之中。不同的捕食动物采取不同的猎食方式，并依据年龄和性别选择自己的食物，以便最大限度地减少它们之间的竞争。在坦桑尼亚的草原上，各种草食动物（斑马、野牛、转角牛羚和杨姆森瞪羚）按照严格的次序一种接一种地陆续穿过草原，每一种都取草的不同部分，并为下一个到来的物种准备食料。每种草食动物不仅直接与植被相互作用，而且也与草食序列中的其他动物相互作用。虽然自然选择是在个体或由亲缘个体组成的群体水平上起作用的，但是由于群落中生物之间的相互作用总是包含着对相关物种的巨大选择压力，所以协同进化总是导致生态系统的进化，这种协同进化压力对决定群落的结构和多样性显然也起着重要作用。

二、生物多样性

（一）生物多样性的概念

自从地球上生命产生以来，经过大约 30 亿年的生物进化过程，到目前为止，大约有 1 000 万种生物。正是这些形形色色的生物，构成了地球环境的主体——生物圈。生物多样性作为生物圈的最大特点，也是地球生命经过几十亿年进化发展的结果，是生物支持系统的核心组成成分，是人类社会赖以生存和发展的基础。

生物多样性就是“生物中的多样化和变异性以及物种生境的生态复杂性”。它包括动物、植物和微生物的所有种及其组成的群落和生态系统。生物多样性一般有 4 个水平，包括遗传多样性、物种多样性、生态系统多样性和景观多样性。

遗传多样性又称为基因多样性，是指广泛存在于生物体内、物种内以及物种间的基因多样性。任何一个特定个体的物种都保持着并占有大量的遗传类型。每个物种都有自己独特的基因库，使一个物种区别于其他物种。遗传多样性主要包括分子、细胞和个体 3 个方向的遗传变异的多样性。[①] 在实际研究中，常测定染色体多态性（染色体数目、结构及减数分裂行为等）。一个物种的遗传变异越丰富，该物种的稳定性越低，更容易进化成其他物种而自己消失，但由于多变异，对环境的适应能力强，进化潜力相应加大。

---

① 胡荣桂，刘康. 环境生态学[M]. 2 版. 武汉：华中科技大学出版社，2018.

物种多样性是指物种水平的生物多样性。在一个地区内物种的多样化，可以从分类学、生物地理学角度对一个区域内物种状况进行研究，研究内容包括物种多样性的形成、演化，物种多样性受威胁的现状以及保持物种的永续性等。物种多样性的编目任务是亟待加强的一项工作。目前，还不能较为确切地为地球上物种提供一个数量级估计。此外，生物区系特点、物种的濒危和受威胁的状况、灭绝速率的变动及其机制，保护物种和持续利用等都是研究的重要任务。

生态系统多样性是指生境的多样性、生物群落多样性和生态过程的多样性。生境的多样性主要指无机环境，如地形、地貌、气候及水文等；生境的多样性是生物群落多样性的基础。生物群落的多样性主要是群落的组成、结构和功能的多样性。它们的生态过程是指生态系统组成、结构和功能在时间、空间上的变化，主要包括物种流、能量流、水分循环、营养物质循环、生物间的竞争、捕食和寄生等。

景观多样性是指不同类型的景观在空间结构、功能机制和时间动态方向的多样化和变异性。景观是一个大尺度的宏观系统。景观要素可分为斑块、廊道和基质。斑块是景观尺度上最小的均质单元，它的大小、数量、形状和起源等对景观多样性有重要意义。廊道成线状或带状，是联系斑块的纽带，不同景观有不同的廊道。基质是景观中面积较大、连续性高的部分，往往形成景观的背景。景观的异质性是景观的重要属性，地球表面的景观多样性是人类与自然因素综合作用的结果，它的大小、数量、形状和起源等对景观多样性有重要意义。

在生物多样性的 4 个层次中，遗传多样性是基础，物种多样性、生态系统多样性是保证，而景观多样性又以生态系统多样性为基础。

（二）影响生物多样性的因素

生物多样性决定着生物圈的整个外貌。生物多样性受到多种因素的影响。

1. 物种生物量

一般认为，具有高生物量的生态系统能够更好地发挥生物对环境的自我调节能力，使环境即便在遭受较大的外界干扰时也不至改变太大而改变生态系统的性质。高生物量能支持高多样性，人们发现，在过度放牧的草原上生物量大减，物种多样性也大大减少。对于某一特定区域来说，有相应的物种数来维持该系统的最高生物量，如农田生态系统超过 4 种农作物后，再增加物种，几乎不增加产量。Tilman 猜想，可能存在一个阈值，在阈值内，物种数量越多，生物量越高。①

2. 物种的属性

不同的物种在环境中所扮演的角色不同。它们对所在的生态系统产生量的积累，达到质的飞跃。河狸啃下树枝来构筑水坝，改变了水文状况，在沟渠中形成沉积物和有机物质，从而改变了整个河流的结构与物质的循环和分解动态，从而改变了生物多样性，在量化效应中，加速把生物从系统中移走，可以减少土壤的物质能量消耗，增加原有生态系统的功能。

3. 生物地球化学循环

生物多样性水平与土壤营养物之间有密切关系。当物种数量少时，物种的增加会明显增加土壤中有机质的含量和氮浓度以及可溶性 Ca 的浓度等。高质量的土壤会极大地提高植物的生产量，有利于增加生物多样性。但是随着物种的增加，大约到 10 种以后，物种数目的增加几乎不改变生物地球化学循环。实际上生物多样性改善了系统内部生物地球化学循环的性质和过程，主要目的是不使单物种或小数量的物种在生存定居中失败，不使单种栽培在波动不定的环境中遭受毁灭性打击，改变目前生态系统变化的方向性。

4. 系统的稳定性

系统的稳定性就是系统的抗性和弹性。抗性又称抵抗力，是生态系统受到干扰后产生变化的大小，即衡量系统受外界干扰而保持原有状态的能力；弹性是指生态系统受干扰后恢复原来功能的能力。一般地，一个生态系统的物种数目多，物种间的相互作用弱，则系统的抗性大、弹性小，即

① 胡荣桂，刘康．环境生态学[M]．2 版．武汉：华中科技大学出版社，2018.

生态系统越复杂、越高级则不容易被破坏，但一旦生态系统被破坏，恢复很难，而且需要的时间也很长。通常认为，物种的数目越多、越复杂，生态系统越稳定。但是，也有观点认为稳定性应该有一个阈值，超过该阈值后，非但不能增加系统的稳定性，甚至可能破坏这种稳定。

第二节 环境的定义及其类型分析

一、环境的定义

环境是指某一特定生物体或生物群体以外的空间，以及直接或间接影响该生物体或生物群体生存的一切事物的总和。环境总是针对某一特定主体或中心而言的，离开了这个主体或中心也就无所谓环境，因此环境只有相对的意义，不同的主体有不同的环境范畴。在生物科学中，一般以生物为主体，环境是指生物的栖息地，以及直接或间接影响生物生存和发展的各种因素。在环境科学中，人类是主体，环境通常是指围绕人群的空间和作用于人类这一对象的所有外界影响与力量的总和。《中华人民共和国环境保护法》给环境所下的定义是："本法所称的环境，是指影响人类生存和发展的各种天然的和经过人工改造的自然因素的总体，包括大气、水、海洋、土地、矿藏、森林、草原、野生生物、自然遗迹、人文遗迹、自然保护区、风景名胜区、城市和乡村等。"这是一种把环境中应当保护的要素或对象界定为环境的工作定义，其目的是从实际工作的需要出发，对"环境"一词的法律适用对象或适用范围做出规定，以利于法律的准确实施。

环境是一个非常庞大而复杂的体系，目前还没有形成统一的分类方法。按照范围，环境分为特定的空间环境（如航空、航天的密封舱环境等）、车间环境（劳动环境）、生活区环境（居室环境、院落环境、小区环境等）、城市环境、农村环境、全球环境等。按照性质，环境分为自然环境、半自然环境（被人类破坏后的自然环境）和社会环境三大类。其中：

自然环境是人类生产和生活所必需的、未经人类改造过的自然资源和自然条件的总和，按主要组成要素，环境再分为大气环境（阳光、空气、温度等）、水环境（如海洋、湖泊等）、土壤环境、地质环境（地壳、岩石、矿藏等）、生物环境（如森林、草原、微生物等）等；在人类社会长期发展过程中，为了不断提高人类的物质和文化生活水平而创造出来的社会环境可分为聚落环境、工农业生产环境、交通环境、旅游环境、文化环境等。①

二、环境的类型

按照范围大小可将环境分为宇宙环境（或称星际环境）、地球环境（如大气圈中的对流层、水圈、土壤圈、岩石圈和生物圈）、区域环境、微环境和内环境。

宇宙环境是指大气层以外的宇宙空间，是由广阔的空间和存在其中的各种天体及漫漫物质组成。它对地球环境能产生深刻的影响：太阳辐射是地球上一切生命活动和非生命活动的能量源泉；太阳黑子的出现与地球上的降雨量有明显的相关关系；月球和太阳对地球的引力作用产生的潮汐现象会引发风暴、海啸等自然灾害。

地球环境由大气圈中的对流层、水圈、土壤圈、岩石圈和生物圈组成，又称全球环境或地理环境。地球环境与人类及生物的关系非常密切，其生物圈中的生物把地球上各个圈层的关系有机地联系在一起，并推动各种物质循环和能量转换。

区域环境指占有某一特定地域空间的自然环境。不同地区形成的区域环境特点不同，其分布的生物群落也不同。

微环境是指区域环境中，由于某一个（或几个）圈层的细微变化而产生的环境差异所形成的小环境。

内环境指生物体内组织或细胞间的环境，这种环境对生物体的生长和繁育具有直接的影响，如在叶片内部，直接和叶肉细胞接触的气腔、通气

---

① 乌云娜，王晓光．环境生态学[M]．北京：科学出版社，2020.

系统，都是形成内环境的场所。

三、环境因子的分类

环境因子具有综合性和可调剂性，它包括生物有机体以外所有的环境要素。美国生态学家 Daubenmire（1947）根据环境因子特点，将其分为三大类（气候类、土壤类和生物类）7 个并列的项目（土壤、水分、温度、光照、大气、火和生物因子）。Dajoz（1972）依据生物有机体对环境的反应和适应性进行分类，将环境因子分为第一性周期因子、次生性周期因子及非周期性因子。Gill（1975）将非生物的环境因子分为 3 个层次：第一层，植物生长所必需的环境因子（如温、光、水等）；第二层，不以植被是否存在而发生的对植物有影响的环境因子（如风暴、火山爆发、洪涝等）；第三层，存在与发生受植被影响，反过来又直接或间接影响植被的环境因子（如放牧、火烧地等）。具体的分类如表 2-1 所示。

表 2-1　环境因子的分类①

<table>
<tr><th>Allee
（1949）</th><th>Niebolson
（1933）</th><th>Smith
（1935）</th><th>K. N.　Mohya
（1953）</th><th>综合性</th></tr>
<tr><td rowspan="3">非生物因子</td><td rowspan="3">非反应因子</td><td rowspan="3">非密度制约因子</td><td>稳定因素</td><td>气候因素
光
温度</td></tr>
<tr><td>变动因素
（有周期性变动）</td><td>相对湿度
水</td></tr>
<tr><td>变动因素
（非周期性变动）</td><td>其他因素
气候以外的自然因素
水域环境
土壤环境</td></tr>
</table>

① 舒展，黄慧，于文男．环境生态学[M]．哈尔滨：东北林业大学出版社，2017.

续表

Allee (1949)	Niebolson (1933)	Smith (1935)	K. N. Mohya (1953)	综合性
生物因素	反应因素	密度制约因素	基本上是变动因素	生物因素 食物 种内 种间

第三节 主要环境因子的生态作用分析

一、光因子的生态作用

光是地球上所有生物得以生存和繁衍的最基本的能量源泉，地球上生物生活所必需的全部能量，都直接或间接地来源于太阳光。生态系统内部的平衡状态是建立在能量基础上的，绿色植物的光合作用是太阳能以化学能的形式进入生态系统的唯一通路，也是食物链的起点，光又是一个十分复杂的环境因子，太阳辐射强度、光质及光的周期性变化对生物的生长发育和地理分布都产生着深刻的影响，而生物本身对这些变化的光因子也有着极其多样的反应。①

（一）光照强度的生态作用与生物的适应

1. 光照强度对生物的生长发育和形态建成有重要作用

光照强度对植物细胞的增长和分化、体积的增长和重量的增加关系密

① 余顺慧. 环境生态学[M]. 成都：西南交通大学出版社，2014.

切；光还能促进组织和器官的分化，制约器官的生长发育速度，使植物各器官和组织保持发育上的正常比例。

蛙卵、鲑鱼卵在有光情况下孵化快，发育也快；而贻贝和生活在海洋深处的浮游生物则在黑暗情况下长得较快。

2. 植物对光照强度的适应类型

（1）光补偿点和光饱和点

光补偿点：光合作用制造有机物和呼吸作用消耗有机物量相等时的光照强度。

光饱和点：使植物光合作用达到最大值时的光照强度，即植物同化 CO_2 能力最大。

（2）阳性植物和阴性植物

阳性（地）植物：在较强光照下生长好的植物。这类植物的光补偿点位置较高（如图 2-1 所示），光合速率和代谢率都比较高，常见种类有蒲公英、蓟、杨、柳、桦、松、杉和栓皮栎等。

阴性（地）植物：在较弱光照条件下生长好的植物。这类植物的光补偿点位置较低（如图 2-2 所示），其光合速率和呼吸速度都比较低。阴性植物多生长在潮湿背阴的地方或密林内，常见种类有山酢浆草、连钱草、观音座莲、铁杉、紫果云杉和红豆杉等，很多药用植物如人参、三七、半夏和细辛等也属于阴性植物。

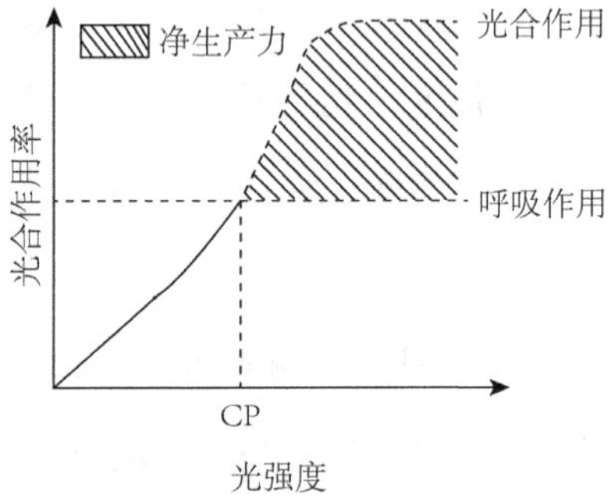

图 2-1　阳性植物

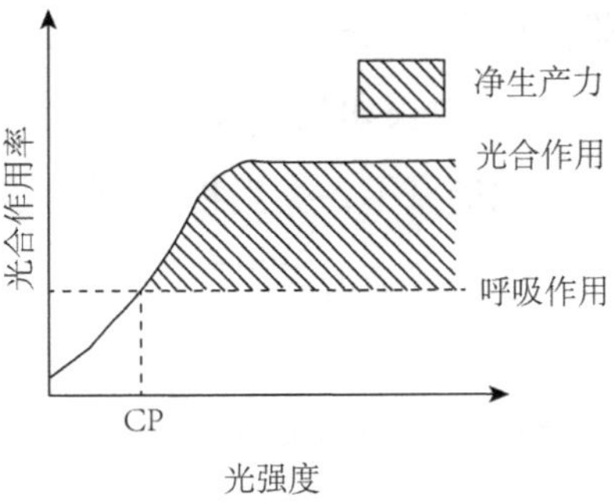

图 2-2 阴性植物

（二）光质的生态作用

1. 光质的变化

光质随空间发生变化的一般规律是随纬度增加而减少，随海拔升高而增加。在时间变化上，冬季长波光增多，夏季短波光增多；一天之中，中午短波光最多，早晚长波光较多。

2. 光质的生态作用

（1）不同波长的光对生物有不同的作用。

（2）红黄光和蓝紫光为生理有效光，绿光为生理无效光。

（3）长波光促进植物分裂和伸长，短波光抑制植物的伸长，促进花青素形成，故高山植物多莲座状，花鲜艳。

有文献报道，日本等国已经利用彩色薄膜对蔬菜等作物进行试验，发现紫色薄膜对茄子有增产作用；蓝色薄膜对草莓产量有提高，可是对洋葱生长不利；红光下栽培甜瓜可以加速植株发育，果实成熟提前 20 天，果肉的糖分和维生素含量也有增加。近年来，我国也有一些学者在进行不同波长的光对组织培养以及塑料大棚对栽培作物的影响等方面的研究。

（三）生物对光周期的适应

地球不停地公转和自转，造成太阳高度和角度发生变化，因而也带来了地球上日照长短的变化。虽然地球上不同纬度地区的日照长短各不相同，但它都是周期性变化的。光照长度超过 12～14 h 叫长日照，每天日照不足8~10 h称短日照。日照长度的变化对动植物都有重要的生态作用，由于分布在地球各地的动植物长期生活在具有一定昼夜变化格局的环境中，借助于自然选择和进化形成了各类生物所特有的对日照长度变化的反应方式，这就是在生物中普遍存在的光周期现象。

1. 植物的光周期

根据对日照长度的反应类型可把植物分为长日照植物和短日照植物。长日照植物通常是在日照时间超过一定数值才开花，否则便只进行营养生长，不能形成花芽。较常见的长日照植物有牛蒡、紫菀、凤仙花和除虫菊等，作物中有冬小麦、大麦、油菜、菠菜、甜菜、甘蓝和萝卜等。人为延长光照时间可促使这些植物提前开花。①

短日照植物通常是在日照时间短于一定数值才开花，否则就只进行营养生长而不开花，这类植物通常是在早春或深秋开花。常见种类有牵牛、苍耳和菊类，作物中则有水稻、玉米、大豆、烟草、麻和棉等。

还有一类植物只要其他条件合适，在什么日照条件下都能开花，如黄瓜、番茄、番薯、四季豆和蒲公英等，这类植物可称为中间性植物。

植物在发育上要求不同的日照长度，这种特征主要与其原产地生长季节中的自然日照长短密切相关，一般地说短日照植物起源于南方，长日照植物起源于北方。了解植物的光周期现象对植物的引种驯化工作非常重要，引种前必须特别注意植物开花对光周期的需要。在园艺工作中也常利用光周期现象人为控制开花时间，以便满足观赏需要。

2. 动物的光周期

在脊椎动物中，鸟类的光周期现象最为明显，很多鸟类的迁移都是由日照长度的变化所引起。

同样，各种鸟类每年开始生殖的时间也是由日照长度的变化决定的。

鱼类的生殖和迁移也有光周期现象，特别是那些光照充足的表层水鱼类。实验证明，光可以影响鱼类的生殖器官，人为地延长光照时间可以提

① 余顺慧. 环境生态学[M]. 成都：西南交通大学出版社，2014.

高鲑鱼的生殖能力，这一点已在实践中得到了应用。

昆虫通过滞育以增强对恶劣气候的适应和度过食物短缺的季节，秋季的短日照是诱发马铃薯甲虫在土壤中冬眠的主要因素。

日照长度的变化对哺乳动物的生殖和换毛也具有十分明显的影响。

二、温度因子的生态作用及生物的适应

太阳辐射使地表受热，产生气温、水温和土温的变化，温度因子和光因子一样存在周期性变化，称节律性变温。不仅节律性变温对生物有影响，而且极端温度对生物的生长发育也有十分重要的意义。

（一）温度因子的生态作用

1. 温度与生物生长

任何一种生物，它生命活动的每一生理生化过程都有酶系统的参与。然而，每一种酶的活性都有它的最低温度、最适温度、最高温度，相应地则是生物生长的“三基点”。

在一定的温度范围内，生物的生长速率与温度成正比，在多年生木本植物茎的横断面上大多可以看到明显的年轮，这就是植物生长快慢与温度高低关系的真实写照。同样，动物的鳞片、耳石等，也有这样的“记录”。

2. 温度与生物发育

（1）发育起点温度/生物学零度：植物和变温动物的生长发育需要一定的温度范围，低于某一温度，生物的生长发育停止，高于这一温度，生物才开始生长发育，这个温度阈值叫发育起点温度。

（2）有效积温法则：指植物和变温动物在生长发育过程中，需从环境中摄取一定的热量才能完成某一阶段的发育，而且对某一特定植物类别，这个发育阶段所需要的热量是一个常数，称为总积温或有效积温。

$$K=N\ (t-t_0),$$

式中：K 为生物所需的有效积温，是一个常数；

t 为发育期间的平均环境温度；

t_0 为生物生长活动所需的最低临界温度（生物学零度或发育起点

温度,℃);

N 为完成某一发育阶段所需的时间。

植物在一定温度下便可开始生长，但生长期间的温度有时是无效的，只有在高于一定数值的温度时，在发育上才能起到积极的效应。产生积极效应的最低温度称为生物学零度，即发育起点温度。不同种类的植物，其生物学零度是不同的。

图 2-3 所示为地中海果蝇发育历程、发育速度与温度的关系。它表示在发育的温度内，温度与发育历程呈双曲线关系。有效积温及双曲线关系在农业生产中有很重要的意义，全年的农作物岔口安排必须根据当地的平均温度和每一作物所需的总有效积温，否则将是十分盲目的。一种可能是土地不能得到充分利用，另一种可能是作物尚未成熟而低温已经降临，甚至可能颗粒无收。同样可在植物保护、积温等方面进行预测预报。[①]

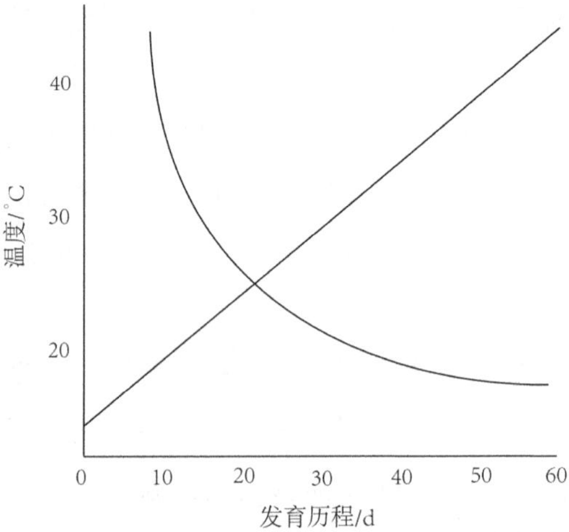

图 2-3　地中海果蝇发育历程、发育速度与温度的关系

（二）极端温度对生物的影响及生物对极端温度的适应

1. 低温对生物的影响和生物对低温环境的适应

长期生活在低温环境中的生物通过自然选择，在形态、生理和行为方

① 余顺慧. 环境生态学[M]. 成都：西南交通大学出版社，2014.

面表现出明显的适应性。在形态方面，北极和高山植物的芽和叶片常受到油脂类物质的保护，芽具鳞片，植物体表面生有蜡粉和密毛，植物矮小并常成匍匐状、垫状或莲座状等。这种形态有利于保持较高的温度，减轻严寒的影响。生活在高纬度地区的恒温动物，其身体往往比生活在低纬度地区的同类个体大。因为个体大的动物，其单位体重散热量相对较少，这就是贝格曼（Bergman）规律。另外，恒温动物身体的突出部分如四肢、尾巴和外耳等在低温环境中有变小变短的趋势，这也是减少散热的一种形态适应，这一适应常被称为阿伦（Allen）规律。例如，北极狐的外耳明显短于温带的赤狐，赤狐的外耳又明显短于热带的大耳狐（如图 2-4 所示）。恒温动物的另一形态适应是在寒冷地区和寒冷季节增加毛或羽毛的数量和质量，或增加皮下脂肪的厚度，从而提高身体的隔热性能。在繁殖方式上，一年生草本植物多以种子越冬，而多年生草本植物则以块茎、鲜茎、根块茎越冬，木本植物则以落叶相适应。

(a) 北极狐　　(b) 赤狐　　(c) 非洲大耳狐

图 2-4　不同温度带几种狐的耳壳

在生理方面，生活在低温环境中的植物常通过减少细胞中的水分和增加细胞中的糖类、脂肪和色素等物质来降低植物的冰点，增加抗寒能力。在冬季叶片变红，能吸收更多的红外线。例如，鹿蹄草（pirola）就是通过在叶细胞中大量储存五碳糖、黏液等物质来降低冰点的，这可使其结冰温度下降到−31 ℃。动物则靠增加体内产热量来增强御寒能力和保持恒定的体温，但寒带动物由于有隔热性能良好的毛皮，往往能在少增加甚至不增加代谢产热的情况下保持恒定的体温。①

2. 生物对高温环境的适应

生物对高温环境的适应也表现在形态、生理和行为三个方面。就植物来说：有些植物生有密绒毛和鳞片，能过滤一部分阳光；有些植物体呈白色、银白色，叶片革质发亮，能反射大部分阳光，使植物体免受热伤害；有些植物叶片垂直排列，使叶缘向光或在高温条件下叶片折叠，减少光的吸收面积；还有些植物的树干和根茎生有很厚的木栓层，具有绝热和保护作用。植物对高温的生理适应主要是降低细胞含水量，增加糖或盐的浓度，这有利于减缓代谢速率和增加原生质的抗凝结力。其次，是靠旺盛的蒸腾作用避免植物体因过热受害。还有一些植物具有反射红外线的能力，夏季反射的红外线比冬季多，这也是避免植物体受到高温伤害的一种适应。

动物对高温环境的一个重要适应就是适当放松恒温性，使体温有较大的变幅，这样在高温炎热的时刻身体就能暂时吸收和储存大量的热并使体温升高，然后在环境条件改善时或躲到阴凉处时再把体内热量释放出去，体温也会随之下降。沙漠中的啮齿动物对高温环境常常采取行为上的适应对策，即夏眠、穴居和白天躲入洞内夜晚出来活动。有些黄鼠不仅在冬季进行冬眠，还要在炎热干旱的夏季进行夏眠。昼伏夜出是躲避高温的有效行为适应，因为夜晚温度低，可大大减少蒸发散热失水，特别是在地下巢穴中，这就是所谓夜出加穴居的适应对策。②

3. 温度与生物的地理分布

温度因子包括节律性变温和绝对温度，制约着生物的生长发育，而每个地区又都生长繁衍着适应该地区气候特点，特别是极端温度的生物。极端温度（最高温度、最低温度）是限制生物分布的最重要条件。例如，苹果和某些品种的梨不能在热带地区栽培，就是由于高温的限制；相反，橡

---

① 顾卫兵. 环境生态学[M]. 2版. 北京：中国环境科学出版社，2007.

② 余顺慧. 环境生态学[M]. 成都：西南交通大学出版社，2014.

胶、椰子、可可等只能在热带分布，是由于受低温的限制。

温度对动物的分布，有时可起到直接的限制作用。例如，各种昆虫的发育需要一定的热总量，若生存地区有效积温少于发育所需的积温，这种昆虫就不能完成生活史。就北半球而言，动物分布的北界受低温限制，南界受高温限制。例如，喜热的珊瑚和管水母只分布在热带水域中，在水温低于 20 ℃的地方，它们是无法生存的。

一般地说，温度暖和的地区生物种类多，寒冷地区生物的种类较少。例如，我国两栖类动物，广西有 57 种，福建有 41 种，浙江有 40 种，江苏有 21 种，山东、河北各有 9 种，内蒙古只有 8 种。爬行动物的情况也是如此，植物的情况也不例外，我国高等植物有 3 万多种，巴西有 4 万多种，苏联虽然国土总面积居于世界第一，但是由于温度低，它的植物种类只有 16 000 多种。

4. 变温对生物的影响

一般地，变温处理将有助于种子有效地萌发，特别是药用植物以及芹菜、烟草等。变温能提高种子萌发率，是由于降温后可增加氧在细胞中的溶解度，从而改善萌发中的通气条件；变温通过改变植物的生理现象，如呼吸、蒸腾等，结果可以造成糖分在体内的大量聚集，如新疆的哈密瓜特别甜，就是这个原因。

三、水因子的生态作用及生物的适应

（一）水因子的生态作用

1. 水是生物生存的重要条件

首先，水是生物体的组成成分。植物体一般含水量达 60%～80%，而动物体含水量比植物更高。例如，水母含水量高达 95%，软体动物达 80%～92%，鱼类达 80%～85%，鸟类和兽类达 70%～75%。水是很好的溶剂，许多化学元素都是在水溶液的状态下为生物吸收和运转的。水是生物新陈代谢的直接参与者，是光合作用的原料。水是生命现象的基础，没有水就没有原生质的生命活动。水比热大，可以调节和缓和环境中温度的剧烈变化，维持恒温。水能维持细胞和组织的紧张度，使生物保持一定的状态，维持正常的生活。

2. 水对动植物生长发育的影响

就植物而言，水分对植物的生长也有一个最高、最适和最低的“三基点”。低于最低点，植物萎蔫、生长停止；高于最高点，根系缺氧、窒息、烂根；只有处于最适范围内，才能维持植物的水分平衡，以保证植物有最优的水分生长条件。

在水分不足时，可以引起动物的滞育或休眠。水分不足可能是直接由于空气湿度的降低引起的，也可能是由于食物中水分减少引起的。许多在地衣和苔藓上栖居的动物，如线虫、蜗牛等，在旱季中多次进入麻痹状态。水生昆虫等雨季一过，就进入滞育期。许多动物的周期性繁殖与降水季节相一致，如澳洲鹦鹉遇到干旱年份就停止繁殖。羚羊幼兽的出生时间，正好是降水和植被茂盛的时期。因为降水对植被的影响是十分巨大的，而动物的食物来源和隐蔽场所都与植被有着密切的关系。①

3. 水对动植物数量和分布的影响

降水在地球的分布是不均匀的，这主要因地理纬度、海陆位置、海拔的不同所致。我国从东南至西北，可以分为3个等雨量区，因而植被类型也可分为3个区，即湿润森林区、干旱草原区及荒漠区。即使是同一山体，迎风坡和背风坡，因降水的差异而各自生长着不同的植物，随即分布着不同区系的动物。水分与动植物的种类和数量存在着密切的关系。在降水量最大的赤道热带雨林中每100 m^2 达52种植物，而降水量较少的大兴安岭红松林群落中，每100 m^2 仅有10种植物存在。在荒漠地区，单位面积物种数更少。

（二）生物对水因子的适应

1. 植物对水因子的适应

根据植物对水分的需求量和依赖程度，可把植物划分为水生植物和陆

---

① 顾卫兵. 环境生态学[M]. 2版. 北京：中国环境科学出版社，2007.

生植物。植物对于水的适应，由于对水的依赖程度的不同而面临着不同的问题。对于陆生植物而言，面临着如何解决失水的问题。而对于水生植物，则是如何呼吸和生存的问题。

（1）陆生植物对水因子的适应

陆生植物不需要利用水来排泄盐分和含氮废物，但在正常的气体交换过程中所损失的水却很多。保持根系吸收水和叶蒸腾水之间的平衡，是保证植物正常生活所必需的。要维持水分平衡就必须增加根的吸收和减少叶的蒸腾，植物在这方面具有一系列的适应性。例如，气孔能够自动开关，当水分充足时气孔便张开以保证气体交换，但当缺水干旱时气孔便关闭以减少水分的散失。当植物吸收阳光时，植物体就会升温，但植物体表面浓密的细毛和棘刺则可增加散热面积，防止植物表面受到阳光的直射和避免植物体过热。植物体表生有一层厚厚的蜡纸表皮，可减少水分的蒸发，因为这层表皮是不透水的。有些植物的气孔深陷在植物叶内，有利于减少失水。此外，有许多植物靠光合作用的生化途径适应快速地摄取 CO_2，并以改变的化学形式储存起来，以便在晚上进行气体交换，温度很低，蒸发失水的压力较小。①

一般地，在低温地区和低温季节，植物的吸水量和蒸腾量小，生长缓慢；反之，在高温地区和高温季节，植物的吸水量和蒸腾量大，生产量大，但对水分的需求也是相当大的。当然，植物的需水量还和其他生态因子有直接关系，如光照强度、温度、风速和土壤含水量等。植物的不同发育阶段吸水量也不同。

（2）水生植物对环境的适应

水生环境与陆生环境有很大的差异，水体的主要特点为：弱光、缺氧、密度大、黏性高、湿度变化平缓，以及能溶解各种无机盐类。因此，水生植物具有与陆生植物本质的区别：首先，水生植物具有发达的通气组织，以保证各器官组织对氧的需要，减轻体重、增大体积，如荷花，从叶

① 史永纯. 环境生态学基础[M]. 北京：中国劳动社会保障出版社，2010.

片气孔进入的空气通过叶柄、茎进入地下茎和根部的气室，形成了一个完整的通气组织，以保证植物体各部分对氧气的需要。其次，机械组织不发达或退化，以增强植物的弹性和抗扭曲能力，适应于水体流动。同时，水生植物在水下的叶片多分裂成带状、线状，而且很薄，以增加吸收阳光、无机盐和 CO_2 的面积。最典型的是伊乐藻属植物，叶片只有一层细胞。又如，有的水生植物出现异型叶，毛茛在同一植株上有两种不同形状的叶片，在水面上呈片状，而在水下则丝裂成带状。

（3）植物的分类。

① 水生植物。根据生长环境中水的深浅不同，可划分为沉水植物、浮水植物和挺水植物 3 类。

沉水植物：即整株植物沉没在水下，为典型的水生植物。根退化或消失，表皮细胞可直接吸收水中气体、营养物和水分，叶绿体大而多，适应水中的弱光环境，无性繁殖比有性繁殖发达，如狸藻、金鱼藻和黑藻等。

浮水植物：叶片漂浮水面，气孔多分布在叶的表面，无性繁殖速度快，生产力高，如凤眼莲、浮萍、睡莲等。

挺水植物：植物体大部分挺出水面，如芦苇、香蒲等。

② 陆生植物：是指生长在陆地上的植物，包括湿生、中生和旱生 3 种类型。

湿生植物：是指在潮湿环境中生长，不能忍受较长时间的水分不足，即为抗旱能力最弱的陆生植物。根据其环境特点，还可以再分为阴性湿生植物和阳性湿生植物两个亚类。

中生植物：是指生长在水湿条件适中的生境中的植物。该类植物具有一套完整的保持水分平衡的结构和功能，其根系和输导组织均比湿生植物发达。

旱生植物：生长在干旱环境中，能耐受较长时间的干旱环境，且能维护水分平衡和正常的生长发育，多分布在干热草原和荒漠区。一般在形态结构上，旱生植物有发达的根系，如沙漠地区的骆驼刺，地面部分只有几厘米，而地下部分可以深达 15 m，扩展的范围可达 623 m，可以更多地吸收水分；叶面积很小，如仙人掌科的植物，叶特化成刺状；许多单子叶植物，具有扇状的运动细胞，在缺水的情况下，它可以收缩，使叶面卷曲，相同点是尽量减少水分的散失。另一类旱生植物，它们具有发达的储水组织，如美洲沙漠中的仙人掌树，高达 15~20 m，可储水 2 t 左右；南美的瓶子树、西非的猴面包树，可储水 4 t 以上，这类植物能储备大量水分，同样适应干旱条件下的生活。此外，还有的从生理上适应，它们的原生质的渗透压特别高，能够使植物根系从干旱的土壤中吸收水分，同时不会有反渗透现象发生，使植物失水。①

2. 动物对水因子的适应

动物按栖息地划分同样可以分水生和陆生两大类。水生动物的媒质是水，而陆生动物的媒质是大气，它们的主要矛盾也就不同。

（1）水生动物的渗透压调节

水生动物生活在水的包围之中，似乎不存在缺水问题。其实不然，因为水是很好的溶剂，溶解有不同种类和数量的盐类，在水交换中伴随着溶质的交换。水生动物需要面对如何调节渗透压和水平衡的问题。

不同类群的水生动物，有着各自不同的适应能力和调节机制。水生动物的分布、种群形成和数量变动都与水体中含盐量的情况和特点密切相关。渗透压调节可以通过限制外表对盐类和水的通透性，改变所排出的尿和粪便的浓度与体积，逆浓度梯度地主动吸收或主动排出盐类和水等的方法来实现；如淡水动物体液的浓度对环境是高渗性的，体内的部分盐类既能通过体表组织弥散，又能随粪便、尿排出体外，因此体内的盐类有降低的危险。那么它们是如何保持水盐代谢平衡的？一是使排出体外的盐分降低到最低限度；二是通过食物和鳃从水中主动吸收盐类；三是不断将过剩水排出体外。而丢失溶质的补充是通过从食物中获得或动物的鳃或上皮组织主动地从环境中吸收溶质，如钠等。

海洋生活的大多数生物体内的盐量和海水是等渗的（如无脊椎动物和

① 史永纯. 环境生态学基础[M]. 北京：中国劳动社会保障出版社，2010.

盲鳗），有些具有低渗性，如七鳃鳗和真骨鱼类，容易脱水。在摄水的同时又将盐吸入，它们将吸入的多余盐类排出的办法是将其尿液量减少到最低限度，有时甚至达到以固体的形式排泄，同时鱼鳃上的泌盐细胞可以逆浓度梯度向外分泌盐类。海产真骨鱼的时间转化非常快，每小时大约转换其所含氯化物总量的10%~20%，淡水真骨鱼每小时只转换0.5%~1%。

洄游鱼类，如溯河的鲑鱼和降海的鳗鱼以及广盐性鱼类的罗非鱼、赤鳟、刺鱼等，在生活史的不同时期分别在淡水和海水中生活，它们的渗透压又是如何调节以保持生物水平衡的？一般地说，其体表对水分和盐类渗透性较低，有利于在浓度不同的海水和淡水中生活。当它们从淡水中转移到海水中时，虽然有一段时间体重因失水而减轻，体液浓度增加，但48 h内，一般都能进行渗透压调节，使体重和体液浓度恢复正常。反之，当它们由海水中进入淡水中时，也会出现短时间的体内水分增多，而盐分减少，然后通过提高排尿量来维持体内的水平衡，例如，一些鱼类进入海水时，肾脏的排泄功能就自动减弱，有的鱼类如赤鳟、美洲鳗鲡的鳃细胞能改变功能，在咸水中能排泄盐类，而在淡水中能吸收水分。

（2）陆生动物对环境湿度的适应

影响陆生动物水平衡更多的是环境的湿度，动物也有其各种各样的适应。

① 形态结构上的适应。不论是低等的无脊椎动物还是高等的脊椎动物，它们各自以不同的形态结构来适应环境湿度，保持生物体的水平衡。昆虫具有几丁质的体壁，防止水分过量蒸发；生活在高山干旱环境中的烟管螺，可以产生膜以封闭壳口来适应低湿环境；两栖类动物体表分泌黏液以保持湿润；爬行动物具有很厚的角质层，鸟类具有羽毛和尾脂腺，哺乳动物有皮脂腺和毛，都能防止体内水分过多蒸发，以保持体内水的平衡。

② 行为的适应。沙漠地区夏季昼夜地表温度相差很大，因此，地面和地下的相对湿度和蒸发力相差也很大。一般的沙漠动物，如昆虫、爬行类、啮齿类等白天躲在洞内，夜里出来活动，更格卢鼠能将洞口封住，表现了动物的行为适应。另外，一些动物白天躲藏在潮湿的地方或水中，以

避开干燥的空气，而在夜间出来活动。

干旱地区的许多鸟类和兽类在水分缺乏、食物不足的时候，迁移到别处去，以避开不良的环境条件。在非洲大草原旱季到来时，往往是大型草食动物开始迁徙之时。干旱还会引起暴发性迁徙，例如，蝗虫有趋水喜洼的特性，常由干旱地带成群迁飞至低洼易涝地方。

③ 生理适应。许多动物在干旱的情况下具有生理上适应的特点。如荒漠鸟兽具有良好的重吸收水分的肾脏。爬行动物和鸟类以尿酸的形式向外排泄含氮废物，甚至有的以结晶状态排出。其实，变温也是对减少失水的适应。“沙漠之舟”骆驼，可以 17 天不喝水，身体中的水量达体重的 27%，仍然照常行走。它不仅有储水的胃，驼峰中藏有丰富的脂肪，消耗的过程中产生大量水分，血液中具有特殊的脂肪和蛋白质，不易脱水。另外，还发现骆驼的血细胞具有变形功能，能提高抗旱能力。[①]

第四节 生态因子作用的一般规律

一、生态因子的概念

生态因子是指环境中对生物的生长、发育、生殖、行为和分布有直接或间接影响的环境要素，如温度、湿度、食物、氧气、二氧化碳和其他相关生物等。生态因子中生物生存所不可缺少的环境条件称为生物生存条件。所有生态因子构成生物的生态环境。具体的生物个体和群体生活地段上的生态环境称为生境，其中包括生物本身对环境的影响。生态因子和环境因子是两个既有区别又有联系的概念。环境因子指生物有机体以外的所有环境要素，是构成环境的基本成分。生态因子则指环境要素中对生物起

---

① 卢升高．环境生态学[M]．杭州：浙江大学出版社，2010.

作用的部分。

根据生态因子的性质，可将其分为5类：

(1) 气候因子，如温度、湿度、光、降水、风、气压和雷电等。

(2) 土壤因子，包括土壤结构、土壤有机和无机成分的理化性质以及土壤生物等。

(3) 地形因子，如地面的起伏，山脉的坡度、坡向等，这些因子对植物的生长和分布有明显影响。

(4) 生物因子，包括生物之间的各种相互关系，如捕食、寄生、竞争和互惠共生等。

(5) 人为因子，主要指人类对生物和环境的各种作用。人类的活动对自然界和其他生物的影响已经越来越大和越来越带有全球性，把人为因子从生物因子中分离出来是为了强调人的作用的特殊性和重要性。

二、生态因子的作用

生态因子的作用主要有以下几个方面。

(一) 综合作用

任何一个环境中都包含着多种生态因子。各种生态因子不是孤立存在的，而是彼此联系、互相促进、互相制约，共同对生物产生影响，任何一个单因子的变化必将引起其他因子不同程度变化及其反作用。例如，光强度的变化必然会引起大气和土壤温度、湿度的改变，这就是生态因子的综合作用。

(二) 主导因子作用

对生物起作用的诸多生态因子是非等价的，其中必有1~2个生态因子对生物起决定性作用，这些因子被称为主导因子，主导因子发生变化会引起其他因子也发生变化。例如，在光合作用中，光强是主导因子，温度和二氧化碳为次要因子；春化作用时，温度是主导因子，湿度和通气条件为次要因子。又如，以土壤为主导因子，可将植物分成多种生态类型，有喜钙植物、嫌钙植物、盐生植物、沙生植物；以生物为主导因子，表现在动物食性方面，可将动物分为食植动物、食肉动物、食腐动物、杂食动物等。①

（三）直接作用和间接作用

生态因子对生物的作用有的是直接的，有的是间接的。区分生态因子的直接作用和间接作用对生物的生长、发育、繁殖及分布很重要。间接因子对生物的作用虽然是间接的，但往往是非常重要的，它一般支配着直接因子，而且作用范围广，作用强度大，有时甚至构成地区性影响及小气候环境的差异。如环境中的地形因子，其起伏、坡向、坡度、海拔高度及经纬度等对生物的作用不是直接的，但它们能影响光照、温度、雨水等因子，因而对生物起间接作用，这些地方的光、温度、水则对生物的生长，分布以及类型起直接作用。

（四）因子的阶段性作用

生物生长发育不同阶段往往需要不同的生态因子或生态因子的不同强度，因此某一生态因子的有益作用常常只限于生物生长发育的某一特定阶段，也就是说因子对生物的作用具有阶段性。如光照长短，在植物的春化阶段并不起作用，但在光周期阶段则是很重要的。有些鱼类不是都终生定居在某一环境中，根据其生活史的各个不同阶段，对生存条件有不同要求，如鱼类的洄游，海洋中生活的大马哈鱼在生殖季节就成群结队洄游到淡水河流中产卵，在淡水中生活的鳗鲡则洄游到海洋中去生殖。

（五）不可代替性和补偿作用

生态因子的作用虽然不尽相同，但都不可缺少，一个因子的缺失不能由另一个因子来替代。但在一定条件下，多个生态因子的综合作用过程中，由于某一因子在量上的不足，可以由其他因子来补偿，同样可以获得相似的生态效应。以植物进行光合作用来说，如果光照不足，可以增加二

① 舒展，黄慧，于文男．环境生态学[M]．哈尔滨：东北林业大学出版社，2017.

氧化碳的量来补足；软体动物在锶多的地方，能利用锶来补偿壳中钙的不足。生态因子的补偿作用只能在一定范围内做部分补偿，而不能以一个因子代替另一个因子，且因子之间的补偿作用也不是经常存在的。

三、生态因子的限制性作用

（一）限制因子规律

生物的生存和繁殖依赖于各种生态因子的综合作用，但其中必有一种和少数几种因子是关键性因子，这些关键性因子称为限制因子。任何一种生态因子只要接近或超过生物的耐受范围，它就会成为这种生物的限制因子。

如果一种生物对某一生态因子的耐受范围很广，而这个因子在环境中又非常稳定，那么这个因子就不太可能成为限制因子；相反，如果一种生物对某一生态因子的耐受范围很窄，而这种因子又易于变化，那么这种因子就很可能是一个限制因子。如对陆地动物来说，氧稳定又容易得到，很少有限制作用，但氧在水体中的含量是有限的且经常发生波动，常成为水生生物的限制因子。光是植物进行光合作用的主要因素，但如果没有水、二氧化碳和一定温度，碳水化合物不能合成，反之只有水、二氧化碳和一定温度而没有光，植物也不能进行光合作用，所以植物光合作用中的几个因子在不同情况下，任何一个因子都可以成为限制因子。我们在研究某个特定环境时，首先应该关注那些影响生物生存和发展的限制因子，这就是限制因子这个概念的价值所在。①

（二）最小因子定律

1840 年，德国化学家利比希（Liebig）在研究谷物产量时发现，植物生长不是受需要量大的营养物质影响（如二氧化碳和水），而是受对植物满足程度最低的那种养分的影响。进一步研究表明，利比希所提出的理论也同样适用于其他生物种类或生态因子，因此，利比希的理论被称为最小

---

① 李洪远. 环境生态学[M]. 2 版. 北京：化学工业出版社，2012.

因子定律。定律的基本内容是：任何特定因子的存在量低于某种生物的最小需要量，是决定该物种生存或分布的根本因素。这与系统论中的“木桶原理”的含义一致，即一个由多块木板拼成的木桶，当其中的一块木板较短时，不管其他木板多高，水桶装水量总是受最短木板的制约。最小因子定律只有在环境条件处于严格稳定的状态下，即在物质和能量的输入和输出处于平衡状态时才能应用。同时，在应用时还应注意因子之间的相互作用，即当一个特定因子处于最小量时，其他处于高浓度或过量状态的物质可能起着补偿作用。

（三）耐受性定律

1913 年，美国生态学家谢尔福德（Shelford）提出了耐受性定律。他认为，任何一个生态因子在数量上或质量上的不足或过多都会影响该种生物的生存和分布。每种生物对一种生态因子都有一个生态上的适应范围，即有一个最低点和一个最高点，两者之间的幅度称为生态幅，此即谢尔福德的耐受性定律。该定律将最低量因子和最高量因子都称为限制因子。生物在最适点或接近最适点才能很好地生活，趋向两端时就减弱，然后被抑制，如图 2-5 所示。

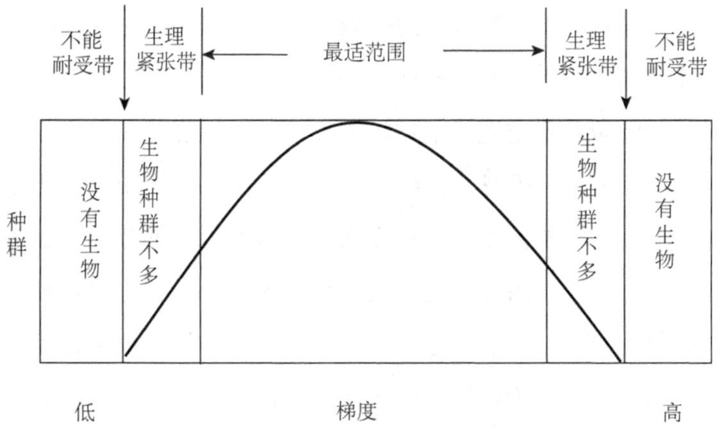

图 2-5　耐受性定律图解

不同生物对同一个因子有不同的耐受极限，同一生物在不同阶段对同一个因子也有不同耐受极限。如原生动物一般能忍受 50 ℃左右的高温，形成孢囊时可忍受的温度更高。家蝇在 44.6 ℃左右出现热瘫痪，到 45～48 ℃就开始死亡；玉米生长发育所需的温度最低不能低于 9.4 ℃，最高不超过 46.1 ℃，耐性限度为 9.4～46.1 ℃。

有些生物能适应较大幅度的环境变化，有些生物只能适应较小幅度的环境变化。根据生物对各种生态因子适应的幅度，可分为很多类型：对温度因子的有狭温性和广温性；对光因子的有狭光性和广光性；对水因子的有狭水性和广水性；对盐因子的有狭盐性和广盐性；对湿度因子的有狭湿性和广湿性；对食物因子的有狭食性和广食性；对栖息地有狭栖性和广栖性等。

耐受性定律还有几种情况，即生物能对某一生态因子的耐性很广，而对另一种生态因子耐性很窄；当一种生物对某种生态因子处在不是最适度时，另一些生态因子的耐性限度可能会降低。在自然界中，生物并不一定都在最适生态因子范围内生活，一般来说对所有生态因子耐受范围都很广的生物，分布也较广，称为广适应生物，反之则称为狭适应生物。

四、生物内稳态和保持内稳态的行为机制

内稳态机制即生物控制自身的体内环境使其保持相对稳定的机制，它能够减少生物对外界条件的依赖性，大大提高了生物对生态因子的适应能力。维持体内环境的稳定性是生物扩大环境耐受限度的一种主要机制，并被各种生物广泛利用。但是，内稳态机制却不能完全摆脱环境所施加的限制，因为耐受范围的扩大不可能是无限的。事实上，具有内稳态机制的生物只能增加自己的生态耐受幅度，使自身变为一个广生态幅物种或广适应性物种。依据生物对环境的反应或者依据外部条件变化对生物体内状态的影响，可以把生物区分为内稳态生物和非内稳态生物。对非内稳态生物来说，其耐受限度只简单地取决于其特定酶系统能在什么温度范围内起作用。对内稳态生物来说，其内稳态机制能够发挥作用的范围就是它的耐受

范围。[①]

生物的内稳态是通过其生理过程和行为的调整来实现的。恒温动物主要是靠控制体内产热的生理过程来调节自己的体温，而变温动物则主要靠减少热量散失或利用环境热源使身体增温。沙漠蜥在清晨温度比较低时，常使身体的侧面迎向太阳，并把身体紧贴在温暖的岩石上，这样就能尽快地使体温上升到最适于活动的水平。随着白天温度逐渐升高，沙漠蜥会改变身体的姿势，抬起头对着太阳使身体迎热面最小，同时趾尖着地把身体抬高使空气能在身体周围流动而散热。虽然高等植物一般都不能移动位置，但许多植物的叶子和花瓣有昼夜的运动和变化。例如，大豆叶的昼挺夜垂的变化或睡眠运动、向日葵花序随太阳的移动而徐徐转动等。

① 方淑荣. 环境科学概论[M]. 北京：清华大学出版社，2011.

第三章

生物圈中的生命系统

第一节 生命系统的层次

生命的种类多种多样，不同生命形式的生物，所处的环境不同。只有进行生命活动的层次性分析和相应环境条件的层次性分析，才能真正认识生物生命活动的本质。生命系统具有层次性，生态学的研究也相应地划分成若干层次。生态学可划分为 3 个层次，即宏观生态学（macroecology）、微生态学（microecology）和分子生态学（molecular ecology）。宏观生态学是以个体和群体为中心与环境关系的生态学；微生态学是以单细胞为中心与环境关系的生态学；分子生态学是以生物活性分子特别是核酸分子为中心与分子环境关系的生态学。图 3-1 所示为生态学研究的生物圈中的生命系统层次划分。

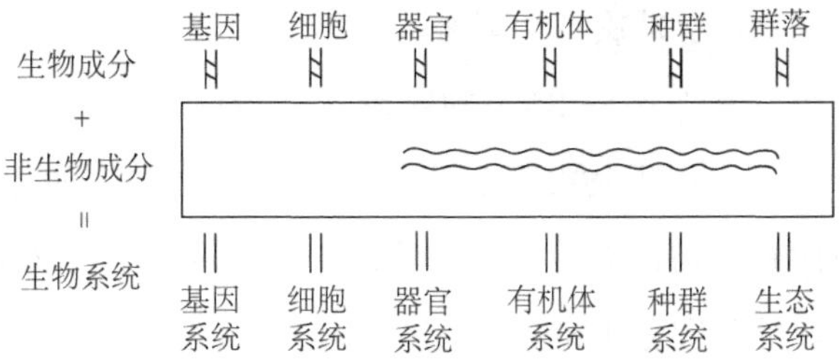

图 3-1　生物圈中的生命系统层次划分

一、分子

物质可分为有机物质和无机物质，有生命活动的和无生命活动的物质。物质是由分子、原子、电子等基本粒子和夸克组成的，这是指物质的层次。而生态学研究的分子，必然同生命活动有联系，生态学中的研究对象——分子，是指生物活性分子。

在生命体内，不论有机、无机分子，还是大、小分子，只要是生命体组成成分，在生命活动中起着一定作用的分子，就是生物活性分子，它包括 DNA、蛋白酶类、RNA、激素等。生态学家认为有些分子如 H_2O、Ca 等也是与生命活动有关的生命活性分子，这就扩大了分子生态学的研究领域。

分子生态学是新诞生的一门生物学分支学科，它是以生物活性分子特别是核酸分子为中心与其分子环境关系的生态学，主要研究内容在于阐明生命体和相关细胞的各种生物活性分子及其分子环境与网络相互作用的生理平衡态和病理失调态的分子机制，从而提出促进生理平衡、防止与治疗病理失调的措施及方法。

二、基因

基因是所有生物表现生命活动的根本结构，也是所有生物用来维持其种属遗传性的关键。一切生物的所有遗传信息都存在于这种组成基因或基因组的核苷酸序列，即核酸中。自 1944 年报告肺炎球菌变异同 DNA 有关及 1953 年提出 DNA 双螺旋结构以来，科学家又提出了基因转录和蛋白质合成的中心法则，其他多种 RNA 的转录（遗传性表达的关键步骤）和蛋白质的翻译合成（决定生物的形态构架和生命活动的生理功能），是生命活动的基本规律和生物种类的构型基础，是当前条件下生物圈所有生物种系生命活动规律的共同分子机制。①

基因隶属于分子生态学的研究范畴。在基因层次上研究的是生命体的基因结构组成。人类目前正在进行的人类基因组计划，就是为了绘制人类基因图谱，从分子水平上理解机体器官，以操纵分子结构，服务于人类。

三、细胞

细胞是构成生物体的基本单位。有机体除了少数类型（病毒等）外，都是由细胞构成的。单细胞有机体的个体就是一个细胞，一切生命活动都是由这个细胞来承担。多细胞有机体是由许多形态和功能不同的细胞组成的。在整体中，各个细胞有分工，各自行使特定的功能；同时，细胞间又存在结构和功能上的密切关系，它们相互依存、彼此协作，共同保证整个有机体正常生活的进行。

克隆技术是指用高等动物的体细胞借代母体克隆成个体。新个体具有和亲代完全相同的生理学上的特征。这一技术可以用于医疗目的，利用此技术可以培育治疗疾病所需的人体组织和器官，来解决目前疾病治疗中的问题，如移植器官的缺乏。

四、组织

细胞的分化导致生物体中形成多种类型的细胞，即细胞分化导致了组织的形成。人们把在个体发育中具有相同来源的（即由同一个或同一群分生细胞生长、分化而来的）同一类型，或不同类型的细胞群组成的结构和功能单位，称为组织（tissue）。组织是具有功能分工的细胞的集合体，不

---

① 乌云娜，王晓光．环境生态学[M].北京：科学出版社，2020.

同的相互联系的组织构成了器官。高等生物的个体是由各种组织和器官组成的。

五、个体

一般情况下，生物是以个体的形式存在的。有生命的个体具有新陈代谢、自我复制繁殖、生长发育、遗传变异、感应性和适应性等生命现象。生物个体对于生存的基本需要是摄取食物获得能量、占据一定空间和繁殖后代。生物的种类繁多，形形色色，千姿百态，目前已鉴定的有约 200 万种，有人估计，还有约 2 000 万种生物有待发现和命名。①

个体是种群的基本组成单位，正是生物种的多样性才构成了全球生态系统的稳定。然而目前物种正面临严重的危机，由于人类的影响，世界上的物种每天都在减少，而且速度越来越快。物种是人类的基因宝库，我们应该积极研究物种的生活习性，如珍贵的野生动植物等，研究有效的保护方法，最大限度地保留这些珍贵动植物，维持生物圈的稳定。

六、种群

种群是指在一定空间中同种生物个体的组合。种群是由相同的个体组成的，具有共同的基因库，是种族生存的前提。自然界中任何物种的个体都不可能单一地生存，生物个体必然在某一时期与同种其他种类的许多个体联系成一个相互依赖、相互制约的群体才能生存。不同的种群相互有机地组合，复合成了群落。

种群生态学研究种群的数量、分布以及种群与其栖息环境中的非生物因素和其他生物种群（如捕食者与猎物、寄生物和宿主等）的相互作用。种群生态学的核心内容是种群动态研究，即种群数量在时间上和空间上的变动规律及其变动原因（调节机制）。②

---

① 方淑荣. 环境科学概论[M]. 北京：清华大学出版社，2011.

② 周凤霞. 环境生态学基础[M]. 北京：科学出版社，2011.

七、生物群落

种群是个体的集合体，而群落是种群的集合体。一个自然群落是在一定空间内生活在一起的各种动物、植物和微生物种群的集合体。许多种群集合在一起，彼此相互作用，具有独特的成分、结构和功能。一片树林、一片草原、一片荒漠，都可以看作是一个群落。群落内的各种生物由于彼此间的相互影响、紧密联系和对环境的共同反应，而构成一个具有内在联系和共同规律的有机整体。没有一种生物能够脱离周围环境（包括生物环境和非生物环境）而孤立地生存，每一种生物都是复杂的生物群落的一个组成部分。

生物群落可以从植物群落、动物群落和微生物群落这三个不同的角度来研究。大多数植物是绿色植物，是群落或生态系统营养结构中的生产者，动物以消费者的身份出现在更高的营养级上，各个营养级相互作用，组成了复杂的食物网，微生物是分解者，在物质循环中扮演了重要的角色。群落生态学研究的是动物、植物和微生物的有机结合。

八、生态系统

生态系统是生态学中最重要的概念，也是自然界最重要的功能单位。生态系统可用一个简单的公式概括为：生态系统=生物群落+非生物环境。群落不是孤立存在的，总是和环境密切地相互作用。非生物环境中的能量和物质，参与到群落内部的循环中，又返回环境，这种能量流动和物质循环的现象是生态系统的典型行为。

生态系统由英国生态学家 Tansley 于 1935 年首次提出，生态系统主要强调一定地域中各种生物相互之间、它们与环境之间功能上的统一性。生态系统主要是功能上的单位，而不是生物学中分类学单位。①

地球上大部分自然生态系统有维持稳定、持久、物种间协调共存等特

① 佘顺慧．环境生态学[M]．成都：西南交通大学出版社，2014.

点，这是长期进化的结果。向自然生态系统寻找这些建立持续性的机制，是研究生态系统规律的主要目的。

为了解决人类与环境日益紧张的关系，要解决现代人类社会的环境污染问题、人口暴涨与自然资源的合理利用问题，都有赖于对生态系统的结构和功能、生态系统的稳定性及其对干扰的忍受和恢复能力的研究。

第二节 生物种群的特征与动态分析

一、种群概念及特征

（一）种群的概念

种群（population）是指在一定空间中同种生物个体的组合。population这个术语从拉丁语派生，含有人或人民的意思，一般译为人口。以前，有人在昆虫学中译为“虫口”“鱼口”“鸟口”等，后来我国生态学工作者统一译为种群，但也有译为“居群”“繁群”的。种群的分界线是人为划定的，生态学研究者往往根据研究的方便，划定出种群的分界线，例如，实验室饲养的一群小家鼠，可称为一个实验种群。如果种群的栖息地具有天然的分界线，则这个天然的分界线就是该种群的分界线，如岛屿上的种群，水体就是该种群与其他种群的分界线。

一般认为，种群是物种在自然界中存在的基本单位。在自然界中，门纲目科属等分类单元是学者按物种的特征及其在进化中的亲缘关系来划分的，唯有种（species）才是真实存在的，因为组成种群的个体是随着时间的推移而死亡和消失的，又不断通过新生个体的补充而持续，所以进化过程也就是种群中个体基因组成和频率从一个世代到另一个世代的变化过程。因此，从进化论的观点看，种群是一个演化单位。从生态学观点来看，种群又是生物群落的基本组成单位。

（二）种群的特征

种群的主要特征表现在3个方面：

（1）数量特征（密度或大小）。这是所有种群都具备的基本特征。种群的数量越多、密度越高，种群就越大，种群对生态系统功能的作用也就越大。种群的数量大小受四个种群基本参数（出生率、死亡率、迁入率和迁出率）的影响，这些参数同时受种群的年龄结构、性别比率、内分布格局和遗传组成的影响。了解种群的特征有助于了解种群的结构，分析种群动态。

（2）空间分布特征。它包括内分布格局（即种群内部的个体是聚群分布、随机分布还是均匀分布）和地理分布格局（即种群分布在什么地理范围内）。

（3）遗传特征。种群具有一定的遗传组成，是一个基因库。种群的遗传特征是种群遗传学和进化生态学的主要研究内容。

二、种群的增长

（一）种群的群体特征

种群具有个体所不具备的群体特征，这些特征大体分为三类：第一，种群密度。第二，初级种群参数，包括出生率（natality）、死亡率（motality）、迁入率和迁出率。出生和迁入是使种群增加的因素，死亡和迁出是使种群减少的因素。出生率泛指任何生物产生新个体的能力，迁出是指种群内个体由于种种原因离开领地，迁入则是别的种群进入领地。第三，次级种群参数。包括性别比（sex ratio）、年龄分布（age distribution）和种群增长率等。①

1. 种群密度

研究种群的变化规律，往往要进行种群数量的统计。在数量统计中，种群大小的最常用指标是密度。密度通常表示单位面积（或空间）的个体

---

① 余顺慧. 环境生态学[M]. 成都：西南交通大学出版社，2014.

数目，但也有用每片叶子、每个植株、每个宿主为单位的。由于生物的多样性，具体数量统计方法随生物种类或栖息地条件而异。密度大体分为绝对密度统计和相对密度统计两类。绝对密度是指单位面积或空间的实有个体数，而相对密度则只能获得表示数量高低的相对指标。

2. 种群年龄结构和性别比

种群的年龄结构是指不同年龄组的个体在种群内的比例或配置情况。种群的年龄结构通常用年龄锥体即年龄金字塔表示。年龄锥体：以从幼到老的年龄排列为纵坐标，个体数量或百分比为横坐标绘制成图，如图 3-2 所示。

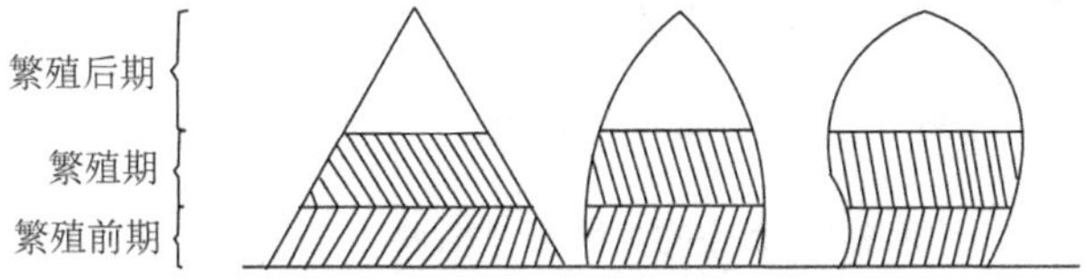

(a) 增长型种群　(b) 稳定型种群　(c) 下降型种群

图 3-2　年龄锥体的三种基本类型

按锥体形状，年龄锥体可分为以下三种基本类型：

(1) 增长型种群。锥体呈典型金字塔形，基部宽、顶部窄。表示种群有大量幼体，老年个体较少，种群的出生率大于死亡率，是迅速增长的种群。

(2) 稳定型种群。锥体形状和老、中、幼比例介于增长型和下降型种群之间。出生率与死亡率大致相平衡，种群稳定。

(3) 下降型种群。锥体基部比较窄、顶部比较宽。种群中幼体比例减少而老年个体比例增大，种群的死亡率大于出生率。

性别比是种群中雄性个体和雌性个体数目的比例。性别比对种群的配偶关系及繁殖潜力有很大影响。在野生种群中，因性别比的变化会发生配偶关系及交配行为的变化，这是种群自然调节的方式之一。①

① 鲁敏，孙友敏，李东和. 环境生态学[M]. 北京：化学工业出版社，2012.

研究种群的年龄结构和性别比对深入分析种群动态和进行预测预报具有重要价值。

3. 生命表

生命表是展示种群存活和死亡过程的一览表，是研究种群动态的有用工具。

Conell（1970）对某岛固着在岩石上的所有藤壶进行逐年的存活观察，并编制了藤壶生命表（如表3-1所示）。表中 x 为按年龄的分段；n_x 为 x 期开始时的存活数；l_x 为 x 期开始时的存活率；d_x 为从 x 到 $x+1$ 的死亡数；q_x 为从 x 到 $x+1$ 的死亡率；e_x 为 x 期开始时的生命期望或平均余年；L_x 是从 x 到 $x+1$ 期的平均存活数，即 $L_x=(n_x+n_{x+l})/2$；T_x 则是进入 x 龄期的全部个体在进入 x 期以后的存活个体总年数，即 $T_x=\sum L_v$。

表3-1 藤壶的生命表（Krebs，1978）①

年龄 x	存活数 n_x	存活率 l_x	死亡数 d_x	死亡率 q_x	L_x	T_x	生命期望 e_x
0	142. 0	1. 000	80. 0	0. 563	102	224	1. 58
1	62. 0	0. 437	28. 0	0. 452	48	122	1. 97
2	34. 0	0. 239	14. 0	0. 412	27	74	2. 18
3	20. 0	0. 141	4. 5	0. 225	17. 75	47	2. 35
4	15. 5	0. 109	4. 5	0. 290	13. 25	29. 25	1. 89
5	11. 0	0. 077	4. 5	0. 409	8. 75	16	1. 45
6	6. 5	0. 046	4. 5	0. 692	4. 25	7. 25	1. 12
7	2. 0	0. 014	0	0. 000	2	3	1. 50
8	2. 0	0. 014	2. 0	1. 000	1	1	0. 50
9	0	0	—	—	0	0	—

① $L_x=n_x/n_0$，$d_x=n_x-n_{x+1}$，$q_x=d_x/n_x$，$e_x=T_x/n_x$。

从以上生命表可以获得三方面信息：

（1）存活曲线（survivorship curve）。以 lg n_x 栏对 x 栏作图可得存活曲线。存活曲线直观地表达了同生群（cohort）的存活过程。Deevey（1947）曾将存活曲线分为三个类型，如图 3-2 所示。

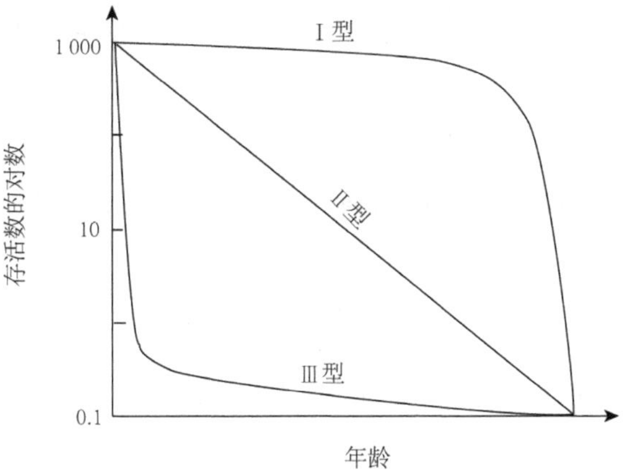

图 3-3 存活曲线的类型

I 型：曲线凸型，表示在接近生理寿命前只有少数个体死亡。

II 型：曲线呈对角线，各年龄组死亡率相等。

III 型：曲线凹型，幼年期死亡率很高。

藤壶的存活曲线接近 I 型。

（2）死亡率曲线。以 q_x 对 x 栏作图。藤壶在第一年死亡率很高，以后逐渐降低，接近老龄时死亡率迅速上升。

（3）生命期望。e_x 表示该年龄期开始时的平均存活年限。e_0 为种群的平均寿命。

藤壶生命表是根据对同年出生的所有个体进行存活数动态监察而编制的表。这类生命表称为同生群生命表，或称动态生命表。另一类为静态生命表，是根据某一特定时间对种群年龄结构调查资料编制的表。动态生命表中个体经历了同样的环境条件，而静态生命表中个体出生于不同年（或其他时间单位），经历了不同的环境条件。因此，编制静态生命表等于假定种群所经历的环境是没有变化的。①

除此之外还有综合生命表。综合生命表与简单生命表的不同之处在于除 l_x 栏外，增加 m_x 栏。m_x 栏描述各年龄的出生率。综合生命表同时包括存活率和出生率数据，将两者相乘，并累加起来，即得净生殖率（net reproductive rate），还代表该种群（在生命表所包括特定时间中的）世代净增殖率。

由于各种生物的平均世代时间不相等，作种间比较时世代净增殖率（R_0）的可比性并不强，此时，种群增长率（r）显得更有应用价值。r 可按下式计算：

$$r=\ln R_0/T,$$

式中，T 为世代时间，它是指种群中子代从母体出生到子代再产子的平均时间。

自然界的环境条件在不断变化，当条件有利时，r 可能是正值，条件不利时可能变为负值从上式看出，r 值的大小随 R_0 增大而增大，随 T 增大而变小。例如，计划生育的目的是使 r 值变小，依据上式有两条途径：① 降低 R_0 值，即使世代增殖率降低，这就要限制每对夫妇的子女数；② 使 T 值增大，即可以通过推迟首次生殖时间或晚婚来达到。

（二）种群增长模型

种群动态模型研究在近几十年来有较大发展，它是理论生态学的主要内容，对种群生态学的研究已作出了重要贡献。本章主要介绍以下几个经典模型。

1. 与密度无关的种群增长模型

本模型是建立在下列假设基础上的：环境中空间、食物等资源是无限的。因而其增长率不受种群密度影响，这类增长通常呈指数式增长。与密度无关的增长又可分为两类，如果种群的各个世代彼此不相重叠，如一年生植物和许多一年生殖一次的昆虫，其种群增长是不连续的、分步的，称

① 杨保华，刘辉，赵美微．环境生态学[M]．武汉：武汉理工大学出版社，2015.

为离散增长，一般用差分方程描述；如果种群的各个世代彼此重叠（如人和多数兽类），其种群增长是连续的，可用微分方程描述。①

（1）种群离散增长模型。最简单的单种种群增长的数学模型，通常是把世代 $t+1$ 的种群 N_{t+1} 与世代 t 的种群 N_t 联系起来的差分方程：

$$N_{t+1}=\lambda N_t,$$

或

$$N_{t=}N_0\lambda^t,$$

式中：N 为种群大小；

t 为时间；

λ 为种群的周限增长率；N_0 为初始种群大小。

如果 $\lambda>1$，种群上升，$\lambda=1$，种群稳定，$0<\lambda<1$，种群下降，$\lambda=0$，雌体没有繁殖，种群在下一代灭亡。

（2）种群连续增长模型。在世代重叠的情况下，种群以连续方式变化。把种群变化率 $\mathrm{d}N/\mathrm{d}t$ 与任何时间的种群大小联系起来，最简单的情况是有一恒定的每员增长率（per capita growth rate），即单位时间内种群的变化率，它与密度无关，即 $\mathrm{d}N/\mathrm{d}t=rN$，其积分式为

$$N_t=N_0\mathrm{e}^{rt}.$$

式中：e 为自然对数的底；

r 为种群瞬时增长率；

$\mathrm{d}N/\mathrm{d}t$ 为种群数量的瞬时变化。

以种群大小 N_t 对时间 t 作图（如图 3-4 所示）说明种群增长曲线呈“J”字形，但如以 $\lg N_t$ 对 t 作图，则变为直线。

---

① 杨保华，刘辉，赵美微. 环境生态学[M]. 武汉：武汉理工大学出版社，2015.

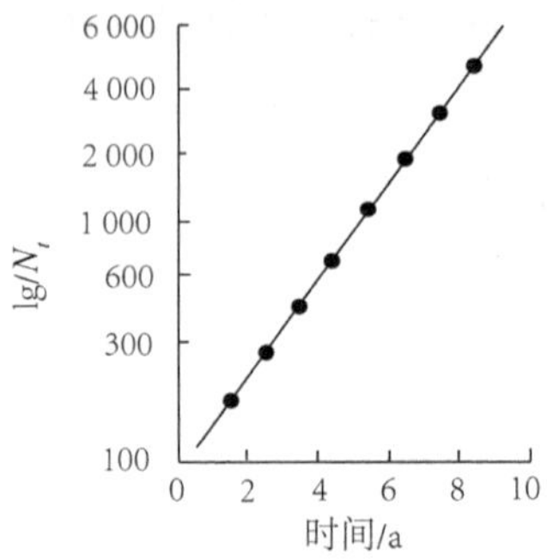

(a) 对数标尺

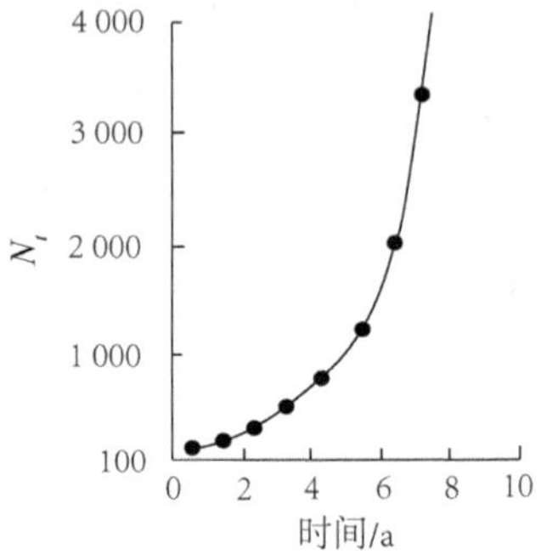

(b) 算数标尺

$N_0=100$，$r=0.5$

图 3-4　种群增长曲线

2. 与密度有关的种群增长模型

本模型比无密度效应的模型增加了两点假设：① 存在环境容纳量（通常以 K 表示），当 $N_t=K$ 时，种群为零增长，即 $dN/dt=0$；② 增长率随密度上升而降低的变化，是按比例的。最简单的是每增加一个个体，就产生 $1/K$ 的抑制影响。例如，$K=100$，每增加一个个体，产生 0.01 影响，或者说，每一个个体利用了 $1/K$ 的“空间”，N 个个体利用了 N/K 的“空间”，而可供种群继续增长的“剩余空间”只有（$1-N/K$）。按此两点假设，种群增长将不再是“J”字形，而是“S”形。“S”形曲线有两个特点：① 曲线渐近于 K 值，即平衡密度；② 曲线上升是平滑的。

产生“S”形曲线的最简单数学模型是前述指数增长方程（$dN/dt=rN$）上增加一个新的项（$1-N/K$），得

$$\frac{dN}{dt}=rN\left(1-\frac{N}{K}\right)=rN\left(\frac{K-N}{K}\right).$$

此即生态学发展史中著名的逻辑斯谛方程（Logistic equation，或译阻滞方程）。其积分式为

$$N_t=\frac{K}{1+e^{a-rt}},$$

式中，a 为参数，其值取决于 N_0，表示曲线对原点的相对位置。

逻辑斯谛曲线可划分为 5 个时期：① 开始期，也称潜伏期，由于种群

个体数很少，密度增长缓慢；② 加速期，随个体数增加，密度增长逐渐加快；③ 转折期，当个体数达到饱和密度的一半（即 $K/2$）时，密度增长最快；④ 减速期，个体数超过 $K/2$ 以后，密度增长逐渐变慢；⑤ 饱和期，种群个体数达到 K 值而饱和。

逻辑斯谛方程的两个参数 r 和 K，均具有重要的生物学意义。如前所述，r 表示物种的潜在增殖能力，而 K 则表示环境容纳量，即物种在特定环境中的平衡密度。虽然模型中的 K 值是最大值，但作为生物学含义，它应该并可以随环境（资源量）改变而改变。

逻辑斯谛方程的重要意义是：① 它是两个相互作用种群增长模型的基础；② 它也是渔捞、林业、农业等实践领域中，确定最大持续产量（maximum sustained yield）的主要模型；③ 模型中两个参数 r、K，已成为生物进化对策理论中的重要概念。

三、生态对策

生态对策（ecological strategy）或生活史对策（life-history strategy）：生物在生存斗争中获得生存的对策。

生物的繁殖问题一直是进化生态学的核心问题之一。C. Darwin（1859）在他的“物种起源”中就已经详细描述了繁殖与死亡现象的相互作用，认为繁殖力是维持物种延续的一个重要因子。Wunder（1934）首先注意到并回顾了不同类型生物的繁殖差异，提出了不同类群生物繁殖力的演化方向。D. Lack（1954）发现了动物繁殖的生态趋势，提出动物总是面对两种对立的进化选择：一种是高生育力但无亲代抚育，一种是低生育力但有亲代抚育。这一理论得到广泛认同，被称为 D. Lack 法则。M. Cody（1966）通过对鸟类在繁殖中以及在种内、种间竞争中能量消耗的测定，提出了物种在竞争中取胜的最适能量分配。R. MacArthur（1962）发展了以上各种理论，提出了 r-K 选择的自然选择理论，从而推动了生活史策略研究从定性描述走向定量分析的新阶段。①

r 选择和 K 选择理论根据生物的进化环境和生态对策把生物分为 r 对策者和 K 对策者两大类。r 对策者适应于不可预测的多变环境（如干旱地区和寒带），是新生境的开拓者，但存活要靠机会，所以在一定意义上，它们是机会主义者（opportunist），很容易出现“突然的暴发和猛烈的破产”。r 对策者具有能够将种群增长最大化的各种生物学特性，即高生育力、快速发育、早熟、成年个体小及寿命短且单次生殖多而小的后代，一旦环境条件好转，就能以其高增长率 r 迅速恢复种群，使物种得以生存。K 对策者适应于可预测的稳定的环境。在一定意义上，它们是保守主义者（conservatism），当生存环境发生灾变时很难迅速恢复，如果再有竞争者抑制，就可能趋向灭绝。在稳定的环境（如热带雨林）中，由于种群数 W 经常保持在环境容纳量水平上，因而竞争较为激烈。K 对策者具有成年个体大、发育慢、迟生殖、产仔（卵）少而大，但多次生殖、寿命长、存活率高的生物学特性，以高竞争能力使自己能够在高密度条件下得以生存。因此，在生存竞争中，K 对策者是以“质”取胜，而 r 对策者则是以“量”取胜；K 对策者将大部分能量用于提高存活，而 r 对策者则是将大部分能量用于繁殖。

在大分类单元中，大部分昆虫和一年生植物可以看作是 r 对策者。昆虫的快速进化是在二叠纪和三叠纪，当时的气候条件非常多变。大部分脊椎动物和乔木可以看作是 K 对策者。脊椎动物进化过程中的盛发期是侏罗纪、下白垩纪、始新世和渐新世，正是温暖潮湿气候的稳定地质期。在同一分类单元中，同样可作生态对策比较，如哺乳类、啮齿类大部分是 r 对策者，而象、虎、熊猫则是 K 对策者。②

r 对策者和 K 对策者具有不同的生物学特征，因此它们的种群增长曲线也有差别，如图 3-5 所示。图中 45°的对角虚线，表示从 N_{t+1}/N_t，种群

① 舒展，黄慧，于文男．环境生态学[M]．哈尔滨：东北林业大学出版社，2017.

② 乌云娜，王晓光．环境生态学[M]．北京：科学出版社，2020.

数量处于平衡状态；对角线上方表示种群增长；下方表示种群下降。在增长线上，*r* 对策者和 *K* 对策者都有一个平衡点，种群数量的变化都趋向于平衡点，但 *r* 对策者的数量变化幅度较大。对于 *K* 对策者，其种群增长曲线上还有一个灭绝点 *X*（the extinction point）。当 *K* 对策者的种群数量大于灭绝点，则种群增长；如果低于灭绝点，种群就会发生灭绝。

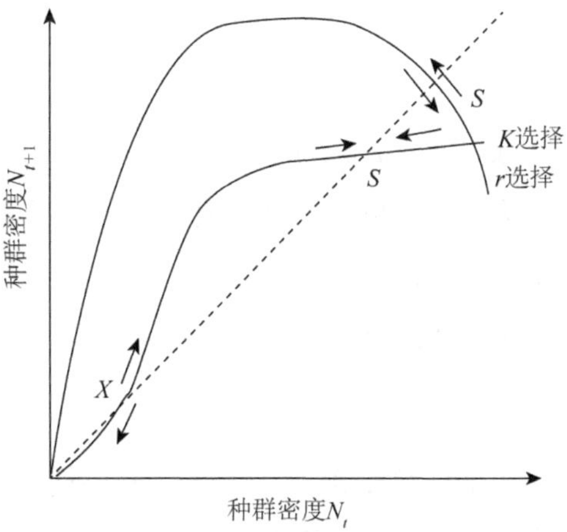

S—平衡点；*X*—灭绝点

图 3-5　*r* 对策者和 *K* 对策者种群增长曲线（李振基，2000）

r 对策者和 *K* 对策者是 *r*-*K* 对策连续系统的两个极端。除了一些例外，大部分生物都能适合 *r*-*K* 对策连续系统的某一位置。*r* 选择和 *K* 选择理论在生产实际中具有重要的指导意义。在有害动物防治方面，由于大部分有害动物属于 *r* 对策者，因此，仅靠一两次灭杀只能暂时控制其数量，一旦灭杀停止，由于其高增长，能迅速增殖，种群数量将很快恢复到原有水平；在濒危野生动物的保护方面，由于大部分珍稀动物属于 *K* 对策者，繁殖能力低，一旦种群数量下降到一定的下限——灭绝点，则难以自然地恢复增长，因此应当不断给予保护。①

---

① 胡荣桂，刘康．环境生态学[M]．2 版．武汉：华中科技大学出版社，2018.

第三节 种群关系概述

一、种内关系

种内关系（intraspecific relationship）是指种群内部个体与个体之间的关系。在这方面，动物种群和植物种群的表现有很大区别：动物种群的种内关系主要表现为集群、种内竞争、领域性、社会等级等，而植物除了有集群生长的特征外，更主要的是个体间的密度效应。

（一）集群

集群现象普遍存在于自然种群之中。同一种生物的不同个体，或多或少会在一定的时期内生活在一起，从而保证种群正常的生存和繁殖，是种群的一种重要的适应性特征。根据集群后群体持续时间的长短，可以把集群分为临时性和永久性两种类型。永久性集群存在于社会动物中。所谓社会动物，是指具有分工协作等社会性特征的集群动物，主要包括一些昆虫（如蜜蜂、蚂蚁、白蚁等）和高等动物（如包括人类在内的灵长类等）。[①]

生物产生集群的原因复杂多样。这些原因包括：① 对栖息地的食物、光照、温度、水等环境因子的共同需要。如潮湿的生境使一些蜗牛在一起聚集成群。② 对昼夜天气或季节气候的共同需要。如过夜、迁徙、冬眠等群体。③ 繁殖的结果。由于亲代对某种环境有共同的反应，将后代（卵或仔）产于同一环境，后代因此形成群体。④ 被动运送的结果。例如，强风、激流可以把一些蚊子、小鱼运送到某一风速或流速较为缓慢的地方，形成群体。⑤ 个体间社会吸引力相互吸引的结果。如一只离群的鸽子，当遇到一群互不相识的鸽子时，毫无疑问会很快加入其中，这种欲望正是由

---

① 胡荣桂，刘康．环境生态学[M].2 版．武汉：华中科技大学出版社，2018.

个体之间的相互吸引力所引起的。

动物群体的形成可能完全由环境因素所决定，也可能是由社会吸引力所引起，根据这两种不同的形成原因，动物群体可分为两大类，前者称为集会，后者称为社会。

动物界许多动物种类都是群体生活的，说明群体生活具有许多有利的生物学意义。同一种动物在一起生活所产生的有利作用称为集群效应。集群效应对种群整体是有益的，它可以提高捕食效率和防御能力，改变小生境、促进繁殖和增加彼此学习效率等。

（二）种内竞争

竞争（competition）是指生物为了利用有限的共同资源，相互之间所产生的不利或有害的影响。某一种生物的资源是指对该生物有益的任何客观实体，包括栖息地、食物、配偶，以及光、温度、水等各种生态因子。

竞争有两种作用方式：资源利用性竞争和相互干涉性竞争。在资源利用性竞争中，生物之间没有直接的行为干涉，而是双方各自消耗、利用共同的资源，由于共同资源可获得量不足而影响对方的存活、生长和生殖。在相互干涉性竞争中，竞争者相互之间直接发生作用，最明显的是通过打斗或分泌有毒物质使得竞争中一方死亡或缺乏资源而成为失败者。

同种个体之间发生的竞争叫种内竞争，它明显受密度制约。在有限的生境中，种群密度越大，对资源的竞争就越激烈，对每个个体的影响也就越严重，可能引起死亡率升高，或者一部分个体因得不到资源而被迫迁移到其他地方，从而使种群密度维持在一定的水平。由此可见，种内竞争是种群通过密度制约过程进行调节的一个主要原因。另外，种内竞争也是扩散、领域现象，以及自疏现象的原因。

（三）领域性

领域（territory）是指由个体、家庭或其他社群（social group）单位所占据并积极保卫不让同种其他成员侵入的空间。保卫领域的方式很多，如以鸣叫、气味标志或特异的姿势向入侵者宣告其领主的领域范围，以威胁或直接进攻驱赶入侵者等。动物占有并保卫领域的这种行为就称为领域行为或领域性（territoriality）。领域行为是种内竞争资源的方式之一，占有者通过占有一定的空间而拥有所需要的各种资源。①

（四）植物的密度效应

在一定时间内，当种群的个体数目增加时，就必定出现邻接个体之间在产量及死亡率等方面的相互影响，这称为密度效应。关于植物的密度效应有两个基本的规律。

1. 最后产量恒值法则

所谓最后产量恒值法则（law of constant final yield），是指在一定范围内，当条件相同时，不管一个种群的密度如何，最后产量差不多总是一样的。用公式表示为

$$Y = Wd = K_i,$$

式中：W 为植物个体的平均质量；d 为密度；Y 为单位面积产量；K_i 为常数。

最后产量恒值法则的原因是不难理解的：在高密度情况下，植株彼此之间对光、水、营养物的竞争较为激烈，在有限的资源中，植株的生长率降低，个体变小（包括其中构件数少）。

2. “-3/2 自疏”法则

英国生态学家 J. L. Harper（1981）等对黑麦草的研究表明：随着高密度播种下植株的生长，种内对资源的竞争不仅影响到植株生长发育的速度，而且影响到植株的存活率。在高密度的样方中，会首先出现一些植株死亡，种群密度下降的现象，即自疏现象（self-thinning）。用公式表示为

$$W = Cd^{-3/2},$$

式中：W 为存活个体的平均株干重；d 为密度；C 为系数。

最后产量恒值法则和“-3/2 自疏”法则都是经验的法则。对许多种植物进行的密度试验中，都证实了“-3/2 自疏”现象，但对其原因尚未有圆满的解释。

---

① 李元. 环境生态学导论[M]. 北京：科学出版社，2009.

二、种间关系

种间关系（interspecific relationship）是指不同物种之间的相互作用。种群之间的相互作用可以是直接的，也可以是间接的相互影响，这种影响可能是有害的，也可能是有利的。如果用“+”表示有利，“-”表示有害，“0”表示既无利也无害，那么，种群之间的关系主要有如表 3-2 中所列的几种基本类型。

表 3-2 两个物种之间的相互作用类型

作用类型	种群		主要特征
	1	2	
中性作用	0	0	彼此互不影响
竞争	-	-	竞争共同资源而带来负面影响
偏害作用	-	0	种群 1 受抑制，种群 2 不受影响
捕食	+	-	种群 1 为捕食者，有利；种群 2 受害
寄生	+	-	种群 1 为寄生者，有利；种群 2 受害
偏利作用	+	0	对一方有利，另一方无影响
互利作用	+	+	双方都受益

1. 种间竞争

种间竞争（interspecific competition）是指两种或更多种生物共同利用同一资源而产生的相互抑制作用。

（1）竞争排斥原理

苏联生态学家以三种草履虫作为竞争对手，以细菌或酵母作为食物，进行竞争实验研究。各种草履虫在单独培养时都表现出典型的 S 形增长曲线。当把生态习性相似的大草履虫（Paramecium caudatum）和双核小草履虫（Paramecium aurelia）放在一起混合培养时，虽然在初期两种草履虫都有增长，但由于双核小草履虫增长快，最后排挤了大草履虫的生存，双核小草履虫在竞争中获胜。相反，当把双核小草履虫和袋状草履虫放在一起培养时，形成了两种共存的局面，但两种草履虫的密度都小于单独培养时。仔细观察发现，双核小草履虫多生活于培养试管的中、上部，主要以细菌为食，而袋状草履虫生活于底部，以酵母为食，这说明两个竞争种间出现了食性和栖息环境的分化。在此基础上，他还提出：在生态学上相同的两个物种（即具有相同资源利用方式的种）不可能在同一地区共存，如果生活在同一地区内，由于竞争激烈，它们之间必然出现栖息地、食性、活动时间或其他特征上的生态位分化。这就是著名的竞争排斥原理（principle of competitive exclusion），或称为高斯假说（Gause's hypothesis）。①

（2）种间竞争模型

竞争的结果到底是排斥还是共存？我们可以用 Lotka-Volterra 的种间竞争模型来分析。现假定有两个物种，当它们单独生长时其增长形式符合逻辑斯谛模型，其增长方程为：

$$dN_1/dt=r_1N_1\ (1-N_1/K_1),$$
$$dN_2/dt=r_2N_2\ (1-N_2/K_2).$$

如果将这两个物种放置在一起，对种群 1 来说，除了自身外，还有种群 2 的个体也在争夺空间。假设物种 2 对物种 1 的竞争系数为 a（a 表示在物种 1 的环境中，每存在一个物种 2 的个体，对物种 1 所产生的抑制效应，即每个 N_2 个体所占的空间相当于 a 个 N_1 个体），则种群 1 的增长方程为

$$dN_1/dt=r_1N_1\ (1-N_1/K_1-aN_2/K_1).$$

现分析物种 1 停止增长（即 $dN_1/dt=0$）的条件，最极端的两种情况是：① 全部空间为 N_1 所占，即 $N_1=K_1$，$N_2=0$；② 全部空间为 N_2 所占，即 $N_1=0$，$N_2=K_1/a$。连接这两个端点，即代表了物种 1 所有的平衡条件（如图 3-6 所示），在这个对角线以下和偏左时 N_1 增长，在对角线以上和偏右时 N_1 下降。

① 李元. 环境生态学导论[M]. 北京：科学出版社，2009.

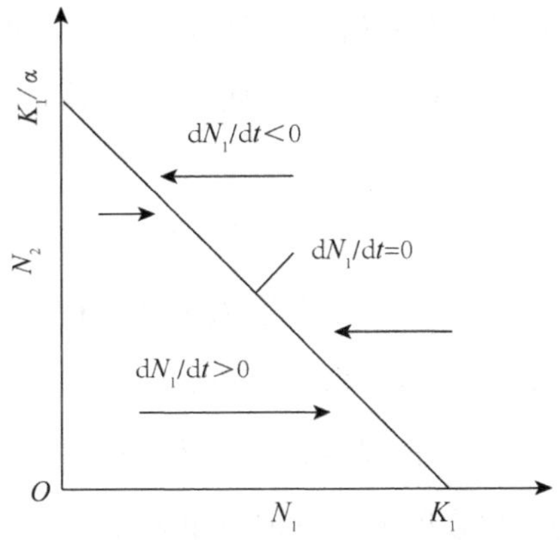

图 3-6 Lotka-Volterra 竞争所产生的物种 1 的平衡线①

对种群 2 也引入一个物种 1 对物种 2 的竞争系数 β，其增长方程为

$$dN_2/dt = r_2N_2\ (1-N_2/K_2-\beta N_1/K_2).$$

同样可得到物种 2 的平衡条件，如图 3-7 所示。

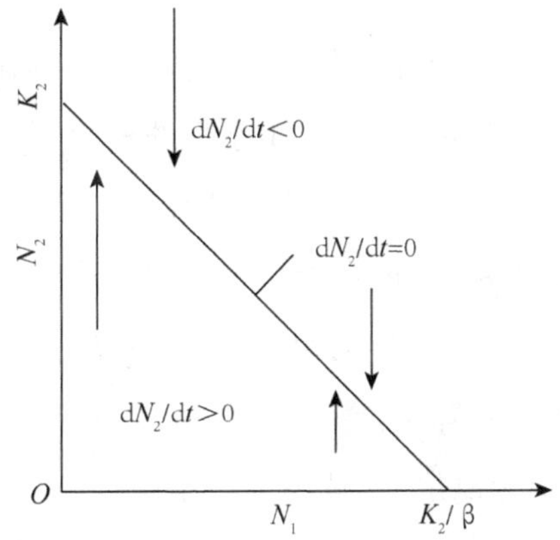

图 3-7 Lotka-Volterra 竞争所产生的物种 2 的平衡线②

将图 3-6 和图 3-7 互相叠合起来，就可以得到 4 种不同结局，其结果取决于 K_1、K_2、K_1/α、K_2/β 值的相对大小。

① 当 $K_1 > K_2/\beta$，$K_1/\alpha > K_2$ 时，物种 1 取胜，物种 2 被排挤掉。

---

① 杨保华，刘辉，赵美微．环境生态学[M].武汉：武汉理工大学出版社，2015.

② 杨保华，刘辉，赵美微．环境生态学[M].武汉：武汉理工大学出版社，2015.

② 当 $K_2 > K_1/\alpha$，$K_2/\beta > K_1$ 时，物种 2 取胜，物种 1 被排挤掉。

③ 当 $K_1 > K_2/\beta$，$K_2 > K_1/\alpha$ 时，两个物种不稳定共存，都有取胜的机会。

④ 当 $K_1 < K_2/\beta$，$K_2 < K_1/\alpha$ 时，两个物种稳定共存。

这种竞争结局也可以从另一个角度来解释：$1/K_1$ 和 $1/K_2$ 两个值，可视为物种 1 和 2 的种内竞争强度指标，β/K_2 和 α/K_1 则分别为物种 1 和 2 的种间竞争强度指标。竞争的结局取决于种间竞争和种内竞争的相对大小：若某物种的种间竞争强度大而种内竞争强度小，则该物种将取胜；若某物种种间竞争强度小而种内竞争大，则该物种将失败；若两物种都是种内竞争小而种间竞争大，则两物种都有可能取胜，出现不稳定的平衡；若两物种都是种内竞争大而种间竞争小，则两物种彼此不能排挤掉对方，从而出现稳定的平衡，即共存的局面。

（3）生态位理论

生态位（niche）主要指自然生态系统中一个种群在时间、空间上的位置及其与相关种群之间的功能关系。生态位的概念不仅包括生物所占有的空间，还包括它在群落中的功能作用以及温度、湿度、pH 值、土壤和其他生存条件的环境变化梯度中的位置。生态位理论有一个形成和发展的过程：美国学者 J. Grinell 在 1917 年提出了空间生态位（指一种生物所占据的物理空间）的概念；英国生态学家 C. Elton 在 1927 年提出了营养生态位（指生物在群落中的功能地位）；英国生态学家 G. E. Hutchinson 在 1957 年又提出了 n 维生态位（n-dimensional niche）（指一个物种在 n 维环境梯度上的位置），他还进一步提出将生态位分为基础生态位和实际生态位。在生物群落中，无任何竞争者存在时，物种所占据的全部空间（即理论最大空间）称为该物种的基础生态位，但实际上很少有一个物种能占据全部基础生态位。在有竞争者存在时，一个物种实际占有的生态位空间称为实际生态位。竞争越激烈，物种占有的实际生态位就越小。①

① 李元. 环境生态学导论[M]. 北京：科学出版社，2009.

不同的生物物种在生态系统中的营养与功能关系上各占据不同的地位，由于环境条件的影响，它们的生态位也会出现重叠与分化。不同生物在某一生态位维度上的分布，可以用资源利用曲线来表示，如图 3-8 所示。

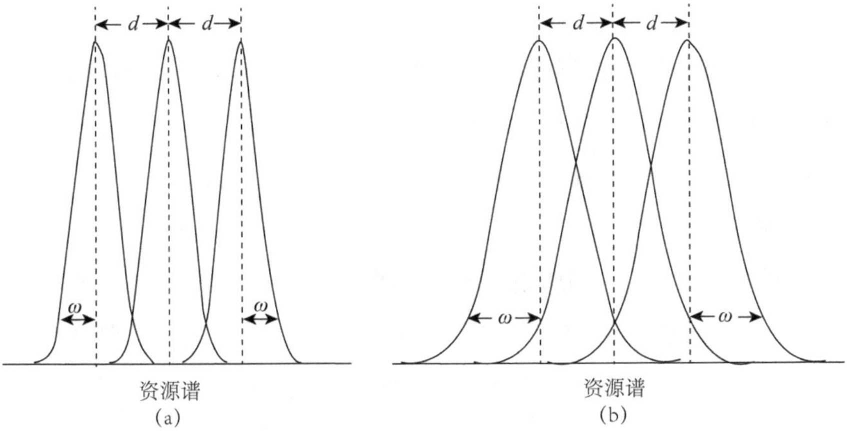

图 3-8 三个共存物种的资源利用曲线①

比较两个或多个物种的资源利用曲线，就能全面分析生态位的重叠和分离情况。例如：图 3-8(a) 中各物种资源利用曲线重叠少，物种是狭生态位的，其种间竞争弱、种内竞争较为激烈，将促使其扩展资源利用范围，使生态位靠近，重叠增加；图 3-8(b) 中各物种是广生态位的，相互重叠多，物种之间的竞争激烈，按竞争排斥原理，将导致某一物种灭亡，或通过生态位分化而得以共存。总之，种内竞争促使两物种的生态位接近，种间竞争又促使两物种的生态位分离。

生态位是普遍的生态学现象，每一种生物在自然界中都有其特定的生态位，这是其生存和发展的资源与环境基础。比如说一片经过自然发育和演替形成的天然林，其地上部分具有乔、灌、草层级结构，根系则由浅到深形成地下层级结构，这种完善的地上、地下层级结构可以充分利用多层次的空间生态位，使有限的光、水、气、热、肥等资源得以合理利用，最大限度地提高了资源利用效率。更为重要的是，天然林这种多层级结构在

① 仿 Begon，1986；图中 d 为曲线峰值间的距离，ω 为曲线的标准差。

其内部形成一系列梯度分布的异质性小生境（光照、温度、湿度、食物、隐蔽所等），为多种多样的其他生物（各种动物、根际微生物等）提供了丰富的生态位，形成复杂的食物链、食物网，促进了相互制约、协调关系的形成。①

生态位理论不仅在种间关系、种的多样性、群落结构以及环境梯度分析中得到应用，还广泛应用于农业、工业、经济、教育、政治等领域，是一种强有力的理论分析和实践指导工具。

2. 捕食作用

一种生物攻击、损伤或杀死另一种生物，并以其为食，称为捕食（predation）。对捕食的理解，有广义和狭义两种。狭义的捕食概念仅指动物吃动物这样一种情况，而广义的捕食概念除包括这种典型的捕食外，还包括植食（herbivory）、拟寄生（parasitoidism）和同种相残（cannibalism）三种情况。植食指草食动物吃绿色植物，如羊吃草；拟寄生指寄生昆虫将卵产在其他昆虫体内，待卵孵化为幼虫后便以寄主组织为食，直到寄主死亡为止；同种相残是捕食的一种特殊形式，即捕食者（predator）和猎物（prey）均属于同一物种。

捕食者与猎物之间的关系是非常复杂的，这种关系不是一朝一夕形成的，是长期协同进化的结果。所谓协同进化（coevolution），就是一个物种的性状作为对另一物种性状的反应而进化，而后一物种的性状本身又作为前一物种性状的反应而进化的现象，捕食者为获得最大的觅食效率，必然要采用各种方法和措施：有些属于形态学上的，如发展了锐齿、利爪、尖喙、毒牙等；有些属于行为学上的，如运用诱饵、追击、集体围猎等方式，以提高捕食效率。而被捕食者也在发展各种各样的对策来防御捕食者的捕食，如利用保护色或地形、草丛和隐蔽所等，有效地隐藏自己或者发展奔跑的速度和耐力以逃避敌害等。植物虽然没有主动逃避的能力，但也没有被动物吃光，这也是因为它们发展了一系列防卫的机制。例如：有些

① 杨保华，刘辉，赵美微．环境生态学[M]．武汉：武汉理工大学出版社，2015.

植物的叶子边缘长有又硬又尖的棘、刺，或被取食损害过的植物会变得生长延缓、纤维素含量增加，适口性降低；也有一些植物会产生有毒的化学物质，使植物变得不可食，或可食但会影响动物的发育。①

在长期进化过程中，捕食者有时会成为被食者不可缺少的生存条件，精明的捕食者大多不捕食正当繁殖年龄的被食者个体，因为这会减少被食者种群的生产力，更多的是捕食那些老弱病残个体，因此，对被食者种群的稳定起着巨大作用。人类利用生物资源，从某种意义上讲，与捕食者利用被食者是相似的。但人类在生物资源的利用中，往往利用过度，致使许多生物资源遭到破坏或面临灭绝。怎样才能成为“精明的捕食者”，在这方面人类还有很大的差距。

第四节 生物群落的形成及其特征

一、生物群落的形成

1. 生物群落形成的基本条件

生物群落的形成必须具备两个条件：一是空间；二是物种库。详述如下：

（1）空间。空间是形成群落的场所。为了研究方便，将空间命名为裸地，即没有植物生长的场所。裸地分为原生裸地和次生裸地。原生裸地是指没有植被覆盖并且也没有植物繁殖体存在的裸地，如火山喷发的岩浆地带、核爆中心区地带；次生裸地是指没有植被覆盖，但在基质中保留着植物繁殖体的裸地，如森林火灾迹地、地表水体等。

（2）物种库。物种库是形成群落的物种源。形成群落的物种并非在裸

① 杨保华，刘辉，赵美微．环境生态学[M]．武汉：武汉理工大学出版社，2015.

地起源、进化，而是从裸地之外进入裸地形成种群。生物界是总物种库，生物区系是各大地理气候带内的分物种库。

2. 生物群落的形成过程

群落的形成是在裸地上形成物种种群集合的过程。当裸地确定之后，物种的运动与变化是决定性因素。物种的运动和变化包括传播、定居和竞争三个阶段，详述如下：

（1）传播。传播指物种进入裸地的过程，也称扩散。传播可分为主动扩散和被动扩散，前者指主动进入裸地，后者指被动进入裸地。自然的生物扩散强度随扩散距离增大而下降，并受海洋、河流、山脉等屏障的影响。植物传播以种子的被动扩散为主。植物的植株和各种具有繁殖能力的器官都可被动扩散。其中，种子的被动扩散最重要，而被动扩散的动力有风力、水力、动物携带等。小而轻并有翅或毛等附属物的种子借风力传播，例如，具有冠毛的蒲公英果实，外面有绒毛的柳树种子，有翅的榆树种子。含气、疏松、比重小等能漂浮在水面的水生植物、沼泽植物甚至陆生植物的种子，多借助于水力传播，例如，莲蓬里的莲子，椰树上的椰子。外表有刺状或钩状附属物的植物的种子或果实，可黏附于动物的皮毛上被传播，比如鬼针草种子。具有坚硬的果皮或种皮的种子可被鸟兽等吞食后传播，比如杨梅的种子。人类的生产生活活动也有意无意地把植物繁殖体携带到远方，加速植物的扩散。有些植物依靠自身发育的特殊结构将种子弹出，可视为主动扩散，例如，凤仙花果实成熟时果皮内卷，从顶端将种子喷射出去；具有根状茎的植物依靠根茎生长向外蔓延，也可视为主动扩散，如竹子、莲藕等。动物主要以主动扩散的形式传播。动物的每个个体都具有或大或小的可动性，在寻求新的生存空间和食物资源的过程中，完成主动扩散。[①]

（2）定居。定居是指传播体在裸地完成萌发、生长发育、繁殖活动的

---

① 许鹏辉．基于持续和谐发展的环境生态学研究［M］．北京：中国商务出版社，2019.

过程，并以物种正常繁衍后代为标志。即物种传播体到达裸地后，必须繁殖了有生活力的后代，才算定居成功。植物定居与否，取决于裸地能否提供物种生长发育各个阶段所要求的气候、土壤条件；动物定居与否，取决于裸地能否提供气候、食物条件，还取决于同时扩散到裸地的同种的个体数及两性个体比例，后者是动物配种繁衍后代建立新种群的重要基础。扩散能力强、生态幅广、生长快、繁殖体多的物种通常最先定居成功，这些最先定居成功的物种，常被称为先锋物种。例如低等植物地衣、苔藓和高等植物的草本植物都具备这些特点，常常是群落形成的先锋植物。对原生裸地而言，先锋物种完全是裸地外输入的；对次生裸地而言，先锋物种可能包括基质中保留有繁殖体的物种。先锋植物定居后对裸地的改造，为吸引其他物种扩散、促使其他物种定居创造了条件。从定居的角度看，季节性迁徙的物种可认定为繁殖地群落的成员和迁徙经过地群落的临时成员。如大马哈鱼，是繁殖地淡水生物群落的成员，是海洋生物群落的临时成员。①

（3）竞争。随着定居成功的先锋植物以及后续种类及个体数量的增加，种群之间、个体之间，便开始了对空间、光、水、营养等的竞争。竞争的结果是，生态幅广、繁殖能力强、生存能力强的物种种群得以保留，而生态幅窄、繁殖能力弱、生存能力弱的物种则逐渐消失。保留下来的各物种种群占据各自独特的空间和资源，并通过相互制约，形成较稳定的群落。

二、生物群落的发育

群落发育是指群落从诞生到消亡的过程，可分为初期、盛期和末期三个阶段。通常，这三个阶段并无明显界限，详述如下：

（1）发育初期。发育初期指群落特征形成的时期。发育初期的总特征是动荡，主要表现为：不断有物种进入裸地，同时有已定居的物种消亡，

① 张清东，谭江月．环境可持续发展概论[M]．北京：化学工业出版社，2013.

群落组成物种随时变化；各物种种群大小涨消波动大；各物种种群分布型变化不定；各种群的空间关系不清晰。即群落的所有特征均不明确、不稳定。

（2）发育盛期。发育盛期是指群落特征稳定的时期，又称成熟期。发育盛期的主基调是稳定，主要表现为：物种组成已基本稳定；每种生物的种群大小、分布型基本稳定；各种群的空间关系基本稳定。即群落具有了自身可供识别的所有特点。

（3）发育末期。发育末期是指群落特征消退的时期。发育末期的总特征是动荡，主要表现为：群落环境朝不利于组成物种种群的方向发展，组成群落的物种种群衰退甚至消亡，而适应于变化了的群落环境的物种进入并定居发展，这种过程使群落物种组成再度不稳，群落结构、外貌、动态方面的特点不断减弱，即群落再次进入所有特征均不明确、不稳定的状态。可见，一个群落的发育末期孕育着下一个群落的发育初期。

三、生物群落的演替

1. 生物群落演替的内涵

群落演替指有次序地、按部就班地由一个群落代替另一个群落的过程。群落演替是一系列的群落形成、发育的连续过程。显而易见，除了最先的那个群落是在裸地上形成的外，后续群落都是在前一个群落的群落环境中形成和发育的，那个最先在裸地上形成的群落称为先锋群落。[①]

群落演替是非常普遍的现象。例如，我国北方云杉林群落在云杉砍伐后成为砍伐迹地；因太阳光直射，温度、湿度昼夜变幅大等原因，存留的云杉幼苗以及原有的林下阴生或耐阴植物均难以生长，而喜光的草本植物很快占据优势，形成杂草群落；随后，阳生的，能忍受较大温度、湿度变幅的桦树、山杨进入，形成阳生的桦树、山杨群落；随着阳生植物生长成

---

① 许鹏辉. 基于持续和谐发展的环境生态学研究[M]. 北京：中国商务出版社，2019.

林，形成林下郁闭环境，原先喜光的草本植物逐渐消失，而云杉等耐阴幼苗却在此郁闭环境下生长良好，从而形成桦树、山杨、云杉混交群落；随着云杉树高超过阳生树木并逐渐形成林冠，由于得不到充足的阳光导致成树衰退和没有幼苗更新补充，阳生树木逐渐消失，混交群落最终被云杉群落所取代，如图 3-9 所示。

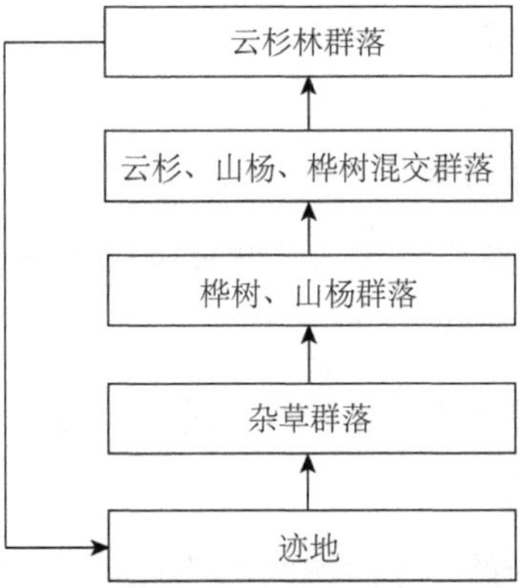

图 3-9　云杉林的演替

演替是一个群落代替另一个群落的过程，是不断发生新物种替代旧物种的长期的定向的过程；而波动是群落内不发生物种替代仅表现为物种种群大小变化的短期的可逆过程。波动可以由环境条件的变化（湿润年与干旱年的变化）、生物本身的活动周期（病虫害爆发、生物产量的大小年）和人为干扰（草场轮牧）等造成。当物种种群大小变化很大，又不知道能否恢复到原貌时，确认群落是波动还是演替比较困难。例如，在干旱年份，看麦娘草甸的优势种会由看麦娘变成匍枝毛茛，而干旱年份过后，又恢复到看麦娘占优势的状态，这便是看麦娘草甸的波动。当物种种群大小变化很小时，群落结构和外貌可基本保持不变。①

2. 生物演替的类型

演替类型可根据不同的分类依据划分，常见的划分方法有如下几种：

（1）按裸地类型划分。根据裸地类型的不同，生物演替可以分为如下

① 张清东，谭江月. 环境可持续发展概论[M]. 北京：化学工业出版社，2013.

两类：

① 原生演替。指在原生裸地上开始的群落演替。例如，在光裸的岩石上、火山爆发形成的岩熔地上所开始的演替。

② 次生演替。指在次生裸地上发生的群落演替。例如，森林被火烧或砍伐后所经历的演替过程，农田生产的演替。

（2）按某一环境要素特征划分。根据某一环境要素特征的不同，生物演替可以分为如下几类：

① 水生演替。指开始于水生环境的演替。例如，池塘水生群落的演替，一般依次出现沉水植物群落、浮叶根生植物群落、挺水植物群落、湿生草本群落、木本植物群落。

② 旱生演替。指开始于干旱缺水的基质上的演替。例如，裸露的岩石表面上的生物群落演替。

③ 中生演替。指开始于中生湿润的基质上的演替。例如，农田的生物群落演替。

（3）按演替时间划分。根据演替时间的不同，生物演替可以分为如下几类：

① 快速演替。指延续时间从几年到十几年的演替。例如，水土流失弃耕地、过牧草原的恢复演替。通常因面积不大，并且附近有丰富的物种库，几年到十几年间可恢复到较高水平的群落。

② 长期演替。指延续时间可达数百年的演替。例如，弃耕地恢复为森林的演替。具体演替时间的长短因目标森林的特点不同而异。

③ 世纪（地质年代）演替。指延续时间以地质年代计算的演替。例如，开花植物—鸟类—哺乳动物群落演替到有人类物种的群落，经历了从中生代（约 25 100 万年前）到新生代第四纪（约 260 万年前）的漫长阶段。

（4）按控制演替的主导因素划分。根据控制演替的主导因素的不同，生物演替可以分为如下几类：

① 内因演替。指由于群落成分的生命活动，改变了群落环境，而群落

环境又反作用于群落成分，促使群落成分不断变化的演替。内因演替是群落演替最基本和普遍的形式，一切源于外因的演替最终都须通过内因演替来实现。

② 外因演替。指由非群落成分的生命活动引起的演替。包括人为发生演替（人类活动引起）、火成演替（火灾引起）、土壤发生演替（土壤理化性质改变引起）、地貌发生演替（地貌变化引起）、气候发生演替（气候变化引起）等。

（5）按演替方向分类。根据演替方向的不同，生物演替可以分为如下几类：

① 进展演替。指随着群落演替的进行，生物群落的种类成分和结构由简单到复杂、群落环境稳定向好、群落生产力逐步提高、群落逐渐发展为中生化的演替。例如，在原生裸地上开始并最终形成中生森林的演替。

② 逆行演替。指随着群落演替的进行，生物群落的种类成分和结构简单化、群落环境越来越恶劣、群落生产力逐渐下降、群落旱生化的演替。例如，人类过度放牧致使草原荒漠化。①

3. 生物演替的模式

演替模式指自然演替过程经历的群落类型阶段。通常，把群落演替分为以下两种基本模式：

（1）旱生演替模式。一般情况下，开始于强光、变温强烈、干旱缺水、岩石或砂石基质的裸地上的完整演替包括以下几个阶段：

① 地衣植物群落阶段。在这样的裸地上，最先定居成功的是适应能力非常强的壳状地衣，它在短暂的有利时间中生长，而在不利的条件下休眠，其紧贴岩石或砂石表面，分泌有机酸腐蚀岩石、砂石，其残体与腐蚀、风化的岩石和砂石形成具有有机成分的小颗粒，其后，叶状地衣和枝状地衣定居，在叶状地衣和枝状地衣的作用下，地衣残体与腐蚀、风化的

---

① 许鹏辉．基于持续和谐发展的环境生态学研究［M］．北京：中国商务出版社，2019.

岩石和砂石形成的具有有机成分的小颗粒逐渐增多，形成瘠薄的原始“土壤”。

② 苔藓植物群落阶段。在地衣群落后期，苔藓植物进入并实现定居。与地衣一样，苔藓植物能够忍受干旱环境，在有利条件下生长，在不利条件下休眠，但苔藓植物能够集聚更多的水分并生产积累更多的有机质。随着多种而大量的苔藓植物的生长，群落环境得到进一步改善。

③ 草本植物群落阶段。在苔藓植物发展的后期，矮小耐旱的一年生或两年生草本植物进入并定居，这些种子植物对环境的改造更加强烈，使群落环境逐步向满足多年生草本植物生长的方向发展，促成了多年生草本植物进入定居。与此同时，进入并定居的动物种类和数量也逐渐增加。

④ 灌木群落阶段。在草本群落发展到一定程度时，一些喜光的阳生木本植物开始进入并定居，形成“草本灌木群落”，随着灌木种类和数量增加，群落演替为灌木群落。此间，以草本植物为食的昆虫逐渐减少，而吃浆果的鸟类增加，中小型哺乳动物开始侵入并定居。

⑤ 乔木群落阶段。在灌木群落发展过程中，喜光的阳生乔木开始出现，随着阳生乔木种类增加和种群扩大，群落演替为乔木群落。随着时间的推移，群落环境分化，最终形成包括微生物、植物、动物的稳定的森林。

一般来说，旱生演替模式中地衣和苔藓植物群落阶段所需时间最长，草本植物群落到灌木群落阶段所需时间较短，而到了乔木群落阶段，其演替的速度又开始放慢。①

（2）水生演替模式。水生演替开始于水体环境中，通常分为以下几个阶段：

① 自由漂浮植物群落阶段。一般情况下，在深于水面以下 7 m 的水层中，水生植物难以生长，水生群落演替往往在水面至水面以下 7 m 的水层中发生。水生群落演替的先锋群落是浮游植物群落，随后是浮游植物—浮

---

① 庞素艳，于彩莲，解磊. 环境保护与可持续发展[M]. 北京：科学出版社，2015.

游动物群落，当漂浮于水面的植物定居后，演替为自由漂浮植物群落。随着细菌、藻类、原生动物、漂浮植物等的残体沉入水底和地表径流冲刷带来的矿物质沉积，水底逐渐升高，为沉水植物创造了生存条件。

② 沉水植物群落阶段。随着水深变浅，沉水植物定居水底，在经历漫长而复杂的物种增加、更新，种群发展时期后，水生群落演化为以沉水植物为主体的沉水植物群落。沉水植物生产量大、物质积累快，加快了水底的抬升。

③ 浮叶植物群落阶段。随着水底日益抬升，浮叶根生植物（如莲、睡莲等）定居，由于这些植物的根扎在底泥中，而叶子浮于水面，抑制了沉水植物的生长，从而使水生群落演替为浮叶植物群落。浮叶植物比沉水植物和自由漂浮植物有更大的生产力和物质积累能力，使水底抬升过程更快。

④ 挺水植物群落阶段。当水深 1 m 左右时，挺水植物进入定居，随着挺水植物种类的增加、种群的扩大，水生群落阶段很快进入挺水植物群落阶段。挺水植物的生产力和物质积累量远大于浮叶植物等，加上它们的繁茂茎根或支柱根的阻滞、积聚作用，使水体向陆地演化的速度进一步加快。

⑤ 湿生草本植物群落阶段。挺水植物群落的发展，使水底露出水面成为必然，于是，湿生、喜光的沼泽植物（如莎草科和禾本科中的一些湿生性种类）开始定居，群落演替为湿生草本植物群落。

⑥ 木本植物群落阶段。演替到湿生草本植物群落后，水生群落的演替进入旱生演替的轨迹已不可避免。尤其当原水体地处干旱地带时，湿生草类很快被旱生草类取代，群落将迅速演替到中生森林。若该地区适合于森林的发展，则该群落将会继续向森林方向进行演替。

以上为水生原生裸地演替的完整时间过程。就一个一定规模的水体而言，在一个时间点上，上述各群落阶段可同时出现在从水体中央到水体边缘的不同水域，即在距水体最深处的不同距离上，分布着不同阶段的群落环带。

4. 影响群落演替的主要因素

生物群落演替是群落内部关系（包括种内、种间关系）与各种生态因子综合作用的结果。因此，生物和环境的各种特征都会影响群落演替。归纳起来，影响群落演替的因素主要有如下几种：

（1）植物的传播性和动物的活动性。植物的传播性和动物的活动性是群落演替的最基本的生物学条件，其影响在于，如果植物的传播性和动物的活动性差，群落的演替时间将更为漫长，各个演替阶段的物种丰富度将下降。

（2）种内和种间关系。生物群落内存在丰富的、不断调整变化的种内和种间关系，种内关系通常有利于种群扩大和强大，而种间关系则不然。通常，物种间的竞争是群落构成的重要决定因素，只有竞争能力强的种群才能得以充分发展并保留，而竞争能力弱的种群则逐步缩小自己的地盘，甚至被排挤到群落之外，这种过程，在群落达到发育盛期前，会反复出现。对动物而言，竞争就是直接的战争，而对植物而言，很多情况下，竞争的机制是他感作用，即植物通过向体外分泌化学物质对自身或其他植物产生影响。如，有学者在研究美国俄克拉荷马州的草原恢复演替时发现，向日葵群落很快被阿里斯迪达凤毛菊群落所替代，其原因就是，向日葵的根系分泌物对自身的幼苗具有较强的抑制作用，而对阿里斯迪达凤毛菊的幼苗不产生任何影响。①

（3）群落环境。群落环境是由群落自身的生命活动创造并不断变化的。其影响在于，其在促进一些物种的定居、种群的发展时，也会造成另一些种群的衰退，甚至物种的消亡。例如，杉木林采伐后，迹地首先出现的是喜光的草本植物，其后，喜光的阔叶树种定居下来，并在草本层以上形成郁闭树冠，此时林下光照不足，喜光草本植物被耐阴的草本植物所取代，当杉木超出阔叶树种并形成郁闭树冠时，喜光阔叶树种也逐渐消失。

（4）外界环境。群落外部环境条件（如气候、地貌、土壤和火等）是生物群落演替的重要动力，相比群落环境而言，外界环境变化对群落演替

---

① 庞素艳，于彩莲，解磊. 环境保护与可持续发展[M]. 北京：科学出版社，2015.

的影响更为剧烈、明显。例如，2008 年的中国南方雪灾，造成 18.6 万平方千米的森林的结构与功能发生改变，即耐寒的种类旺盛地发育，而不耐寒的种类受到抑制；同样是 2008 年，汶川地震摧毁了震区内 4 950 平方千米的森林、灌丛、草地、农田等生态系统，引发新一轮的全面演替。

（5）人类活动。人类生产、生活对群落演替具有巨大的影响。例如，放火烧山、砍伐森林、过度放牧和开垦土地等活动均会中断原有的自然演替，从而引发大量的次生演替；而污水造成的水体富营养化加强，以及日益严重的水土流失，则会使湿地、沼泽陆地化加速，从而大大加快水体衰退的进程。

四、生物群落的基本特征

生物群落具有一系列典型特征，接下来，我们以植物群落为例，简要概括如下：

1．生物群落具有一定的外貌及内部结构

群落外貌是指生物群落的外部形态或群落的外貌留给人的“样子”，该样子是群落中生物与生物间，生物与环境间相互作用的综合反映。植物群落外貌是群落长期适应一定自然环境所表现出的一种外部总体相貌，是认识和区分群落类型的重要特征之一，如森林、草原、灌丛的外貌迥然不同，而森林中常绿阔叶林、落叶阔叶林和针叶林的外貌又有明显的差别。植物群落的外貌主要取决于群落中优势植物的生活型。生活型是植物长期受一定环境综合影响所表现出的生长形态。如乔木、灌木、草本植物、藤本植物、附生植物、苔藓与地衣植物等，它们又可进一步划分成次一级的生活型类型。如乔木被划分成常绿针叶乔木、落叶针叶乔木、常绿阔叶乔木和落叶阔叶乔木等；草本植物可划分为多年生草本、一年生草本和水生草本植物等。在自然状态下，每一个植物群落都是由若干个不同生活型的植物种所组成，但是决定群落外貌的主要是它的建群种的生活型。例如，松林的外貌决定于构成它的常绿针叶乔木，而草原的基本外貌决定于多年生草本植物及其季节变化，同一群落在不同季节具有不同的外貌特征，如落叶阔叶林在冬季落叶后呈现一片萧索景象，夏季则绿树成荫，郁郁葱葱。①

2. 生物群落具有一定的物种组成

与种群是个体的集合体一样，群落是种群的集合体。每个群落都是由一定的植物、动物、微生物种群组成的。因此，物种组成是区别不同群落的首要特征。一个群落中物种的多少及每一物种个体的数量，决定了群落的多样性。

3. 生物群落具有一定的动态特征

群落的组成部分是具有生命特征的种群，群落内物种会不断地消失和被取代，群落的面貌也不断地发生变化。其动态变化包括季节动态、年际动态、演替与演化。温带的落叶阔叶林的季相变化非常明显，春季一片新绿，夏季郁郁葱葱，秋季万山红遍，冬季草木凋零，是温带地区常见的典型景色。群落的年际波动并不十分明显，一般群落内部的种群之间的竞争或者替代会造成群落结构要素年际波动，但是变化的方向并不确定。比如干旱水热条件的年际变化、昆虫种群的爆发都有可能导致植被群落外貌或者结构的波动，但是波动的结果和方向往往难以预料，反映了群落动态的复杂性。群落的演替与演化时刻都在发生，如废弃的耕地或者矿山，可能在很短时间内形成新的植物群落，而自然湖泊经过进化时间尺度的演化，可能演替成为沼泽地，进而形成森林群落。

4. 生物群落具有一定的分布范围

由于组成群落的物种不同，其所适应的环境因子也不同，所以特定的群落分布在特定地段或特定生境上，不同群落的生境和分布范围不同。无论从全球范围看还是从区域角度讲，不同生物群落都是按照一定的规律分布。

5. 生物群落的边界特征

在自然条件下，有些群落具有明显的边界，可以清楚地加以区分。如

① 庞素艳，于彩莲，解磊. 环境保护与可持续发展[M]. 北京：科学出版社，2015.

环境梯度变化较陡，或者环境梯度突然中断的情形，例如，地势较陡的山地的垂直带、陆地环境和水生环境的边界带（池塘、湖泊、岛屿等）。但两栖类（如蛙）常常在水生群落与陆地群落之间移动，使原来清晰的边界变得复杂。此外，火烧、虫害或人为干扰都可造成群落的边界。有的则不具有明显边界，而处于连续变化中。大范围的变化如草甸草原和典型草原的过渡带、典型草原和荒漠草原的过渡带等；小范围的如沿缓坡而渐次出现的群落过渡带等。但在多数情况下，不同群落之间都存在过渡带，被称为群落交错区，并导致明显的边缘效应。

第五节 生物群落的演替

生物群落常随环境因素或时间的变迁而发生变化。植物群落的变化，首先是组成群落的各种植物都有其生长、发育、传播和死亡的过程。植物之间相互关系则直接或间接地影响这个过程。同时外界环境条件也在不断地变化，这种变化也时时影响着群落变化的方向和进程。生物群落虽有一定的稳定性，但它随着时间的进程处于不断变化中，它是一个运动着的动态体系。如在原群落存在的地段，由于火灾、水灾、砍伐等不同原因而使群落遭受破坏，在火烧的迹地上，最先出现的是具地下茎的禾草群落，继而被杂草群落所代替，然后又被灌草丛所代替，直到最后形成森林群落。这样一个群落被另一个群落所取代的过程称为群落的演替（community succession）。[①]

一、生物群落演替类型

1. 演替类型的划分

植物群落演替的类型常因不同学者依据的原则不同而划分为各种演替

① 杨保华，刘辉，赵美微. 环境生态学[M]. 武汉：武汉理工大学出版社，2015.

类型。

（1）按裸地性质划分

植物群落按裸地性质可分为原生演替（primary succession）和次生演替（secondary succession）。前者是指在原生裸地上开始进行的群落演替，其演替系列称为原生演替系列（primary series）。后者是指在次生裸地上开始进行的群落演替，其演替系列称为次生演替系列（secondary series）。

（2）按基质性质划分

植物群落按基质性质可分为水生基质演替系列和旱生基质演替系列。

（3）按水分关系划分

植物群落按水分关系可分为水生演替系列（hydrosere）、旱生演替系列（xerosere）和中生演替系列。后者是介于前两者之间从中生生境开始的演替系列。

（4）按时间划分

植物群落按时间可分为快速演替（quick succession），是在几年或几十年期间发生的演替；长期演替（long-terms succession），是延续几十年，有时是几百年期间内发生的演替；世纪演替（era succession），延续的时间是以地质年代计算的，是与大陆和植物区系进化相联系的演替。

（5）按植被的状况和动态趋势划分

植物群落按植被的状况和动态趋势可分为灾难性演替（catastrophe succession），即与植被破坏相联系的演替；发育演替（development succession），即未破坏植被目前均衡状态的演替。

（6）按主导因素划分

植物群落按主导因素可分为：群落发生演替（syngenetic succession），是植物在幼年生境定居的过程；内因生态演替（endogenus succession）或内因动态演替（endogenous dynamic succession），是受制于环境变化，但这种变化是植物群落成分生命活动的结果；外因生态演替（exoecogenus succession）或外因动态演替（exodynamic succession）或异因发生演替（heterogenous succession），是由环境条件变化所引起的；地因发生演替或整体发生演替（geocentric succession），是由于更大的统一体发生变化，而引起植被变化的过程。这种主导因素的分类被认为非常值得重视的。

2. 典型演替类型

（1）沙丘群落的演替

这种演替属于原生演替类型。沙丘上的先锋群落由一些先锋植物和无脊椎动物构成。随着沙丘裸露的时间的延长，在上面的先锋群落依次为松柏-黑栎林、栎-山核桃林所取代，最后发展为稳定的山毛榉-槭树林群落，如图3-10所示。群落演替开始于极端干燥的沙丘之上，最后形成冷湿的群落环境，形成富有深厚腐殖质的土壤，其中出现了蚯蚓和蜗牛。不同演替阶段上的动物种群是不一样的。少数动物可以跨越两个或三个演替阶段，多数动物只存留一个阶段便消失了。原生演替的过程进行得很缓慢。据奥林（Olson，1958）估计，从裸露的沙丘到稳定的森林群落（山毛榉-槭树林），大约要经历1 000年。但在人为干扰条件下，这种演替过程将会缩短。[①]

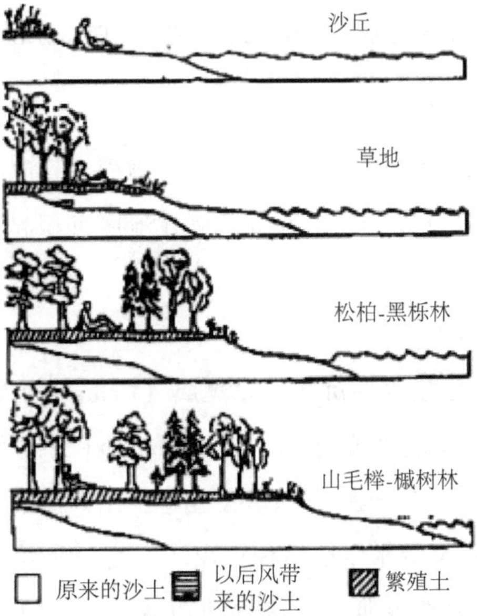

图3-10 密执安湖湖岸沙丘的群落演替示意图（仿 Allee，1949）

① 顾卫兵. 环境生态学[M].2版. 北京：中国环境科学出版社，2007.

（2）水生群落的演替

从湖底开始的水生群落的演替，属于原生演替类型。现以淡水池塘或湖泊演替为例，其演替过程包括以下几个阶段，如图 3-11 所示。

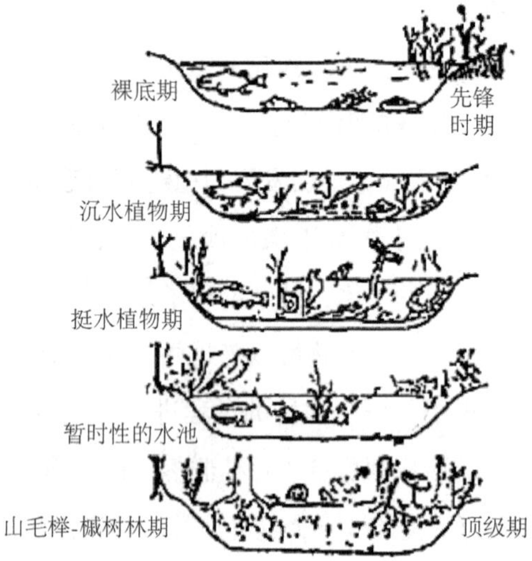

图 3-11　由水池转变到森林的主要演替期示意图（仿 Clarke，1954）

① 自由漂浮植物阶段

主要表现为有机质的沉积。由于沿岸植物深入到池中，池中的浮游植物和其他生物的生命活动所产生的有机物在池底沉积起来，天长日久，使湖底逐渐抬高。

② 沉水植物阶段

在水深 5~7 m 处出现的沉水的轮藻属（Chara）植物，构成湖底裸地上的先锋植物群落。由于它的生长，湖底有机质积累较快而多，同时它们的残体在嫌气条件下分解不完全，湖底进一步抬高。继而金鱼藻（Ceratophyllum）、狐尾藻等高等水生植物种类出现，它们生长繁殖能力强，垫高湖底的能力更强。鱼类等典型的水生动物减少，而两栖类和水蛭等动物增多。

③ 浮叶根生植物阶段

随着湖底变浅，浮叶根生植物出现，如眼子菜属（Potamogeton）、睡莲属（Nymphaea）、荇菜属（Nymphoides）等植物。它们的宽阔叶子在水面上形成连续不断覆盖，使得光照条件不利于沉水植物。这些植物死亡的组织具有较丰富的营养物质，腐败较缓慢，加速池底的抬高过程。

④ 挺水植物阶段

水体继续变浅，挺水植物如芦苇（Phragmites）、香蒲（Typha）、白菖（Acorus）等的出现，它们的根茎极为茂密，常纠结在一起，不仅使池底迅速抬高，而且还可以形成一些浮岛。开始出现一些陆生环境的特征。这一阶段鱼类进一步减少，而两栖类和水生昆虫进一步增加。

⑤ 湿生草本植物阶段

湖水中升起的地面含有极丰富的有机质，土壤水分近于饱和。湿生的沼泽植物开始生长，如莎草（Cyperus）、苔草（Carex）、藨草（Scirpus）等属的一些种类。由于地面蒸发和地下水位下降，土壤很快变得干燥，湿生的草类很快为旱生草类所代替。

⑥ 木本植物阶段

在湿生草本植物群落中，首先出现湿性灌木，继而乔木侵入逐渐形成森林。原有的湿生生境逐渐改变为中生生境。群落内的动物种类也逐渐增多，脊椎动物、无脊椎动物及微生物等均有分布，尤其是大型经济兽类，以森林为隐蔽所，赖以生存和繁衍。

整个水生演替系列也就是湖泊填平过程，它通常是从湖泊周围向湖泊中央而顺序发生的。演替的每一个阶段都为下一阶段创造了条件，使得新的群落得以在原有群落的基础上形成和产生。[①]

（3）森林群落的演替

在天然条件下，缺少外界因素或人为严重干扰的各类植物群落统称为原生植被。原生植被受到破坏，就会发生次生演替。群落演替最初发生是外界因素的作用引起的，如森林砍伐、草原放牧、耕地放荒等。

森林受到严重破坏之后，其恢复过程较缓慢，一般都要经过草本植物

① 乌云娜，王晓光. 环境生态学[M]. 北京：科学出版社，2020.

期、灌木期和盛林期。采伐演替的特点取决于森林群落的性质、采伐方式、采伐强度及伐后对森林环境的破坏等。现以云杉林采伐为例，云杉是我国北方针叶林中优良用材，也是西部和西南部地区亚高山针叶林中的一个主要森林群落类型。在云杉林被采伐后，一般要经过：采伐迹地阶段，也就是森林采伐的消退期；小叶树种阶段，适合于一些喜光的阔叶树种，如桦树、山杨等；云杉定居阶段，由于桦树、山杨等上层树种缓和了林下小气候条件的剧烈变动，又改善了土壤环境，因此，阔叶林下已经能够生长耐阴性的云杉和冷杉幼苗；云杉恢复阶段，经过一个时期，云杉的生长超过了桦树和山杨，于是云杉组成森林的上层，桦树和山杨因不能适应上层遮阴而开始衰亡。过了较长时间，云杉又高居上层，造成浓密的遮阴，在林内形成紧密的酸性落叶层，于是又形成了单层的云杉林。森林采伐后的复生过程，并不单纯取决于演替各阶段中不同树种的喜光或耐阴等特性，还取决于综合生境条件变化的特点。

群落的演替，无论是旱生演替系列或是水生演替系列，都显示演替总是从先锋群落经过一系列的阶段，达到中生性的顶极群落。这样的沿着顺序阶段向着顶极的演替过程称为进展演替（progressive succession），反之，如果是由顶极群落向着先锋群落演替，则称为逆行演替（retrogessive succession）。后者是在人类活动影响下发生的，其特点是具有大量的、适应于不良环境的特有种，群落结构简单化，群落生产力降低等特点，如草原代替森林，就是逆行演替。①

二、生物群落演替理论

1. 演替顶极的概念

随着群落的演替，最后出现一个相对稳定的顶极群落期，叫作演替顶极（climax）。顶极概念的中心点，就是群落的相对稳定性。它是围绕着一种稳定的、相对不变化的平均状况波动。顶极的稳定性需要在动态的生态

① 舒展，黄慧，于文男．环境生态学[M].哈尔滨：东北林业大学出版社，2017.

系统的机能中保持平衡。

为了使一个顶极群落中的种群保持稳定，必须在出生率和死亡率之间，在新增加个体与死亡个体之间有一种平衡。在理论上，这种出生率与死亡率的平衡，要经过很长时间，才能成为顶极群落的所有种群的特征。这种平衡，也必须应用于整个群落的物质和能量的吸收与释放。这种稳定性，称之为动态平衡或稳定状态。顶极就意味着一个自然群落中的一种稳定状态。①

2．顶极群落的不同理论

（1）单元顶极理论（Monoclimax theory）

该学说是美国生态学家克里门茨（Clements，1916；Clements，1936）所提出的，他认为在任何一个地区，一般的演替系列的终点，是一个单一的、稳定的、成熟的植物群落，即顶极群落，它决定于该地区的气候条件，主要表现在顶极群落的优势种能很好地适应该地区的气候条件，这样的群落称为气候顶极群落（climatic climax）。只要气候保持不急剧的改变，只要没有人类活动和动物显著影响或其他侵入方式的发生，它便一直存在，而且不可能存在任何新的优势植物，这就是所谓的单元顶极（Monoclimax）理论。根据这种理论的解释，一个气候区域之内只有一个潜在的气候顶极群落。这一区域之内的任何一种生境，如给以充分时间，最终都能发展到这种群落。这种学说被称为单元顶极学说。

克里门茨等人提出的单元顶极理论曾对群落生态学的发展起了重要的推动作用。但当人们进行野外调查工作时，却发现任何一个地区的顶极群落都不止一种，但它们还是明显地处于相当平衡的状态下，就是说，顶极群落除了取决于各地区的气候条件以外，还取决于那里的地形、土壤和生物等因素。

---

① 舒展，黄慧，于文男．环境生态学[M]．哈尔滨：东北林业大学出版社，2017．

（2）多元顶极理论（Polyclimax theory）

该理论的早期提出者是英国的生态学家坦斯利（Tansly,1939），他认为任何一个地区的顶极群落都有多个，它取决于土壤湿度、化学性质、动物活动等因素。因此，演替并不导致单一的气候的顶极群落。在一个地区不同生境中，产生一些不同的稳定群落或顶极群落，从而导致形成一个顶极群落的镶嵌体。它由相应的生境镶嵌所决定。这是说，在每一个气候区内的一个顶极群落是气候顶极群落，但在相同地区并不排除其他顶极群落的存在。根据这一概念，任何一个群落，在被任何一个单因素或复合因素稳定到相当长时间的情况下，都可认为是顶极群落。它所以维持不变，是因为它和稳定生境之间达到全部协调的程度。

以上两个学派的不同之点是：单元顶极理论认为，只有气候才是演替的决定因素，其他因素是次要的，但可阻止群落发展为气候顶极群落。而多元顶极理论则强调生态系统中各个因素的综合影响，除气候外的其他因素，也可以决定顶极的群落形成。

（3）顶极群落-格局学说（Climax-Pattern Hypothesis）

顶级群落-格局学说又称顶极群落配置学说。怀悌克在多元顶极学说的基础上，提出一个顶极群落-格局学说。他认为植物群落虽然由于地形、土壤的显著差异及干扰，必然产生某些不连续，但从整体上看，植物群落是一个相互交织的连续体。他强调景观中的种群都以自己的方式对环境因素的相互作用进行独特的反应。一个景观的植被所含的边界明确的块状镶嵌就是由一些连续交织的种群参与联系而构成的复杂群落格局。生境梯度决定种群格局，因此，生境变化，种群的动态平衡也将改变。由于生境的多样性，而植物种类又繁多，所以顶极群落的数目是很多的。前两种学说都承认群落是一个独立的不连续的单位，而顶极群落-格局学说则承认群落是独立的连续单位。①

不论单元顶极学说、多顶极学说或顶极群落-格局学说，都承认顶极

---

① 舒展，黄慧，于文男．环境生态学[M].哈尔滨：东北林业大学出版社，2017.

群落经过单向的变化后，已经是达到稳定状态的群落，而顶极群落在时间上的变化和空间上的分布都是和生境相适应的。顶极群落实质上是最后达到相对稳定阶段的一个生态系统。这个系统全部或部分地遭到破坏，只要有原来的因素存在，它又能重建。关于顶极理论，目前仍在争论之中。

三、生物群落演替的制约因素

生物群落的演替是群落内部关系（包括种内和种间关系）与外界环境中各种生态因子综合作用的结果。到目前为止，人们对于演替的机制了解得还不够。要搞清演替过程每一步发生的原因以及有效地预测演替的方向和速度，还有大量的工作要做。

1. 植物繁殖体的迁移、散布和动物的活动性

植物繁殖体的迁移和散布普遍而经常地发生着，因此任何一块地段都有可能接受这些扩散来的繁殖体。当植物繁殖体到达一个新环境时，植物的定居过程就开始了。植物的定居包括植物的发芽、生长和繁殖三个方面。我们经常可以观察到这样的情况：植物繁殖体虽到达了新的地点，但不能发芽；或是发芽了，但不能生长；或是生长到成熟，但不能繁殖后代。只有当一个种的个体在新的地点能繁殖时，定居才算成功。任何一块裸地上生物群落的形成和发展，或是任何一个旧的群落被新的群落所取代，都必然包含有植物的定居过程。因此，植物繁殖体的迁移和散布是群落演替的先决条件。

对于动物来说，植物群落成为它们取食、营巢、繁殖的场所。当然，不同动物对这种场所的需求是不同的。当植物群落环境变得不适宜它们生存的时候，它们便迁移出去另找新的合适生境；与此同时，又会有一些动物从别的群落迁来找新栖居地。因此，每当植物群落的性质发生变化的时候，居住在其中的动物区系实际上也在做适当的调整，使得整个生物群落内部的动物和植物又以新的联系方式统一起来。

2. 群落内部环境的变化

这种变化是由群落本身的生命活动造成的，与外界环境条件的改变没有直接的关系；有些情况下，群落内物种的生命活动为自己创造了不良的居住环境，使原来的群落解体，为其他植物的生存提供了有利条件，从而引起演替。比如，据 E. L. Rice 研究，在美国俄克拉荷马州的草原弃耕地恢复的第一阶段中，向日葵的分泌物对自身的幼苗具有很强的抑制作用，但对第二阶段的优势种的幼苗却不产生任何抑制作用，于是以向日葵占优势的先锋群落很快被第二阶段的优势种的群落所取代。由于群落中植物种群特别是优势种的发育而导致群落内光照、温度、水分状况的改变，也可为演替创造条件。例如，在云杉林采伐后的林间空旷地段，首先出现的是喜光草本植物。但当喜光的阔叶树种定居下来并在草本层以上形成郁闭树冠时，喜光草本便被耐阴草本所取代。以后当云杉伸于群落上层并郁闭时，原来发育很好的喜光阔叶树种便不能更新。这样，随着群落内光照由强到弱及温度变化由不稳定到较稳定，依次发生了喜光草本植物阶段、阔叶树种阶段和云杉阶段的更替过程，也就是演替的过程。①

3. 种内和种间关系的改变

组成一个群落的物种在其内部以及物种之间都存在特定的相互关系。这种关系随着外部环境条件和群落内环境的改变而不断地进行调整。当密度增加时，不但种群内部的关系紧张化了，而且竞争能力强的种群得以充分发展，而竞争能力弱的种群则逐步缩小自己的地盘，甚至被排挤到群落之外。这种情形常见于尚未发育成熟的群落。

处于成熟、稳定状态的群落在接受外界条件刺激的情况下，也可能发生种间数量关系重新调整的现象，进而使群落特性或多或少地发生改变。

4. 外界环境条件的变化

虽然决定群落演替的根本原因存在于群落内部，但群落之外的环境条件，诸如气候、地貌、土壤和火等，常可成为引起演替的重要条件。气候

---

① 鲁敏，孙友敏，李东和. 环境生态学[M]. 北京：化学工业出版社，2012.

决定着群落的外貌和群落的分布，也影响到群落的结构和生产力。气候的变化，无论是长期的还是短暂的，都会成为演替的诱发因素。地表形态（地貌）的改变会使水分、热量等生态因子重新分配，转过来又影响到群落本身。大规模的地壳运动（冰川、地震、火山活动等）可使地球表面的生物部分完全毁灭，从而使演替从头开始。小范围的地表形态变化（如滑坡、洪水冲刷）也可以改造一个生物群落。土壤的理化特性与置身其中的植物、土壤动物和微生物的生活有密切的关系；土壤性质的改变势必导致群落内部物种关系的重新调整。火也是一个重要的诱发演替的因子，火烧可以造成大面积的次生裸地，演替可以从裸地上重新开始；火也是群落发育的一种刺激因素，它可使耐火的种类更旺盛地发育，而使不耐火的种类受到抑制。当然，影响演替的外部环境条件并不限于上述几种。凡是与群落发育有关的直接或间接的生态因子都可成为演替的外部因素。①

5. 人类的活动

人对生物群落演替的影响远远超过其他所有的自然因子，因为人类的社会活动通常是有意识、有目的的，可以对自然环境中的生态关系起着促进、抑制、改造和建设的作用。放火烧山、砍伐森林、开垦土地等都可使生物群落改变面貌。人还可以经营、抚育森林，管理草原，治理沙漠，使群落演替按照不同于自然发展的道路进行。人甚至还可以建立人工群落，将演替的方向和速度置于人为控制之下。

① 李洪远．环境生态学[M]．2版．北京：化学工业出版社，2012.

第四章

生态系统生态学研究

第一节 生态系统的组成与结构

一、生态系统的概念

生态系统这一概念是由英国生态学家 A. G. Tansley（1935）首先提出的。他认为，生态系统的基本概念是物理学上使用的“系统”整体，这个系统不仅包括有机复合体，而且也包括形成环境的全部物理因素复合体。生态系统就是在一定空间中共同栖居着的所有生物（即生物群落）与其环境之间由于不断地进行物质循环和能量流动过程而形成的统一整体。

生态系统可以是一个很具体的概念，一个池塘、一片森林或一块草地都是一个生态系统，同时它又是在空间范围上抽象的概念。生态系统和生物圈只是研究的空间范围及其复杂程度不同。小的生态系统联合成大的生态系统，简单的生态系统组合成复杂的生态系统，而最大、最复杂的生态系统就是生物圈。

二、生态系统的组成

生态系统的组成成分是指系统内所包括的若干类相互联系的各种要素。从理论上讲，地球上的一切物质都可能是生态系统的组成成分。地球上生态系统的类型很多，它们各自的生物种类和环境要素也存在着许多差异。然而，各类生态系统却都是由两大部分、4 个基本成分所组成的。两大部分就是生物部分和非生物部分，4 个基本成分是指生产者、消费者、分解者和非生物环境，如图 4-1 所示。

- 生态环境
  - Ⅰ.非生物部分（生命支持系统）
    - 1.非生物环境
      - 能源：太阳能、其他能源
      - 气候：光照、温度、降水、风等
      - 基质和介质：岩石、土壤、水、空气等
    - 物质代谢原料
      - CO_2，H_2O，O_2，N_2等
      - 无机盐（矿物质原料）
      - 腐殖质、脂肪、蛋白质、碳水化合物等
  - Ⅱ.生物部分
    - 2.生产者
      - 绿色植物、光合细菌、化能细菌等
    - 3.消费者
      - 食草动物：一级消费者
      - 一级食肉动物：二级消费者
      - 二级食肉动物：三级消费者
      - 杂食动物：杂食消费者
      - 腐食消费者：其他消费者
    - 4.分解者（还原者）
      - 微生物（细菌、真菌等）

图 4-1 生态系统的组成成分

1. 非生物环境

非生物环境，即无机环境。包括参加物质循环的无机元素和化合物，如 C，N，CO_2，O_2，Ca，P，K；包括联系生物和非生物成分的有机物质，

如蛋白质、糖类、脂类和腐殖质等；也包括气候因子，如光照、热量、水分、空气等；还有其他物理条件，如温度、压力等。

2. 生产者

生产者也叫初级生产者，包括所有的绿色植物和利用化学能的细菌等，是生态系统中最积极和最稳定的因素。生产者主要是指绿色植物，绿色植物能利用光能把 CO_2 和水转变成碳水化合物，即通过光合作用把一些能量以化学键能的形式储存起来，为以后所利用。这里也包括一些光合细菌。利用化学能的细菌在合成有机物时利用的不是太阳能，而是利用某些物质在化学变化过程中产生的能量。太阳能和化学能只有通过生产者才能源源不断输入生态系统，成为消费者和还原者的唯一能源。

3. 消费者

消费者是不能用无机物质制造有机物质的生物。它们直接或间接地依赖于生产者所制造的有机物质。这些异养生物根据食性的不同可分为以下几类。

草食动物是以植物为营养的动物，又称植食动物，是初级消费者，如昆虫、啮齿类、马、牛、羊等。肉食动物是以草食动物或其他动物为食的动物。可分为一级肉食动物，又称二级消费者，是以草食动物为食的捕食性动物；二级肉食动物，又称三级消费者，是以一级肉食动物为食的动物。

4. 分解者

分解者又称还原者，是分解已死的动植物残体的异养生物，主要是指细菌、真菌和某些营腐生生活的原生动物和小型土壤动物（例如甲虫、白蚁、某些软体动物等）。

分解者把酶分泌到动植物残体的表面或内部，酶能把生物残体消化为极小的颗粒或分子，最终分解为无机物质归还到环境中再被生产者利用。从能量的角度来看，分解者对生态系统是无关紧要的，但从物质循环的角度看，它们是生态系统不可缺少的重要部分。

三、生态系统的基本特征

任何“系统”都是具有一定结构、各组分之间发生一定联系并执行一定功能的有序整体。每一个生态系统都有一定的生物群落与其栖息的环境相结合，进行着物种、能量和物质的交流。在一定时间和相对稳定条件下，系统内各组成要素的结构与功能处于协调的动态之中。[①] 总的来说，生态系统具有如下 10 项重要特征：

（1）以生物为主体，具有整体性特征；

（2）复杂、有序的层级系统；

（3）开放的、远离平衡态的热力学系统；

（4）具有明确功能和公益服务性能；

（5）受环境深刻的影响；

（6）环境的演变与生物进化相联系；

（7）具有自维持、自调控功能；

（8）具有一定的负荷力；

（9）具有动态的生命特征；

（10）具有健康的、可持续发展的能力。

四、生态系统的结构

生态系统的结构包括两个方面的含义：一是组成成分及其营养关系；二是各种生物的空间配置状态。具体地说，生态系统的结构包括物种结构、营养结构、空间结构和时间结构。

（一）生态系统的物种结构

不同生态系统的物种结构差异很大。如水域生态系统的生产者主要是需借助显微镜才能分辨的浮游藻类或部分可见水生植物；而森林生态系统中的生产者却是高达几米、几十米的乔木和各种灌木。一般来说，生态系

① 舒展，黄慧，于文男. 环境生态学[M]. 哈尔滨：东北林业大学出版社，2017.

统中的物种结构主要是以群落中的优势种类、在生态功能上的主要种类或类群为主。生态系统中通常包括优势种、建群种、伴生种、偶见种，还有就是关键种和冗余种，尤其是关键种和冗余种对系统结构和功能的稳定具有重要意义。①

1. 关键种

不同的物种在生态系统中所处的地位不同，一些珍稀、特有、庞大的对其他物种具有很大影响的物种，在维护生物多样性和生态系统稳定方面起着重要作用。如果它们消失或削弱，整个生态系统就可能发生根本性的变化，这样的物种称为关键种。

Paine 指出，关键种的丢失和消除可以导致一些物种的丧失，或者一些物种被另一些物种所替代。群落的改变既可能是由于关键种对其他物种的直接作用（例如被捕食），也可能是间接的影响。关键种数目可能是稀少的，也可能很多；就功能而言，可能只有专一功能，也可能具有多种功能。

根据关键种的不同作用方式，可以有关键捕食者、关键被捕食者、关键植食动物、关键竞争者、关键互惠共生种、关键病原体（寄生物）和关键改造者 7 种类型。

2. 冗余种

冗余种这一概念近年来被广泛地应用在生态系统、群落和保护生物学中。冗余意味着相对于需求有过多的剩余。在一些群落中有些种是冗余的，这些种的去除不会引起生态系统内其他物种的丢失，同时，对整个群落和生态系统的结构和功能不会造成太大的影响。

需要指出的是同一个植物种在不同的群落中可以以不同的群落成员型出现。如在内蒙古高原中部排水良好的壤质钙土上，Stipa grandis 是建群种，而 Aneurolepidium chinense 是亚优势种或伴生种；但在地形略为低凹、有地表径流补给的地方，Aneurolepidium chinense 是建群种，Stipa grandis 则退居次要位置。同理，当强度放牧时，Artemisia frigida 成为建群种，

---

① 李洪远．环境生态学[M]．2 版．北京：化学工业出版社，2012.

Aneurolepidium chinense 和 Stipa grandis 退居次要位置。

3. 物种在生态系统中的作用

物种在生态系统中所起的作用目前较为公认的有两种假说：① 铆钉假说，就是将生态系统中的每个物种比做一架精制飞机上的铆钉。任何一个物种丢失，同样会使生态过程发生改变。该假说认为生态系统中每个物种都具有同样重要的功能。一个铆钉或一个关键种的丢失或灭绝都会导致严重事故或系统的变故。② 冗余假说，该假说认为生态系统中物种作用有显著的不同，某些物种在生态功能上有相当程度的重叠。从物种的角度看，一个生态系统中物种的作用是不同的：一种是起主导作用的，像公共汽车的“司机”，而另外一些种是那些被称为“乘客的物种”。若丢失前者，将引起生态系统的灾变或停摆，而丢失后者则对生态系统影响很小。那些高冗余的物种对于保护生物学工作来说具有较低的优先权。但这并不意味着冗余种是不必要的，在一个生态系统中，短时间看，冗余种似乎是多余的，但在变化环境中经过长期发展，那些次要种和冗余种就可能在新的环境下变为优势种或关键种，从而改变和充实原来的整个生态系统。冗余是生态系统功能丧失的一种保险。①

（二）生态系统的营养结构

生态系统的营养结构是一种以营养为纽带，把生物和非生物紧密结合起来，构成以生产者、消费者、分解者为中心的三大功能类群。它们和环境之间发生密切的物质循环和能量流动。由于生态系统是一个功能单位，强调的是系统中的物质循环和能量流动，因而营养结构是生态系统结构研究的主要方面。食物链、食物网及其相互关系就是生态系统的营养结构。

1. 食物链

生产者所固定的能量和物质，通过一系列取食和被食的关系在生态系统中传递，各种生物按其食物关系排列的链状顺序称为食物链，“大鱼吃小鱼，小鱼吃虾米”就是对食物链形象的说明。

---

① 李洪远. 环境生态学[M]. 2 版. 北京：化学工业出版社，2012.

生态系统的食物链不是固定不变的，它不仅在进化历史上有改变，在短时间内也有改变。自然界中很少有一种生物完全依赖于另一种生物而生存，常常是一种动物可以多种生物为食物，同一种动物可以占几个营养层次，如杂食动物；而且动物的食性又因环境、年龄、季节的变化而有所不同，如青蛙的幼体在水中生活，以植物为食，而成体以陆上活动为主，以动物为食。因此，食物链往往具有暂时的性质，只有在生物群落组成中成为核心的、数量上占优势的种类，食物联系才是比较稳定的。[①]

在生态系统中，按照生物之间的关系可将食物链分成 4 种类型：

① 捕食食物链（放牧食物链），这种食物链以生产者为基础，继之以植食性动物和肉食性动物。后者与前者是捕食性关系，其构成方式是植物→植食性动物→肉食性动物。在水域和陆地环境都可以见到这种食物链，如草原上的“青草→野兔→狐狸→狼”和湖泊中的“藻类→甲壳类→小鱼→大鱼”。

② 碎食食物链，这种食物链以碎食为基础。所谓碎食就是以高等植物的枯枝落叶等形式被其他生物所利用，分解成碎屑，然后再为多种动物所食，其构成方式为碎食物→碎食物消费者→小型肉食性动物→大型肉食性动物。在森林中，有 90%的净生产是以碎食方式完成的。

③ 寄生性食物链，这种食物链是由宿主和寄生物构成的，它以大型动物为基础，继之以小型动物、微型动物、细菌和病毒。后者与前者是寄生性关系。例如：哺乳动物或鸟类→跳蚤→原生动物→细菌→病毒。

④ 腐生性食物链，这种食物链以动、植物的遗体为基础，腐烂的动、植物遗体被土壤或水体中的微生物分解利用，后者与前者是腐生性关系。

2. 食物网

在生态系统中，一种生物不可能固定在一条食物链上，它往往同时属于数条食物链，生产者如此，消费者也如此。如牛、羊、兔和鼠都摄食禾草，这样禾草就可能与 4 条食物链相连。再如，黄鼠狼可以捕食鼠、鸟、

① 许鹏辉. 基于持续和谐发展的环境生态学研究［M］. 北京：中国商务出版社，2019.

青蛙等，它本身又可能被狐狸和狼捕食。这样，黄鼠狼也同时处在数条食物链上，如图 4-2 所示。食物链彼此交错联结，形成一个网状结构，这就是食物网。食物网形象地反映了生态系统内各生物有机体之间的营养位置和相互关系。

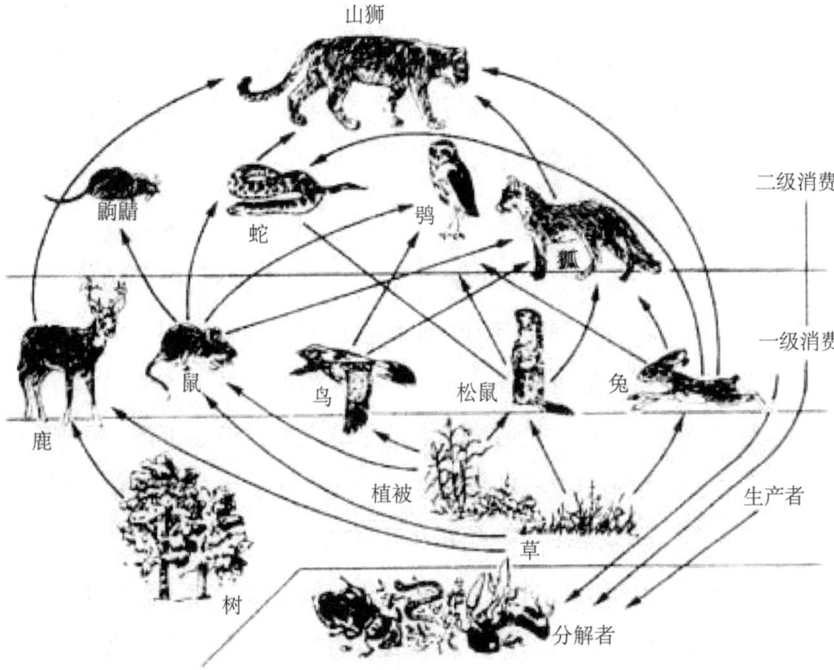

图 4-2 陆地生态系统的部分食物网

生态系统中各生物成分之间通过食物网发生直接和间接的联系，保持着生态系统结构和功能的相对稳定性。生态系统内部营养结构不是固定不变的，而是不断发生变化的。如果食物网中某一条食物链出现了障碍，可以通过其他的食物链来进行必要的调整和补偿。有时营养结构网络上某一环节发生了变化，其影响会波及整个生态系统。生态系统通过食物营养，把生物与生物、生物与非生物环境有机地结合成一个整体。[①]

① 许鹏辉. 基于持续和谐发展的环境生态学研究［M］. 北京：中国商务出版社，2019.

近年来的研究表明，从陆地、淡水到海洋生态系统中食物网都很复杂，但都有一定的格局。为了简化食物网结构，可以把营养阶层相同的不同物种或相同物种不同发育阶段归并在一起作为一个营养物种，它由取食同样的被食者和具有同样的捕食者、在营养阶层上完全相同的一类生物所组成。营养物种可能是一个生物物种，也可能是若干个物种。根据物种在食物网中所处的位置可分为3种基本类型：① 顶位种，它是食物网中不被任何其他天敌捕食的物种；② 中位种，它在食物网中既是捕食者，又是被食者；③ 基位种，它不取食任何其他生物。

（三）生态系统的空间结构

自然生态系统一般都有分层现象。成层结构是自然选择的结果，它显著提高了植物利用环境资源的能力。如在发育成熟的森林中，上层乔木可以充分利用阳光，而林冠下被那些能有效地利用弱光的下木所占据。穿过乔木层的光有时仅占到达树冠的全光照的十分之一，但林下灌木层却能利用这些微弱的、并且光谱组成已被改变了的光。在灌木层下的草本层能够利用更微弱的光，草本层往下还有更耐阴的苔藓层。

动物在空间的分布也有明显的分层现象。最上层是能飞行的鸟类和昆虫；下层是兔和田鼠的活动场所；最下层是蚂蚁等在土层上活动；土层下还有蚯蚓和蝼蛄等。动物之所以有分层现象。主要与食物有关，生态系统不同的层次提供不同的食物；其次还与不同层次的微气候条件有关。如在欧亚大陆北方针叶林区，在地被层和草本层中，栖息着两栖类、爬行类、鸟类（榛鸡）、兽类（黄鼬）和啮齿类；在森林的灌木层和幼树层中，栖息着莺、苇莺和花鼠等；在森林的中层栖息着山雀、啄木鸟、松鼠和貂等；而在树冠层则栖息着柳莺、交嘴雀和戴菊鸟等。也有许多动物可同时利用几个不同层次，但总有一个最喜好的层次。[①]

水域生态系统分层现象也很清楚。大量的浮游植物聚集于水的表层；浮游动物和鱼、虾等多生活在水中；在底层沉积的污泥层中有大量的细菌

① 舒展，黄慧，于文男．环境生态学[M]．哈尔滨：东北林业大学出版社，2017.

等微生物。水域中某些水生生物也有分层现象，如湖泊和海洋的浮游动物即表现出明显的垂直分层现象。影响浮游动物垂直分布的原因主要是阳光、温度、食物和含氧量等。多数浮游动物是趋向弱光的，因此，它们白天多分布在较深的水域，而在夜间则上升到表层活动。此外，水生生物在不同季节也会因光照条件的不同而引起垂直分布的变化。

（四）生态系统的时间结构

生态系统的结构和外貌也会随时间不同而变化，这反映出生态系统在时间上的动态。一般可用 3 个时间段来量度：一是长时间量度，以生态系统进化为主要内容；二是中等时间量度，以群落演替为主要内容；三是以昼夜、季节和年份等短时间量度的周期性变化。短时间周期性变化在生态系统中是较为普遍的现象。绿色植物一般在阳光下进行光合作用，在夜晚只进行呼吸作用。海洋潮间带无脊椎动物的组成则具有明显的昼夜节律。生态系统短时间结构的变化，反映了植物、动物等为适应环境因素的周期性变化，从而引起整个生态系统外貌上的变化。这种生态系统结构的短时间变化往往反映了环境质量高低的变化，因此，对生态系统结构时间变化的研究具有重要的实践意义。①

第二节 生态系统的主要功能

一、生态系统的生物生产

（一）初级生产

1. 初级生产量的计算

生态系统中的能量流动开始于绿色植物通过光合作用对太阳能的固定。因为这是生态系统中第一次能量固定，所以植物所固定的太阳能或所

① 李元. 环境生态学导论[M]. 北京：科学出版社，2009.

制造的有机物质称为初级生产或第一性生产（primary production），其量称为初级生产量。其测定方法主要有收割量测定法、氧气测定法、二氧化碳测定法、放射性标记物测定法和叶绿素测定法。

在初级生产过程中，植物固定的能量有一部分被植物自己的呼吸消耗掉，剩下的可用于植物的生长和生殖，这部分生产量称为净初级生产量（net primary production）；而包括消耗在内的全部生产量，称为总初级生产量（gross primary production）。三者之间的关系是

$$P_g = P_n + P,$$

式中：P_g 为总初级生产量，J/(m^2 · a)；

P_n 为净初级生产量，J/(m^2 · a)；

P 为呼吸所消耗的能量，J/(m^2 · a)。

净初级生产量是可供生态系统中其他生物（主要是各种动物和人）利用的能量。生产量通常是用每年每平方米所生产的有机物质干质量[g/(m^2 · a)]或每年每平方米所固定能量[J/(m^2 · a)]表示。所以初级生产量也可称为初级生产力，它们的计算单位是完全一样的，但在强调“率”的概念时，应当使用生产力。生产量和生物量（biomass）是两个不同的概念，生产量含有速率的概念，是指单位时间、单位面积上的有机物质生产量；而生物量是指在某一定时刻调查时单位面积上积存的有机物质，单位为 g/m^2 或 J/m^2。①

2. 初级生产量的变化

水体和陆地生态系统的生产量都呈垂直变化。例如森林，一般乔木层最高，灌木层次之，草被层更低。水体也有类似的规律，不过水面由于阳光直射，生产量不是最高，生产量在水深数米左右达到最高，并随水的清晰度而变化。

生态系统的初级生产量还随群落的演替而变化。群落演替的早期由于植物生物量很低，初级生产量不高；随时间推移，生物量渐渐增加，生产

---

① 余顺慧. 环境生态学[M]. 成都：西南交通大学出版社，2014.

量也提高。一般森林在叶面积指数达到 4 时，净初级生产量最高。但当生态系统发育成熟或演替达到顶极时，虽然生物量接近最大，由于系统保持在动态平衡中，净生产量反而最小。由此可见，从经济效益考虑，利用再生资源的生产量，让生态系统保持在“青壮年期”是最有利的，不过从可持续发展和保护生态环境着眼，人类还需从多目标之间做合理的权衡。

（二）次级生产

动物和其他异养生物的生产称为次级生产，其生产量称为次级生产量。

从理论上讲，初级生产量都可被异养生物转化为次级生产量，但实际上因很多因素无法被利用，或没有同化，或呼吸消耗不能转化为次级生产量。次级生产量的一般生产过程概括如图 4-3 所示。

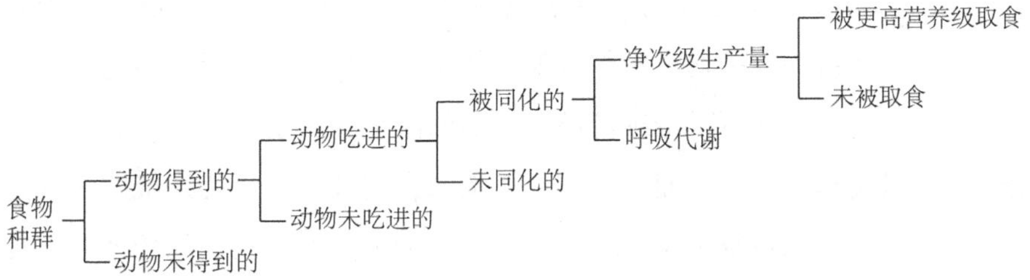

图 4-3　次级生产量的一般生产过程

图 4-3 所示为一个普适模型，它可应用于任何一种动物，包括草食动物和肉食动物。肉食动物捕到猎物后往往不是全部吃掉，而是剩下毛皮、骨头和内脏等。所以能量从一个营养级传递到另一个营养级时往往损失很大。

二、生态系统的能量流动

（一）研究能量传递规律的热力学定律

能量是生态系统的动力，是一切生命活动的基础。一切生命活动都伴随能量的变化，没有能量的转化，也就没有生命和生态系统。生态系统的重要功能之一就是能量流动，而热力学就是研究能量传递规律和能量形式转换规律的科学。能量在生态系统内的传递和转化规律服从热力学的两个定律，即热力学第一定律和热力学第二定律。

热力学第一定律可以表述如下：“在自然界发生的所有现象中，能量既不能消失也不能凭空产生，它只能以严格的当量比例由一种形式转变为另一种形式。”因此热力学第一定律又称为能量守恒定律。依据这个定律可知，一个体系的能量发生变化，环境的能量也必定发生相应的变化，如果体系的能量增加，环境的能量就要减少；反之亦然。[①] 对生态系统来说也是如此，例如，光合作用生成物所含有的能量多于光合作用反应物所含有的能量，生态系统通过光合作用所增加的能量等于环境中太阳辐射所减少的能量，但总能量不变，所不同的是太阳能转化为潜能输入了生态系统，表现为生态系统对太阳能的固定。

热力学第二定律是对能量传递和转化的一个重要概括，通俗地说就是：在封闭系统中，一切过程都伴随着能量的改变，在能量的传递和转化过程中，除了一部分可以继续传递和做功的能量（自由能）外，总有一部分不能继续传递和做功，而以热的形式消散，这部分能量使系统的熵和无序性增加。对生态系统来说，当能量以食物的形式在生物之间传递时，食物中相当一部分能量转化为热而消散掉（使熵增加），其余则用于合成新的组织而作为潜能储存下来，所以动物在利用食物中的潜能时把其中大部分转化成了热，只把一小部分转化为新的潜能，因此能量在生物之间每传递一次，大部分的能量就被转化为热而损失掉，这也就是为什么食物链的环节和营养级数一般不会多于 6 个以及能量金字塔必定呈尖塔形的热力学解释。

（二）能量在生态系统中流动的特点

1. 能流在生态系统中和在物理系统中不同

能流和以下两项相关：① 一定的摩擦损失或遗漏的能量；② 一定系统的传导性或传导系数在非生命的物理系统中（电、热、机械等）是复杂

---

① 余顺慧. 环境生态学[M]. 成都：西南交通大学出版社，2014.

的，但是从原则上说是有规律的，可以用直接的形式来表达，并且对一定的系统来说又是一个常数。例如，在一定的温度下，铜导线中的电流在每时每刻都是相同的，在生态系统中，能流是变化的，以捕食者和被食者为例，能流（假定为捕食者所消化并转化为新的生物量）取决于输入端的消化率和输出端捕食者的新生物量产生速度的因素，无论是短期行为还是长期进化，都是变动的。①

2. 能量是单向流

生态系统中能量的流动是单一方向的（one way flow of energy）。能量以光能的状态进入生态系统后，就不能再以光的形式存在，而是以热的形式不断地逸散于环境之中。热力学第二定律注意到宇宙在每一个地方都趋向于均匀的熵，它只能向自由能减少的方向进行而不能逆转，所以从宏观上看，熵总是增加。

能量在生态系统中流动，很大一部分被各个营养级的生物利用，同时，通过呼吸作用以热的形式散失。散失到空间的热能不能再回到生态系统中参与流动，因为至今未发现以热能作为能源合成有机物的生物。

能流的单一方向性主要表现在3个方面：① 太阳的辐射能以光能的形式输入生态系统后，通过光合作用被植物所固定，此后不能再以光能的形式返回；② 自养生物被异养生物摄食后，能量就由自养生物流到异养生物体内，不能再返回给自养生物；③ 从总的能流途径而言，能量只是一次性流经生态系统，是不可逆的。

3. 能量在生态系统内流动的过程是不断递减的过程

从太阳辐射能到被生产者固定，再经植食动物，到肉食动物，再到大型肉食动物，能量是逐级递减的。这是因为以下几点：① 各营养级消费者不可能百分之百地利用前一营养级的生物量；② 各营养级的同化作用也不是百分之百的，总有一部分不被同化；③ 生物在维持生命过程中进行新陈代谢总是要消耗一部分能量。

---

① 顾卫兵. 环境生态学[M]. 2版. 北京：中国环境科学出版社，2007.

4. 能量在流动中质量逐渐提高

能量在生态系统中流动，有一部分以热能耗散，另一部分的去向是把较多的低质量能转化成另一种较少的高质量能。从太阳能输入生态系统后的能量流动过程中，能量的质量是逐步提高的。

美国生态学家 E. P. Odum 曾于 1959 年把生态系统的能量流动概括为一个普适的模型（如图 4-4 所示）。从这个模型中可以看出，外部能量的输入情况以及能量在生态系统中的流动路线及其归宿。各种研究表明：在生态系统能流过程中，能量从一个营养级到另一个营养级的转化效率为 5%～30%。平均说来，从植物到植食动物的转化效率大约是 10%，从植食动物到肉食动物转化效率大约是 15%。①

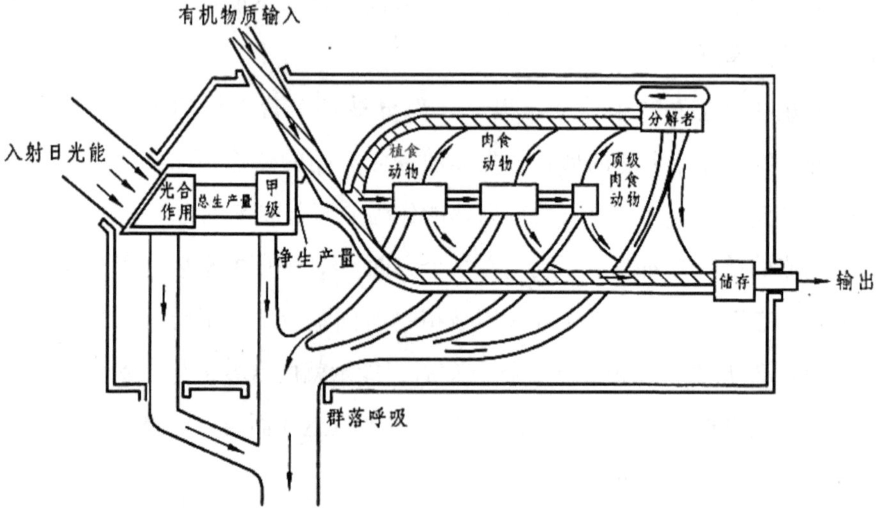

图 4-4　一个普适的生态系统能流模型（Odum，1959）

三、生态系统的物质循环

物质循环是指生态系统中物质周而复始的循环过程，又叫生物地球化学循环。循环过程可以用“库”和“流通率”两个概念来描述。库由存在

① 杨保华，刘辉，赵美微. 环境生态学[M]. 武汉：武汉理工大学出版社，2015.

于生态系统的某些生物或非生物成分中的一定数量的某种化学物质所构成。如在一个湖泊生态系统中，水体中磷的含量可以看成是一个库，浮游植物中的磷含量是第二个库。流通是指库与库之间的转移。物质在生态系统单位面积（体积）和单位时间的移动量称为流通量，也叫流通率。① 这些关系可以用一个简单的池塘生态系统加以说明，如图 4-5 所示。

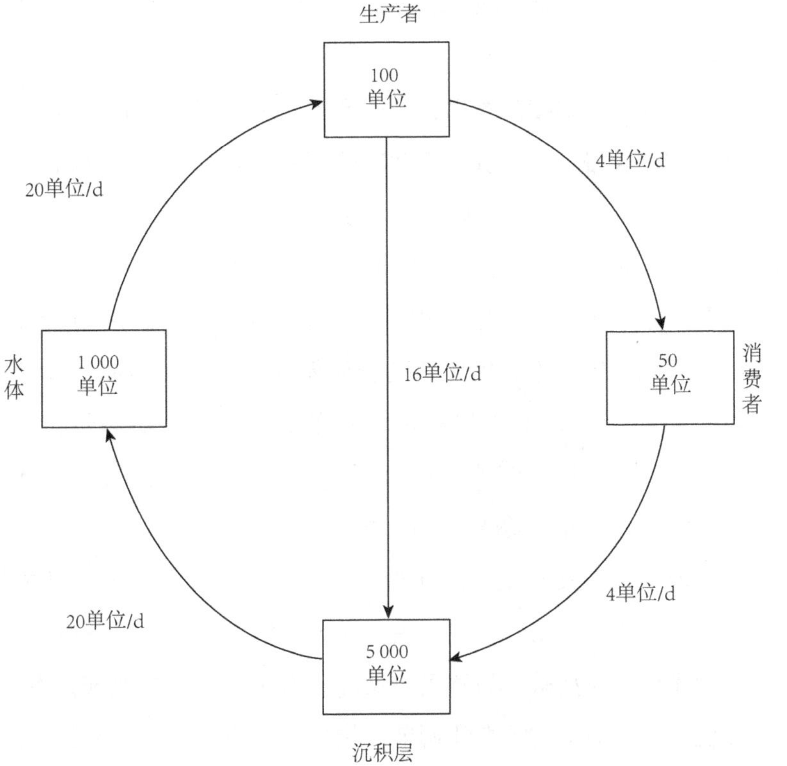

图 4-5　池塘生态系统中库与流通率的模式图

（一）物质循环的类型

生物地球化学循环可分为 3 大类型，即水循环（water cycle）、气体型循环（gaseous cycle）和沉积型循环（sedimentary cycle）。

生态系统中所有的物质循环都是在水循环的推动下完成的，因此，没

① 乌云娜，王晓光．环境生态学[M]．北京：科学出版社，2020.

有水的循环，也就没有生态系统的功能，生命也将难以维持。水循环是物质循环的核心。

在气体循环中，物质的主要储存库是大气和海洋，循环与大气和海洋密切相关，具有明显的全球性，循环性能最为完善。凡属于气体型循环的物质，其分子或某些化合物常以气体的形式参与循环过程。属于这一类的物质有氧、二氧化碳、氮、氯、溴和氟等。气体循环速度比较快，物质来源充沛，不会枯竭。

沉积型循环的主要蓄库与岩石、土壤和水相联系，如磷、硫循环。沉积型循环速度比较慢，参与沉积型循环的物质，其分子或化合物主要是通过岩石的风化和沉积物的溶解转变为可被生物利用的营养物质，而海底沉积物转化为岩石圈成分则是一个相当长的、缓慢的、单向的物质转移过程，时间要以千年来计。这些沉积型循环物质的主要蓄库在土壤、沉积物和岩石中，而无气体状态，因此这类物质循环的全球性不如气体型循环，循环性能也很不完善。属于沉积型循环的物质有磷、钙、钾、钠、镁、铁、铜和硅等，其中磷是较典型的沉积型循环物质，它从岩石中释放出来，最终又沉积在海底，转化为新的岩石。

生态系统中的物质循环，在自然状态下，一般处于稳定的平衡状态。也就是说，对于某一种物质，在各主要库中的输入和输出量基本相等。大多数气体型循环物质如碳、氧和氮的循环，由于有很大的大气蓄库，对于短暂的变化能够迅速地进行自我调节。例如，由于燃烧化石燃料，使当地的二氧化碳浓度增加，则通过空气的运动和绿色植物光合作用对二氧化碳吸收量的增加，使其浓度迅速降低到原来水平，重新达到平衡。硫、磷等元素的沉积物循环则易受人为活动的影响，这是因为与大气相比，地壳中的硫、磷库比较稳定和迟钝，因此不易被调节。所以，如果在循环中这些物质流入蓄库中，则它们将成为生物在很长时间内不能利用的物质。气体型循环和沉积型循环虽然各有特点，但都受能流的驱动，并都依赖于水循环。

生物地球化学循环的过程研究主要在生态系统水平和生物圈水平上进

行。在局部的生态系统中，可选择一个特定的物种，研究它在某种营养物质循环中的作用，近年来，对大量元素在整个生态系统中的循环已进行了不少研究，重点是研究这些元素在整个生态系统中输入和输出，以及在生态系统中主要生物和非生物成分之间的交换过程，如在生产者、消费者和分解者等各个营养级之间以及与环境的交换。生物圈水平上的生物地球化学循环研究，主要研究水、碳、氧、磷、氮等物质或元素的全球循环过程。这类物质或元素对于生命的重要性，以及人类在生物圈水平上对生物地球化学循环的影响，使这些研究更为必要。这些物质的循环受到干扰后，将会对人类本身产生深远的影响。[①]

（二）有毒物质循环

1. 有毒物质循环的特点

某种物质进入生态系统后，使环境正常组成和性质发生变化，在一定时间内直接或间接地有害于人或生物，就称为有毒物质（toxic substance）或者称为污染物（pollutant）。有毒物质包括两类：无机的（主要指重金属、氟化物和氰化物等）和有机的（主要有酚类、有机氯农药等）。

有毒物质循环是指那些对有机体有毒的物质进入生态系统，通过食物链富集或被分解的过程。有毒物质循环和其他物质循环一样，在食物链营养级上进行循环流动。但有毒物质循环也有它自己的特点：① 有毒物质进入生态系统的途径是多种多样的，如图 4-6 所示。② 大多数有毒物质在生物体内具有浓缩现象，在代谢过程中不能被排出，而被生物体同化，长期停留在生物体内，造成有机体中毒、死亡。③ 一般情况下，有毒物质进入环境，会经历一些迁移（transport）和转化（transformation）的过程，从而可能使一些有毒物质毒性降低，而另一些物质的毒性则增加（如汞的生物甲基化等）。[②]

---

① 顾卫兵. 环境生态学[M]. 2 版. 北京：中国环境科学出版社，2007.

② 余顺慧. 环境生态学[M]. 成都：西南交通大学出版社，2014.

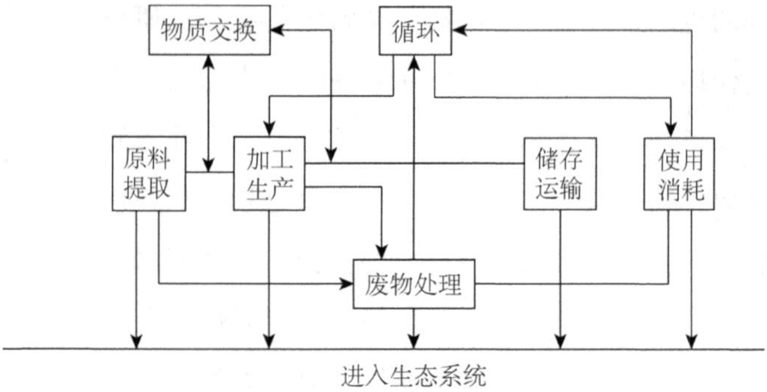

图 4-6　有毒物质进入生态系统的主要途径

2. 有机毒物 DDT 在生态系统中的循环

DDT 是一种人工合成的有机氯杀虫剂，它的问世对农业的发展起了很大的作用。但它是一种化学性能稳定、不易分解且易扩散的化学物质，它易溶于脂肪并且积累在动物的脂肪里，很容易被有机体吸收，一旦进入体内就不能排泄出去，因为排泄要求水溶性。而现在生物圈内几乎到处都有 DDT 的存在，如在北极的一些脊椎动物的脂肪中以及南极的一些鸟类和海豹的脂肪中，人们均发现有 DDT 的存在。

人类喷洒的 DDT 进入生态系统并经食物链加以富集的途径有两个：一是经过植物的茎、叶及根系进入植物体，在体内积累，被草食动物吃掉再被肉食动物所摄取，逐级浓缩；二是经过土壤动物（如蚯蚓），再被地上的食虫动物（如小鸡）所捕食，食虫动物又可以被高级的肉食动物（如鹰）等所捕食，逐级浓缩。

3. 重金属汞在生态系统中的循环

汞在生物体内易与中枢神经系统的某些酶类结合，可引起神经错乱以至死亡。而当汞进入生态系统，被转化为有机化合物，如甲基汞，比无机汞毒性高 50~100 倍，由于它是脂溶性的，更易被其他生物吸收，其毒性也明显增强，进入人体可分布全身，且不易被排泄掉。

汞循环（mercury cycle）是重金属在生态系统中循环的典型代表。地壳中汞经过两种途径进入生态系统：一是通过火山爆发、岩石风化、岩熔等自然运动；二是经人类活动，如开采、冶炼、农药喷洒等。

土壤是汞的一个巨大天然储存库，它对汞有固定作用。土壤中汞的固定和释放以及植物吸收的过程可概括如下：固定态汞→可给态汞→植物吸收的汞。

水体中的汞主要是金属汞和氯化汞。当汞被排入水中后，部分被浮游植物硅藻等吸收，而硅藻又被浮游动物所取食，浮游动物又被鱼捕食。这样，汞一次次地被富集，在顶位鱼体内汞的含量可高达 50~60 mg/kg，比原来水体中的浓度高万倍以上，比低位鱼体内汞含量也高 900 多倍。

土壤中汞经淋溶作用可进入水体，水体中的汞也可通过灌溉进入土壤。土壤中汞化合物可被植物吸收后进入食物链。金属汞进入动物体内可以被甲基化。汞进入生物体内经由排泄系统或生物分解，返回到非生物系统中。非生物系统中，有一部分汞进入循环，有一部分进入沉积层。

汞在整个生态系统中的主要循环系统可以归纳如下：大气→土壤→植物→人畜；废水→水生植物→水生动物→人畜；水→土壤→植物→人畜。人畜机体中的汞在残体腐烂、分解后，又重新回到非生物系统。这些主要的循环途径彼此不是分隔的，而是彼此相连、相互影响的。[①]

四、生态系统的信息传递

（一）信息与信息量

生态系统的功能除了体现在生物生产过程、能量流动和物质循环以外，还表现在系统中各生命成分之间存在着信息传递。信息传递是生态系统的基本功能之一，在传递过程中伴随着一定的物质和能量的消耗。但是信息传递不像物质流那样是循环的，也不像能流那样是单向的，而往往是双向的，有从输入到输出的信息传递，也有从输出向输入的信息反馈。按照控制论的观点，正是由于这种信息流，才使生态系统产生了自动调节机制。

信息（information）一词源于通信工程科学，通常是指包含在情报、信号、消息、指令、数据、图像等传播形式中的新的知识内容。在香农

① 余顺慧．环境生态学[M]．成都：西南交通大学出版社，2014.

(Shannon）的信息论中，信息这个概念具有信源对信宿（信息接受者）的不确定性的含意，不确定程度越大，则信息一旦被接受后，信宿从中获得的信息量就越大。

生态系统中，环境就是一种信息源。例如，在一个森林生态系统中，射入的阳光给植物光合作用带来了能量，同时也带进了信息——一年四季及昼夜日照变化。流入森林的河流滋润着土壤，并带来了外界的各种养分，同时河水的涨落、水中养分的变化也都给森林带进了信息。这些信息主要从时间不均匀性上体现出来。另外，不同的土质、射入森林的阳光被枝叶遮挡后光照强度、光质的变化等，都是物质、能量空间分布不均匀性的例子。

可以认为，能量和信息是物质的两个主要属性。在生态学中，人们往往更多地使用能量而不是用物质流来描述物质流动的变化，因为在生命系统中，能量更能说明问题的本质。既然生态学家已经将能量从物质中抽象出来，用能流图来描述系统，也就可以将信息从物质中抽象出。一个生态系统用能流-信息流联合模型进行研究，会比单用能流研究来得更本质、更完善，更能揭示生态系统的各种控制功能，包括自组织能力。①

信息的传输不仅要求信源和信宿间要有信道沟通，还要求源和宿之间存在信息量的差值，因为信息只能从高信息态传向低信息态，我们可称这个差值为“信息势差”，信息势差越大，信道中的信息流也越大。

（二）信息及其传递

生态系统中包含多种多样的信息，大致可以分为物理信息、化学信息、行为信息和营养信息。

1. 物理信息及其传递

生态系统中以物理过程为传递形式的信息称为物理信息，生态系统中的各种光、声、热、电和磁等都是物理信息。如某些鸟的迁徙，在夜间是靠天空间星座确定方位的，这就是借用了其他恒星所发出的光信息；动物

① 马光. 环境与可持续发展导论[M].3版. 北京：科学出版社，2014.

更多的是靠声信息确定食物的位置或发现敌害的存在；据研究，在磁场异常地区播种小麦、黑麦、玉米、向日葵及一年生牧草，其产量比正常地区低；动物对电也很敏感，特别是鱼类、两栖类，皮肤有很强的导电力，其中组织内部的电感器灵敏度更高。

2. 化学信息及其传递

生态系统的各个层次都有生物代谢产生的化学物质参与传递信息、协调各种功能，这种传递信息的化学物质通称为信息素。信息素虽然量不多，却涉及从个体到群落的一系列活动。化学信息是生态系统中信息流的重要组成部分。在个体内，通过激素或神经体液系统协调各器官的活动。在种群内部，通过种内信息素（又称外激素）协调个体之间的活动，以调节受纳动物的发育、繁殖等，并可提供某些情报储存在记忆中。某些生物自身的毒物或自我抑制物，以及动物密集时累积的废物，具有驱避或抑制作用，使种群数量不致过分拥挤。在群落内部，通过种间信息素（又称异种外激素）调节种群之间的活动。种间信息素在群落中有重要作用，已知结构的这类物质约 0.3×10^4 种，主要是次生代谢物生物碱、萜类、黄酮类和非蛋白质有毒氨基酸，以及各种苷类、芳香族化合物等。

（三）行为信息及其传递

许多植物的异常表现和动物异常行动传递了某种信息，可通称为行为信息。蜜蜂发现蜜源时，就有舞蹈动作的表现，以“告诉”其他蜜蜂去采蜜。蜂舞有各种形态和动作，来表示蜜源的远近和方向，如蜜源较近时，作圆舞姿态，蜜源较远时，作摆尾舞等，其他工蜂则以触觉来感觉舞蹈的步伐，得到正确飞翔方向的信息。

（四）营养信息及其传递

在生态系统中生物的食物链就是一个生物的营养信息系统，各种生物通过营养信息关系连成一个互相依存和相互制约的整体。食物链中的各级生物要求一定的比例关系，即生态金字塔规律。根据生态金字塔，养活一只草食动物需要几倍于它的植物，养活一只肉食动物需要几倍数量的草食动物。前一营养级的生物数量反映出后一营养级的生物数量。[①]

五、生态系统的自我调节

（一）生态系统的反馈调节

自然生态系统几乎都属于开放系统，只有人工建立的、完全封闭的宇宙舱生态系统才可归属于封闭系统。开放系统必须依赖于外界环境的输入，输入一旦停止，系统也就失去了功能。开放系统如果具有调节功能反馈机制（feedback mechanism），该系统就成为控制系统。所谓反馈，就是系统的输出变成了决定系统未来功能的输入。一个系统，如果其状况能够决定输入，就说明它有反馈机制的存在。系统加进了反馈环节后变成了可控制系统。要使反馈系统能起控制作用，系统应具有某个理想的状态或位置点，系统就能围绕位置点而进行调节。

反馈分为正反馈和负反馈。负反馈控制可使系统保持稳定，正反馈使偏离加剧。例如，在生物生长过程中个体越来越大，在种群持续增长过程中，种群数量不断上升，这都属于正反馈，正反馈也是有机体生长和存活所必需的。但是，正反馈不能维持稳态，要使系统维持稳态，只有通过负反馈控制。因为地球和生物圈是一个有限的系统，其空间、资源都是有限的，所以应该考虑用负反馈来管理生物圈及其资源，使其成为能持久地为人类谋福利的系统。

（二）生态系统平衡

由于生态系统具有负反馈的自我调节机制，所以在通常情况下，生态系统会保持自身的生态平衡。生态平衡是指生态系统通过发育和调节所达到的一种稳定状况，它包括结构上的稳定、功能上的稳定和能量输入输出上的稳定。生态平衡是一种动态平衡，因为能量流动和物质循环总在不间断地进行，生物个体也在不断地进行更新。在自然条件下，生态系统总是朝着种类多样化、结构复杂化和功能完善化的方向发展，直到使生态系统

---

① 乌云娜，王晓光. 环境生态学[M]. 北京：科学出版社，2020.

达到成熟的最稳定状态为止。

当生态系统达到动态平衡的最稳定状态时，它能够自我调节和维持自己的正常功能，并能在很大程度上克服和消除外来的干扰，保持自身的稳定性。有人把生态系统比喻为弹簧，它能忍受一定的外来压力，压力一旦解除就又恢复到原初的稳定状态，这实质上就是生态系统的反馈调节。但是，生态系统的这种自我调节功能是有一定限度的，当外来干扰因素（如火山爆发、地震、泥石流、雷击火烧、人类修建大型工程、排放有毒物质、喷洒大量农药、人为引入或消灭某些生物等）超过一定限度的时候，生态系统自我调节功能本身就会受到损害，从而引起生态失调，甚至导致生态危机的发生。生态危机是指由于人类盲目活动而导致局部地区甚至整个生物圈结构和功能的失衡，从而威胁到人类的生存。生态平衡失调的初期往往不容易被人类所觉察，一旦发展到出现生态危机，就很难在短期内恢复平衡。为了正确处理人和自然的关系，我们必须认识到整个人类赖以生存的自然界和生物圈是一个高度复杂的、具有自我调节功能的生态系统，保持这个生态系统结构和功能的稳定是人类生存和发展的基础。因此，人类的活动除了要讲究经济效益和社会效益外，还必须特别注意生态效益和生态后果，以便在改造自然的同时能基本保持生物圈的稳定和平衡。①

第三节 生态系统的平衡与调节机制

生态平衡是现代生态学发展理论提出的新概念。当前，生物多样性减少、草原退化、自然资源过度开发、森林面积严重减少等，诸如此类的全球性环境问题的成因及其危害性都与生态平衡破坏有极大的关系。调控、

① 乌云娜，王晓光. 环境生态学[M]. 北京：科学出版社，2020.

恢复生态平衡是环境生态学主要的研究任务。

一、生态平衡的定义及其调节机制

（一）生态平衡的定义及内涵

在任何一个正常的生态系统中，物质循环和能量流动总是不断地进行着，但在一定时期内，生产者、消费者、分解者以及环境之间保持着一种相对的平衡状态，这种平衡状态就称为生态平衡。在平衡的生态系统中，平衡还表现为生物的种类和数量的相对稳定，系统的物质循环和能量流动在较长时间里保持稳定。

生态系统的平衡是动态的平衡，不是静止的平衡。动态平衡是指可以在平均数周围一定范围内波动，而不是要求绝对等于某一数值。这个变化的范围，有一界限，称为阈值。变化超过了阈值，就会改变、伤害以致破坏生态平衡。系统内部的因素和外界因素的变化，尤其是人为的因素，都可能对系统产生影响，引起系统的改变，甚至破坏系统的平衡。所以，平衡是暂时的、相对的，不平衡是永久的、绝对的。为了保护生态系统的平衡，必须以阈值作为标准，根据生态系统的原理，应用系统分析手段，进行模型和模拟试验，能够得出阈值或预测预报系统的负载能力，这样就能够合理地开发、利用资源，并防止环境污染。

生态平衡的 3 个基本要素是系统结构的优化与稳定性、能流和物流的收支平衡以及自我修复和自我调节能力的保持。衡量一个生态系统是否处于生态平衡状态，其具体内容如下：

（1）时空结构上的有序性。表现在空间上的有序性是指结构有规则地排列组合，小至生物个体中各器官的排列，大至整个宏观生物圈内各级生态系统的排列，以及生态系统内部各种成分的排列都是有序的；时间上的有序性就是生命过程和生态系统演替发展的阶段性，功能的延续性和节奏性等。

（2）能流、物流的收支平衡。系统既不能入不敷出，造成系统亏空，又不能入多出少，导致资源浪费。

（3）自我修复、调节功能的保持，抗逆、抗干扰、缓冲能力强。

（二）生态平衡的调节机制

生态系统是一个动态系统，影响其稳定与平衡的上述种种因素也常常发生变化。然而，当生态系统达到动态平衡的最稳定状态时，它能够自我调节和维持自身的正常功能，并在极大程度上克服和消除外界干扰，保持自身的相对稳定性。生态平衡的调节主要是通过生态系统的反馈机制、抵抗力和恢复力实现的，详述如下：

1. 反馈机制

一个稳定的生态系统中，各物种、各环节之间都是相互制约，相互平衡的，当其中的某个环节发生变化时，与之相连的其他环节必定会受到影响，其他环节的这些影响反过来又作用于最开始发生变化的环节，这便称为反馈。反馈可以分为两个作用相对的情况，即正反馈和负反馈。无论对于什么系统来说，只有通过负反馈机制，才能维持其自身系统的平衡。负反馈机制可能会出现密度制约的现象，其中一种表现就是种群数量的变化。反馈调节机制对维持生态系统的稳定有重要的作用。有机体维持生存、生长必须要有正反馈，但是正反馈并不能维稳，主要原因是地球和生物圈是一个有限的系统，在有限的空间和有限的资源内，生物不可能无限制地生长，所以，通过负反馈来调节生态平衡并以此来对生物圈内的资源进行管理是很有必要的，只有这样生物圈才能真正造福人类。①

2. 抵抗力

抵抗力是维持生态平衡的重要途径之一，指生态系统抵抗外界干扰并维持系统结构和功能原状的能力。抵抗力的强弱受系统发育阶段状况的影响，一般规律是：其发育越成熟、结构越复杂，其抵抗外界干扰的能力就越强。例如，我国长白山红松针阔混交林生态系统，生物群落垂直层次明显、结构复杂，系统自身储存了大量的物质和能量，这类生态系统抵抗干

① 许鹏辉．基于持续和谐发展的环境生态学研究[M]．北京：中国商务出版社，2019.

旱和虫害的能力要大大超过结构简单的农田生态系统。系统抵抗力的表现形式有自净作用、环境容量等。

3. 恢复力

恢复力是指生态系统遭受外界干扰破坏后，系统恢复到原状的能力。如污染水域切断污染源后，生物群落的恢复就是系统恢复力的表现。生态系统恢复能力是由生命成分的基本属性决定的，一般来说，生物的生活世代短，结构比较简单，其恢复力就强。如杂草生态系统遭受破坏后其恢复速度要比森林生态系统快得多。生物成分（主要是初级生产者层次）生活世代越长，结构越复杂的生态系统，一旦遭到破坏则长期难以恢复。生态系统恢复力的表现形式是自净作用。对于生态系统而言，抵抗力和恢复力是矛盾的两个方面，抵抗力强的生态系统其恢复力一般比较低；反之，抵抗力弱的生态系统其恢复力一般比较高。生态系统是否能在受到干扰时保持平衡，除了与构成生态系统调节能力的几个方面有关外，还与外界干扰因素的性质、作用形式、持续时间长短有很大关系。通常把不使生态系统丧失调节能力或未超过其恢复力的外界干扰及破坏作用的强度称为“生态平衡阈值”。生态平衡阈值的确定是自然生态系统资源开发利用的重要参量，也是人工生态系统规划与管理的理论依据之一。

二、生态平衡的失调及其对策

当外界干扰所施加的压力超过了生态系统自身的调节能力和补偿能力时，生态系统结构将被破坏，功能受阻，这种状态称为生态平衡失调。当今全球性自然生态平衡的破坏，主要表现为森林面积大幅度减少，草原的退化，土地沙漠化、盐碱化，水土流失严重，动植物资源锐减等。[①]

（一）生态平衡失调的标志

生态平衡失调的标志主要表现如下：

① 许鹏辉. 基于持续和谐发展的环境生态学研究[M]. 北京：中国商务出版社，2019.

（1）结构上的标志。生态平衡失调首先表现在结构上：一方面是结构缺损，即生态系统的某一个组成成分消失；另一方面是结构变化，即生态系统的组成成分内部发生了变化。

（2）功能上的标志。包括两个方面：一方面能量流动在生态系统某个营养层上受阻，初级生产者生产能力下降和能量转化率降低；另一方面表现为物质循环的正常途径中断。

（二）生态平衡失调的原因

生态平衡失调是各种因素的综合效应。大体可分为自然原因和人为因素。自然原因主要指自然界发生的异常变化。人为因素主要指人类对自然资源的不合理开发利用，以及当代工农业生产的发展所带来的环境问题等。人类对生态平衡的破坏主要包括以下 3 种情况：

（1）物种改变造成生态平衡的破坏。人类在改造自然的过程中，为了一时的利益，采取一些短期行为，使生态系统中某一个物种消失或盲目向某一地区引进某一生物，结果造成整个生态系统的破坏。

（2）环境因素改变导致生态平衡的破坏。这主要是指环境中某些成分的变化导致失调。随着当代工农业生产的快速发展，大量的污染物进入环境。它们不仅会毒害甚至毁灭某些种群，导致食物链断裂，破坏系统内部的物质循环和能量流动，使生态系统的功能减弱甚至丧失，而且会改变生态系统的环境因素。

（3）信息系统的改变引起生态平衡的破坏。因为信息传递是生态系统的基本功能之一。所以若信息通道堵塞，正常信息传递受阻，就会引起生态系统的改变，生态系统的平衡就会被破坏。生物都有释放出某种信息的本能，以驱赶天敌，排斥异种，取得直接或间接的联系以繁衍后代等。例如，某些昆虫在交配时，雌性个体会产生一种体外激素——性激素，以引诱雄性昆虫与之交配。当人类排放到环境中的某些污染物与这种性激素发生化学反应，使性激素失去了引诱雄性昆虫的作用，昆虫的繁殖就会受到影响，种群数量会下降，甚至消失。总之，只要污染物质破坏了生态系统中的信息系统，就会有因功能失调而引起结构改变的效应产生，从而破坏系统结构和整个生态的平衡。①

因此我们应该充分地认识自然，在生产实践中应用生态平衡的理论知识。注意做到：正确处理资源开发与生态平衡之间的关系；利用再生资源，合理安排供需关系；当然还要注意生物间的相互制约作用，使生态系统处于相对平衡状态。

（三）解决生态平衡失调的对策

生态平衡失调最终给人类带来不利的后果，失调越严重，人类的损失也越大。因此，时刻关注生态系统的表现，尽早发现失调的信号，及时扭转不利的情况至关重要。同时，以生态学原理为指导保护生态系统，预防生态失调，则可事半功倍。一般地，解决生态平衡失调的对策如下：

（1）自觉地调和人与自然的矛盾，以协调代替对立，实行利用和保护兼顾的策略。其原则有如下几点：

① 收获量要小于净生产量。例如，在森林采伐过程中必须坚持每年采伐量小于当年生长量的原则，以维持森林生态系统的可持续发展。

② 保护生态系统自身的调节机制。尽量减少对生态系统的人为干扰，保持并维护生态系统自身的结构及健康发展，在保护生态系统自身调节机制不受影响的前提下对生态系统适度利用。

③ 用养结合。对生态系统适度利用的基础上，要建立科学机制对自然生态系统给予适当投入，并根据生态系统类型分别对待，真正实现用养结合，以维持其健康稳定发展，并持续为人类提供更大的经济及生态效益。例如，我国的生态公益林补偿基金制度就是对自然生态系统利用的一种“反哺”投入。

④ 实施生物能源的多级利用。

（2）积极提高生态系统的抗干扰能力，建设高产、稳产的人工生态系统。

---

① 庞素艳，于彩莲，解磊. 环境保护与可持续发展[M]. 北京：科学出版社，2015.

（3）注意政府的干预和政策的调节。

第四节 世界主要生态系统的类型

一、森林生态系统

森林是以乔木为主体，具有一定面积和密度的植物群落，是陆地生态系统的主干。森林群落与其环境在功能流的作用下形成一定结构、功能和自行调控的自然综合体，就是森林生态系统。它是陆地生态系统中面积最大、最重要的自然生态系统。世界上不同类型的森林生态系统，都是在一定气候、土壤条件下形成的。依据不同气候特征和相应的森林群落，可划分为热带雨林生态系统、常绿阔叶林生态系统、落叶阔叶林生态系统和针叶林生态系统等主要类型。

据专家估测，历史上森林生态系统的面积达到 76 亿公顷，占世界陆地面积的 66.7%。在人类大规模砍伐之前，世界森林面积约为 60 亿公顷，占陆地面积的 45.8%。至 1985 年，森林面积下降到 41.47 亿公顷，占陆地面积的 31.7%。至今，森林生态系统仍为地球上分布最广泛的生态系统。它在地球自然生态系统中占首要地位。在净化空气、调节气候和保护环境等方面起着重大作用。森林生态系统结构复杂，类型多样，但森林生态系统仍具有一些主要的共同特征。[①]

首先，森林生态系统物种繁多、结构复杂。世界上所有森林生态系统保持着最高的物种多样性，是世界上最丰富的生物资源和基因库，热带雨林生态系统就有 200 万~400 万种生物。我国森林物种调查仍在进行中，新记录的物种不断增加。如西双版纳，面积只占全国的 0.2%，据目前所知，

① 鲁敏，孙友敏，李东和．环境生态学[M]．北京：化学工业出版社，2012.

仅陆栖脊椎动物就有500多种，约占全国同类物种的25%。又如，我国长白山自然保护区植物种类也很丰富，约占东北植物区系3 000种植物的1/2以上。森林生态系统比其他生态系统复杂，具有多层次，有的多至7~8个层次，一般可分为乔木层、灌木层、草本层和地面层等4个基本层次。明显的层次结构，层与群纵横交织，显示出系统的复杂性。森林中还生存着大量的野生动物：象、野猪、羊、牛、啮齿类、昆虫和线虫等植食动物；田鼠、蝙蝠、鸟类、蛙类、蜘蛛和捕食性昆虫等一级肉食动物；狼、狐、鼬和蟾蜍等二级肉食动物；狮、虎、豹、鹰和鹫等凶禽猛兽；此外还有杂食和寄生动物等。因此，以林木为主体的森林生态系统是一个多物种、多层次、营养结构极为复杂的生态系统。①

其次，森林生态系统类型多样。森林生态系统在全球各地区都有分布，森林植被在气候条件和地形地貌的共同作用和影响下，既有明显的纬向水平分布带，又有山地的垂直分布带，是生态系统中类型最多的。如我国云南省，从南到北依次出现热带北缘雨林带、季节雨林带、南亚热带季风常绿阔叶林带、思茅松林带、中亚热带和北亚热带半湿性常绿阔叶林带、云南松林带和寒温性针叶林带等。在不同的森林植被带内有各自的山地森林分布的垂直带。如亚热带山地的高黎贡山（腾冲境内，海拔3 374 m）森林有明显的垂直分布规律。森林生态系统有许许多多类型，形成多种独特的生态环境。高大乔木宽大的树冠能保持温度的均匀，变化缓慢；在密集树冠内，树干洞穴、树根隧洞等都是动物栖息场所和理想的避难所。许多鸟类在林中作巢，森林生态系统的安逸环境有利于鸟类的育雏和繁衍后代。森林生态系统具有丰富多样性，多种多样的种子、果实、花粉、枝叶等都是林区哺乳动物和昆虫的食物，地球上种类繁多的野生动物绝大多数就生存在森林之中。古老稀有的大熊猫以箭竹为食物，就居住在森林中；猴子在我国有20多种，20世纪50年代在海南岛热带林中还有数

① 郭苏建，方恺，周云亨．环境治理与可持续发展：中国经验和全球进展[M]．杭州：浙江大学出版社，2020.

千只黑长臂猿，后来因森林的破坏变得无家可归，现在只有数十只；素有“森林之王”称号的老虎现在也少得可怜。

最后，森林生态系统还具有稳定性高、生产力高、现存量大、对环境影响大等特征。总之，森林在生态系统服务方面所发挥的作用也是无法替代的。

一般地，森林生态系统可以划分为热带雨林、亚热带常绿阔叶林、温带落叶阔叶林、北方针叶林 4 大类型。

热带雨林分布在赤道及其南北的热带湿润区域。据估算，热带雨林面积近 1.7×10^{7} km^2，约占地球上现存森林面积的一半，是目前地球上面积最大、对人类生存环境影响最大的森林生态系统。热带雨林主要分布在 3 个区域：南美洲的亚马逊盆地；非洲刚果盆地；印度、马来西亚。我国的热带雨林属于印度、马来西亚雨林系统，主要分布在台湾地区，海南、云南等省，以云南西双版纳和海南岛最为典型，总面积 5×10^{4} km^2。热带雨林生态系统的主要气候特征是高温、多雨、高湿，为赤道周日气候型。年平均气温在 20~28 ℃，月平均气温多高于 20 ℃；降水量 2 000~4 500 mm，多的可达 10 000 mm，降水分布均匀；相对湿度常达到 90%以上，常年多雾。这里风化过程强烈，母岩崩解层深厚；土壤脱硅富铝化过程强烈，盐基离子流失，铁铝氧化物（Fe_2O_3、Al_2O_3）相对积聚，呈砖红色，土壤呈强酸性，养分贫瘠；有机物质矿化迅速，森林需要的几乎全部营养成分均储备在植物的地上部分。热带雨林的物种组成极丰富，而且绝大部分是木本植物，群落结构复杂。热带雨林地区是地球上动物种类最丰富的地区，这里的生境对昆虫、两栖类、爬虫类等变温动物特别适宜。热带雨林生态系统中能流与物质流的速率都很高，但呼吸消耗量也很大。全球热带雨林是陆地生态系统中生产力最高的类型。热带雨林中的生物资源十分丰富，有许多树种是珍稀的木材资源，有许多是非常珍贵的热带经济植物、药材和水果资源，同时，分布着众多的珍稀动物。热带雨林是生物多样性最高的区域，其总面积占全球面积的 7%，却拥有世界一半以上的物种。据估计，热带雨林区域的昆虫种数高达 300 万种，占全部昆虫种数的 90%以上；鸟类占世界鸟类总数的60%以上。目前，热带雨林的关键问题是资源的破坏十分严重，森林面积日益减少。①

二、草原生态系统

草原生态系统是以各种多年生草本占优势的生物群落与其环境构成的功能综合体，是最重要的陆地生态系统之一。世界草原总面积达5 000万平方千米，占陆地总面积的33.5%，仅次于森林生态系统。我国草原面积占世界草原总面积的13%。

草原可分为温带草原与热带草原两类生态系统。温带草原生态系统分布在南北两半球的中纬度地带，主要分布在欧亚大陆草原、北美洲和南美洲。温带草原夏季温和，冬季寒冷，春季或晚夏有一明显的干旱期。热带、亚热带草原生态系统主要分布在非洲、南美洲和大洋洲的半干旱区域，又被称为稀树草原或萨王纳。

草原气候的主要标志是水分和温度。草原生态系统所处地区的气候大陆性较强，降水较少，日温差和年温差变化很大。热带草原年降水量为800~1 000 mm，温带为200~450 mm，而高寒带草原则为100~300 mm。

在草原生态系统中，生产者的主体是禾本科、豆科和菊科等草本植物。禾本科植物数量最多，现有4 500多种，建群植物有45~50种。

草原植物绝大部分有耐旱的形态特征。草原植物群落的结构一般分为3层，即高草层、中草层、矮草层。温度对植物群落结构有明显的影响。例如，温带草原以耐寒、耐旱多年生草本植物（如针茅属、羊茅属）占优势。

草原上有大量的食草动物，如热带稀树草原上的长颈鹿、斑马、瞪羚等；温带草原上有野驴、黄羊、野骆驼等。啮齿类动物也很多，如仓鼠、野兔等。草原食肉动物以狼、狐狸、獾、鼬、鹰等占优势，它们调节食草

① 郭苏建，方恺，周云亨．环境治理与可持续发展：中国经验和全球进展[M]．杭州：浙江大学出版社，2020.

动物的种群数量，维持草原生态系统的稳定。草原猛禽以苍鹰、雀鹰、草原雕等最为常见，它们以小型食草动物为食。高寒草原分布的动物主要有藏羚、野牦牛、雪豹等，它们都是草原生态系统食物链的主要组成部分，在维持草原生态系统平衡上起着重要的作用。①

草原植物在生长季的光能利用率为 0.1%~1.4%。在所有陆地生态系统中，草原生态系统的初级生产量居中等或偏下水平，其生产力水平主要受水分条件限制。因此，从草甸草原到荒漠草原，随降水量的减少，初级生产力有规律地下降。

三、河流生态系统

河流生态系统是指那些水流流动湍急和流动较大的江河、溪涧和水渠等，储水量大约占内陆水体总水量的 0.5%。河流生态系统是流水生态系统的一种。流水生态系统主要有如下几个特点：

（1）水流不停。这是流水生态系统的基本特征。河流中不同部分和不同时间水流有很大的差异。同时，河流的不同部分（上、下游等）也分布着不同的生物。

（2）陆-水交换。河流的陆水连接表面的比例大，就是说，河流与周围的陆地有较多的联系。河流、溪涧等形成了一个较为开放的生态系统，成为联系陆地和海洋生态系统的纽带。

（3）氧气丰富。由于水经常处于流动状态，又因为河流深度小，和空气接触的面积大，致使河流中经常含有丰富的氧气。因而，河流生物对氧的需求较高。

河流生物群落一般分为两个主要类型：急流生物群落和缓流生物群落。在流水生态系统中河底的质地，如沙土、黏土和砾石等对于生物群落的性质、优势种和种群的密度等影响较大。急流生物群落是河流的典型生

① 周国强，张青. 环境保护与可持续发展概论［M］. 北京：中国环境出版社，2017.

物代表，它们一般都具有流线型的身体，以便在流水中产生最小的摩擦力；或者许多急流动物具有非常扁平的身体，使它们能在石下和缝隙中得到栖息。[①] 此外，它们还有如下一些适应性：

（1）持久地附着在固定的物体上。如附着的绿藻、刚毛藻和硅藻铺满河底的表面。少数动物是固着生活的，如淡水海绵以及把壳和石块黏在一起的石蚕。

（2）具有钩和吸盘等附着器，以使它们能紧附在物体的表面。如双翅目的蚋和网蚊的幼虫。蚋不仅有吸盘，还有丝线缠住。

（3）黏着的下表面。如扁形动物涡虫等能以它们黏着的下表面黏附在河底石块的表面。

（4）趋触性。有些河流动物具有使身体紧贴其他物体表面的行为。如河流中石蝇幼虫在水中总是和树枝、石块或其他任何物体接触，如果没有可利用的物体，它们就彼此抱附在一起。

四、湖泊生态系统

一般地，湖泊生态系统具有如下基本特征：

（1）界限明显。一般来说，湖泊、池塘的边界明显，远比陆地生态系统易于划定，在能量流、物质流过程中属于半封闭状态，所以，常作为生态系统功能研究之用。

（2）面积较小。世界湖泊主要分布在北半球的温带和北极地区，除了少数湖泊具有很大的面积（如苏必利尔湖、维尔多利亚湖）或深度（如贝加尔湖、坦噶尼喀湖）之外，大多数都是规模较小的湖泊。我国湖泊面积在 50 km^2 以上的并不多，绝大多数湖泊的面积均不足 50 km^2。按照湖泊的成因不同，可以分为构造湖、火山湖、河成湖、风成湖、海湾湖等。不同成因的湖泊其轮廓是不同的，它们各自都具有不同的形态。

---

① 周国强，张青. 环境保护与可持续发展概论[M]. 北京：中国环境出版社，2017.

（3）湖泊的分层现象。北温带湖泊存在的热分层现象非常明显，湖泊水的表层为湖上层，底层为湖下层，两层之间形成一个温度急剧变化的层次，为变温层。湖泊系统的温度和含氧量随地区和季节而变动，以温带地区湖泊为例，春季气温升高，湖水解冻后，水的各层温度平均都在 4 ℃，其含氧量除表面略高和底部略低外，均接近 13 mL/L。进入夏季，湖面吸收热量，湖上层温度上升，可达 25 ℃左右，但这时湖下层温度仍保持在 4 ℃，而在上、下层之间的变温层的温度则不断发生急剧变化。当从夏季转入秋季，湖上层温度下降，直至表层与深水层温度相等，最终湖下层与湖上层的温度倒转过来。当温度继续下降到冰点，湖上层水温反而比湖下层水温低。这时，湖上层有一层冰覆盖。这种生态系统内部的循环有明显的规律。①

（4）水量变化较大。湖泊水位变化的主要原因是进出湖泊水量的变化。生态调查常依据湖泊水位的年变化，多定为 3 次取样。我国一年中最高水位常出现在多雨的 7—9 月，称丰水期；而最低水位常出现在少雨的冬季，称枯水期。水位变化幅度大，湖泊的面积和水量的变化就大，常出现“枯水一线，洪水一片”的自然景象。

（5）演替、发育缓慢。淡水生态系统发育的基本模式，是从贫营养到富营养和由水体到陆地。

湖泊生物群落具有成带现象的特征，可以按区域划分为如下 3 类：

（1）沿岸带生物群落。这一带是光线能透射到的浅水区。其中的生物群落包括以下几类：

① 生产者。沿岸的生产者主要有两大类：有根的或底栖植物、浮游或漂浮植物。沿岸带内典型的有根水生植物形成同心圆带并随着水的深度而变化，一个类群取代另一个类群，顺序为：挺水植物带→漂叶植物带→沉水植物带。挺水植物主要是有根植物。光合作用的大部分叶面伸出在水面

---

① 周国强，张青. 环境保护与可持续发展概论[M]. 北京：中国环境出版社，2017.

之上，如芦苇、莲等。漂浮植物的叶子掩蔽在水面上，如睡莲和菱等。沉水植物是一些有根或同生的植物，它们完全或主要沉在水中，如眼子菜、金鱼藻和苦草等。沿岸带的无根生产者由许多藻类组成，主要类型是硅藻、绿藻和蓝藻。其中有些种类是完全漂浮性的，而另一些种类则附着于有根植物或者和有根植物有密切的联系。

② 消费者。沿岸带的动物种类较多，所有淡水中有代表性的动物都分布于这一带，附生生物类型中，一般有池塘螺类、蜉蝣和蜻蜓稚虫、轮虫、扁虫、苔藓虫和水螅等。自游生物中种类和数量较多的是昆虫纲的昆虫。龙虱属是水中的强悍者，常捕食小鱼，吸其体液；蝎蝽科用镰刀形的前足来捕捉水中小生物；仰泳蝽科也是肉食者；而牙虫科、沼梭科甲虫和划蝽科至少有一部分是草食性或腐食性的。脊椎动物蛙、龟、水蛇等也是沿岸带的主要成员。鱼类则是沿岸带和敞水带的优势类群。水中的浮游动物一般数量较大，浮性较差的甲壳类，在不主动游泳、活动时，它们的附肢常缠附在植物上或栖息于底部。沿岸带常见浮游动物的种类有介形类以及轮虫等。

（2）敞水带生物群落。开阔水面的浮游植物生产者主要是硅藻、绿藻和蓝藻。大多数种类是微小的，它们每个单位面积的生产量有时超过了有根植物。这些类群中有许多具有突起或其他漂浮的适应性。这一带浮游植物种群数量具有明显的季节性变化。浮游动物由少数几类动物组成，但其个体数量相当多。桡足类、枝角类和轮虫类在其中占据重要位置。我国人工经营的水体中，鱼类（鲢和鳙）已成为优势种群。[①]

（3）深水带生物群落。这一水区基本上没有光线，生物主要从沿岸带和湖沼带获取食物。深水带生物群落主要由水和淤泥中间的细菌、真菌和无脊椎动物组成。主要的无脊椎动物有摇蚊属的幼虫、环节动物颤蚓、小型蛤类和幽蚊幼虫等。这些生物都有在缺氧环境下生活的能力。

---

① 许鹏辉．基于持续和谐发展的环境生态学研究［M］．北京：中国商务出版社，2019.

五、海洋生态系统

海洋的面积为36 100万平方千米，占地球表面积的71%，平均深度是3 751 m，现在已知道的最大深度是11 036 m（太平洋），含盐量平均为3%，但随地形和深度会有所变化。海洋中生活条件特殊，海洋中生物种类的成分与陆地生物截然不同。海洋生态系统中的植物以孢子植物为主，主要是各种藻类。由于水生环境的均一性，海洋植物的生态类型比较简单，群落结构也较单一。多数海洋植物是浮游或漂浮的，但也有一些固着于水底，或附生在其他生物上。就数量而言，海洋中的动物以浮游动物为主，个体小（2~25 mm），数量巨大；消费者活动空间大；生产者与初级消费者物质循环效率高。①

海洋鱼类是人类的一项重要资源，目前全世界年捕获量约 7.6×10^7 t。但海洋生物的生产力大大低于陆地生态系统，海洋的平均生产力约为陆地的1/5。

海洋生态系统从海岸到远洋，从表层到深层，随着水层的深度、温度、光照和营养物质状况的变化，生物的种类、活动能力和生产力水平等差异加大，从而形成不同区域的亚系统（如图4-7所示），不同亚系统中的生物群落各异。

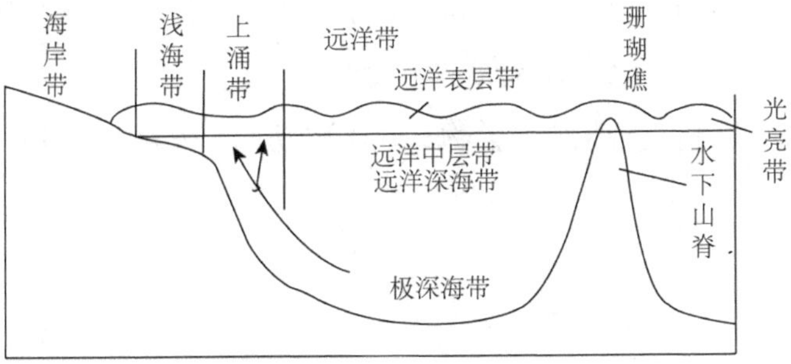

图4-7 海洋生态系统示意图

① 许鹏辉. 基于持续和谐发展的环境生态学研究[M]. 北京：中国商务出版社，2019.

海岸带（或潮间带）就是与陆地相连的区域，是海陆之间的群落交错区，水深一般不超过 100 m，面积约是海洋总面积的 2.5%，其特点是有周期性的潮汐。这个地带接受陆地输入的大量营养物质，故养分丰富，生产力高，但也是最易受陆地污染物污染的地带。水体的光照条件比较好，水温和盐度变化大，地形、地质复杂多样。主要生产者是许多固着生长的大型多细胞藻类植物，如大叶红藻、绿藻、棕藻等。消费者是取食固着生长的大型植物的海洋动物和滤食性动物，如滨螺、牡蛎、蟹等。

浅海带位于水深 200 m 以内的大陆架部分，这里接受河流带来的大量有机物，光线充足，温度适宜，栖息着大量生物，是海洋生命最活跃的地带，生活着丰富多样的鱼类。浅海带的主要生产者是大量单细胞浮游藻类植物，如硅藻、裸甲藻等。初级消费者为摄食浮游植物的浮游动物，它与浮游植物一起为大量的海洋动物（如虾、海鸥等）提供食物。

远洋带是指水深在 200 m 以上的远洋海区，它是海洋生态系统的主体，占海洋总面积的 90%左右。这一带按深度不同可分为远洋表层带、中层带和深海带，还包括上涌带和珊瑚礁。上涌带可以将许多矿物质带到浅海带或远洋表层，常见的是群生硅藻形成大的胶团和长丝状体，许多滤食性鱼类直接取食这些浮游植物。远洋表层带光照充足、水温较高，生活着很多小型的、单细胞的浮游藻类和浮游动物，许多鱼类（如金枪鱼、飞鱼、鳖鱼等）都生活在这一带。随着深度的增加，光线减弱，水层压力加大，生产者不能生存，消费者依靠大量碎屑食物和上层生物为生，多为肉食者。典型的食物链是：极小浮游生物 > 小浮游动物 > 大浮游动物 > 鱼 > 大肉食类。[①]

① 许鹏辉. 基于持续和谐发展的环境生态学研究[M]. 北京：中国商务出版社，2019.

第五章

生态系统服务

第一节 生态系统服务概述

一、生态系统服务的概念

生态系统具有有机质生产、能量流动、物质循环和信息传递等功能，在实现这些自身功能的过程中，生态系统还为人类提供了多种有形或无形的服务。例如，生态系统通过物质生产为人类提供了生活与生产所必需的食品、医药、木材及工农业生产的原材料，通过大气循环提供清新的空气等。这些由自然系统的生境、物种、生物学状态、性质和生态过程所生产的物质及其所维持的良好生活环境对人类的服务性能称为生态系统服务（ecosystem service）。

生态系统的能流、物流和信息流等生态过程产生的生态系统功能是为人类提供各种产品和服务的基础，生态系统服务可以由一种或多种功能共同产生，一种生态系统功能也可以提供两种或多种服务，而人类不同层次的需求是生态系统服务形成的基本驱动力。

综上所述，生态系统服务是指人类直接或间接从生态系统（包括生境、生物、系统性质和过程）中获得的利益。生态系统服务的内涵包括有机质的合成与生产、生物多样性的产生与维持、气候调节、营养物质储存与循环、土壤肥力的更新与维持、环境净化与有害有毒物质的降解、植物花粉的传播与种子的扩散、有害生物的控制、自然灾害的减轻等许多方面。

对生态系统服务概念的理解，需要注意生态系统功能与生态系统服务的区别与联系。生态系统功能是生态系统结构的表现，是生态系统所固有的属性，是不以人的意志为转移的，在人类出现以前就已存在的。而生态系统服务是建立在生态系统功能基础之上的，是人类能够从中获益的生态系统功能，是人类出现之后产生的。二者不可等同，但又密切相关。人类对生态系统服务的利用可导致生态系统结构和功能的变化，如果生态系统功能消失，生态系统服务将无从谈起。①

二、生态系统服务的研究现状

（一）生态系统服务研究的发展过程

由于生态系统及其过程形成和维持着人类赖以生存的自然环境条件，因此人类早就认识到生态系统对人类生存和发展的重要作用，并且随着经济的发展和环境问题的日益严重，生态系统服务的研究也日益受到重视。早在1864年，G. P. Marsh在《人与自然》一书中，就记载了自然环境具有保持水土、分解动植物残体等功能，并提到人类行为将会对生存环境构成威胁。W. Vogt（1948）第一个提出了自然资本的概念，并指出浪费自然资源就会降低美国的经济偿还能力，这一概念为自然资源服务的价值评估奠定了基础。A. Leopold（1949）提出“土地伦理”的观念，指出人类本身不能替代生态系统的服务。生态系统服务的概念最早出现在20世纪60年代，联合国环境

① 胡荣桂，刘康．环境生态学[M]．2版．武汉：华中科技大学出版社，2018.

规划署（UNEP，1970）在《人类对全球环境的影响报告》中提出了害虫控制、传粉、渔业、土壤形成、物质循环等“环境服务”。J. P. Holdren 和 P. R. Ehrlich（1974）将其拓宽为“全球环境服务”，并在环境服务功能清单上增加了生态系统对土壤肥力和基因库的维持功能。后来有人提出“生态系统公共服务”（P. R. Ehrlich，1977）、“自然服务”（W. E. Westman，1977），并确定了“生态系统服务”的概念（P. R. Ehrlich，1981）。在此基础上，对以下两个问题进行了讨论：一是生物多样性的丧失将如何影响生态系统服务；二是人类是否有可能用先进的技术替代自然生态系统的服务。①

20 世纪 90 年代以来，随着生态系统理论水平和实践能力的提高，生态系统服务的研究日益受到重视，生态系统服务及其价值评估的研究发展很快，逐渐成为生态学研究的一个热点。人们在生态系统过程、生态系统服务的机理及生态系统服务价值等多个方面开展了生态学与经济学的交叉综合研究，主要内容包括生态系统服务的定义和分类，不同区域不同类型生态系统服务的过程和发生机理研究，以及生态系统服务评价和价值评估理论与方法等方面。

1991 年，国际科联环境问题科学委员会曾成立由 R. Costanza 负责的专门研究组，研究生物多样性间接经济价值及其评估方法，以及生物多样性与生态系统服务的关系。D. R. Gordon（1992）的《自然服务》一书中论述了不同生态系统对人类生产生活带来的影响。R. K. Turner（1995）进行了生态系统服务经济价值评估的技术与方法的研究。G. Daily 等（1997）探讨了生态系统服务的定义及价值特性，以及生态系统服务与生物多样性之间的联系。S. Naeem（1997）侧重于研究生态系统服务变化的机制，特别是生物多样性与生态系统服务变化之间的相互作用。随后，R. Costanza 等对生态服务的分类进行了研究，J. A. Mcneely 和 D. W. Pearce 等对生态系统服务的价值进行了分类。这些工作为生态系统服务的评价方法、生态系

① 舒展，黄慧，于文男．环境生态学[M]．哈尔滨：东北林业大学出版社，2017.

统服务的价值评估等奠定了良好的基础。①

在生态系统概念和分类研究的基础上，许多学者将生态系统服务的物理量和价值量相结合，针对全球生态系统服务与价值评估方法进行研究。1997 年 R. Costanza 将生态系统的服务分为 17 种类型，分别按 10 种不同生物群区用货币形式进行了测算，并根据生物群区的总面积推算出所有生物群区的服务价值，首次得出了全球生态系统每年的服务价值为 $1.6\times10^{13}\sim5.4\times10^{13}$ 美元，平均值为 3.3×10^{13} 美元。这一研究因其评价方法与结果引起了广泛的争论，推动了全球范围的生态服务及其价值评估的研究与应用。同时，D. Pimentel 等（1997）对国际上有关自然资本与生态系统服务价值的研究结果进行了汇总分析，对世界生物多样性与美国生物多样性的经济价值开展了比较研究，估算出世界生物多样性在废物处理、土壤形成、氮固定、化学物质的生物去除、授粉等 18 个方面的年度经济价值为 2.928×10^{12} 美元。该估算结果不到 R. Costanza 等估算结果的 1/10。D. Pimentel 等（1994）估算的美国生物多样性的年度经济和环境效益为 3.19×10^{11} 美元，而同期美国国内生产总值（GDP）为 6×10^{12} 美元，其生物多样性年度经济和环境效益只占 GDP 的 5%。

联合国环境规划署（UNEP，1993）、经济合作与发展组织（OECD，1995）等国际组织也开展了生态系统服务评价并出版了评价指南。世界银行（World Bank，2000）将自然资产纳入经济发展的核算，使人们更加认识到生态资本对于地区发展的重要意义以及保护生态资本的重要性。2001 年联合国环境规划署组织了来自 95 个国家的 1 360 名科学家启动了联合国千年生态系统评估计划（MA），旨在为推动生态系统的保护和可持续利用、促进生态系统为满足人类需求作贡献而采取后续行动奠定科学基础。MA 的开展，更加全面地探讨了生态系统服务的概念、生态系统服务与人类福利之间的关系、变化的驱动因子、评价的尺度问题、评价技术与方法、评价过程中的分析方法以及评价结果与最终的政策制定，并在全世界范围内广泛开展了案例研究，是一次以面向决策者为目标的全球生态系统

① 乌云娜，王晓光. 环境生态学[M]. 北京：科学出版社，2020.

服务评价研究。①

（二）我国生态系统服务的研究进展

我国的生态系统服务及其价值评价工作源于20世纪80年代初开始的森林资源价值核算研究工作。1982年，张嘉宾等利用影子工程法和替代费用法估算云南怒江州福贡等县的森林固持土壤功能的价值为154元/（亩·年），森林涵养水源功能的价值为142元/（亩·年）。中国林学会在1983年开展了森林综合效益评价研究；1988年国务院发展研究中心在美国福特基金会的资助下，对我国水资源、土地资源、森林资源、草地资源、矿产资源等的价值进行了核算。1995年，侯元兆等比较全面地对中国森林资源价值进行了评估，特别是对森林涵养水源、防风固沙、净化大气的经济价值进行了计算，指出这3项功能的价值是活立木价值的13倍。1999年，李金昌等出版了《生态价值论》，该书以森林生态系统为例全面总结了森林生态服务价值计量的理论和方法，提出了用社会发展阶段系数来校正生态价值核算结果的观点。

随着国际生态系统服务及其价值评价工作的兴起，20世纪90年代中期，我国生态学者开始系统地进行生态系统服务及其价值评价的研究工作。欧阳志云等（1996，1999）系统阐述了生态系统服务的概念、内涵及价值评价方法，并以海南岛生态系统为例，深入开展了生态系统服务价值评价的研究工作后，又对中国陆地生态系统服务的价值进行了初步估算。薛达元等（1997，1999）引入环境价值核算方法，对长白山地区生物多样性的存在价值进行了支付意愿调查。蒋延玲（1999）沿用R. Costanza等（1997）的16个生态系统的分类系统和17大类服务及其价值计算方法，利用全国第3次森林资源清查资料，估算了我国38种主要森林类型生态系统服务的总价值为7.17×10^{11}美元/年。谢高地等（2001）根据土地覆盖情况将全国草地生态系统分为温性草甸草原等18类生物群落，按17类生态系统服务逐项估算各类草原生态系统的服务价值，得出全国草原每年的服

① 李洪远．环境生态学[M]．2版．北京：化学工业出版社，2012.

务价值为 1.50×10^{11} 美元。所有这些都为我国生态系统服务的研究作出了很大的贡献。①

目前，我国生态系统服务及其价值评价研究工作体现出以下几个特点。

① 关于生态系统服务功能、指标体系及评价方法方面的研究不断深入、不断细化。

② 通过引入环境经济学价值计量方法，使生态系统服务价值评价方法趋于多元化，并且在实际应用过程中注意对评估方法进行完善，例如对旅行费用中有关旅行时间费用（time cost）问题的处理等。

③ 生态系统服务评价的对象和范围已经由过去单一、局部的森林资源价值核算扩展到其他生态系统类型如草原生态系统、湿地生态系统的服务价值评价，扩展到区域生态系统服务评价等多个领域。

④ 逐渐向可持续发展等应用研究领域拓展。

第二节 生态系统服务的分类与特征

一、生态系统服务分类

生态系统具有多种多样的服务功能，各种服务功能之间相互联系、相互作用。2002 年，Costanza 对生态系统服务项目进行了完善，将其划分为供给或生产功能、调节功能、支持或栖息地功能、文化或信息功能 4 类共 23 项。而联合国千年生态系统评估根据评价与管理的需要，将生态系统的服务分为产品供给服务、调节服务、文化服务和支持服务 4 大类型，如图 5-1 所示。

---

① 周凤霞. 环境生态学基础[M]. 北京：科学出版社，2011.

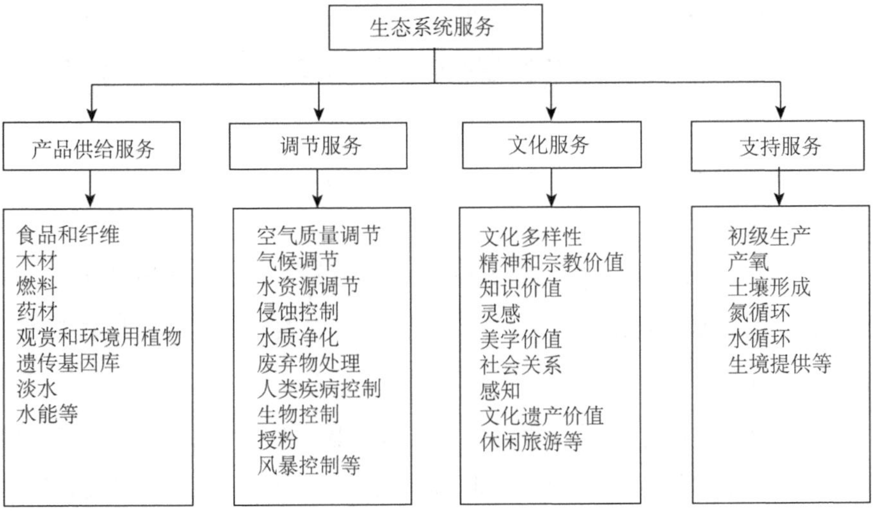

图 5-1　联合国千年生态系统评估的生态系统服务分类①

1. 产品供给服务

产品供给服务是指人类从生态系统中获取的各种产品，包括以下 7 个方面。

① 食物和纤维：包括来自植物、动物和微生物的多种食物，还包括原材料如木材、纤维和许多其他产品。

② 燃料：作为能源的木材、粪和其他生物材料。

③ 遗传资源：用于植物和动物繁育及生物技术的基因和遗传信息。

④ 生化药剂、天然药材和药品：从生态系统获得的许多药物、生物杀虫剂、食物添加剂以及生物原料。

⑤ 观赏资源：用于观赏的花卉和动物产品，如毛皮和壳，与文化服务相联系。

⑥ 淡水：与调节服务相联系。

⑦ 水能：用于发电、航运等。

① 赵士洞，赖鹏飞. 千年生态系统评估报告集[M]. 北京：中国环境科学出版社，2007.

2. 调节服务

调节服务是人类从生态系统过程调节中获取的效益，包括以下 9 个方面。

① 空气质量调节：生态系统吸收和释放到大气中的化学物质，影响空气质量的很多方面。

② 气候调节：生态系统影响区域和全球气候。例如，区域尺度，土地覆盖的变化能够影响温度和降水。全球尺度，生态系统通过固存或排放温室气体对气候产生重要影响。

③ 水资源调节：土地覆盖的变化，如湿地、森林转化为农田或农田转化为城市，影响径流、洪水的时间和规模，以及地下含水层的补充，特别是生态系统蓄水能力的改变。

④ 侵蚀控制：植被覆盖在土壤保持和防治滑坡方面起到重要作用。

⑤ 水质净化和废弃物处理：生态系统既可能是淡水中杂质的来源之一，也能够过滤和分解进入内陆水体、海岸和近海生态系统的有机废物。

⑥ 人类疾病控制：生态系统的变化可能直接改变人类病原体（如霍乱），以及携带病菌者（如蚊子）的数量。

⑦ 生物控制：生态系统变化影响作物和家畜病虫害的传播。

⑧ 传粉：生态系统变化影响传粉者的分布、数量和传粉效果。

⑨ 防风护堤：海岸生态系统（如红树林和珊瑚礁）的存在能够显著减少飓风和大浪的损害。

3. 文化服务

文化服务是指人类通过精神上的充实、感知上的发展、印象、娱乐和审美体验等从生态系统获得的非物质效益，包括以下 10 个方面。

① 文化多样性：生态系统的多样性是文化多样性的影响因素之一。

② 精神和宗教价值：许多宗教中将生态系统及其组成部分赋予精神的和宗教的价值。

③ 知识体系（传统的和正规的）：指生态系统影响在不同文化背景下发展的知识体系。

④ 教育价值：生态系统及其组成部分和过程能够为正规和非正规教育提供基础。

⑤ 灵感：生态系统为艺术、民间传说、国家象征、建筑和广告等提供丰富的灵感源泉。

⑥ 美学价值：生态系统的许多方面具有美景或美学价值，如对公园、风景路线的支持，以及居民点的选择等。

⑦ 社会关系：生态系统影响建立在不同文化背景之上的社会关系的类型，如渔业社会与游牧或农耕社会在社会关系的很多方面不同。

⑧ 地方感：许多人给“地方感”赋予价值，地方感与环境特征（包括生态系统方面的特征）相联系。

⑨ 文化遗产价值：许多社会在重要历史景观（文化景观）或文化物种的维持上赋予很高的价值。

⑩ 娱乐和生态旅游：人们经常选择那些以自然或农业景观为特征的地方度过他们的休闲时光。

4. 支持服务

支持服务包括第一性生产、氧气生成、土壤形成和保持、营养循环、水循环、提供栖息地等。它是所有其他生态系统服务的产生所必需的，其对人们产生的影响是间接的或者经过很长时间才出现的。而供给、调节和文化服务对人们的影响相对直接且出现时间较短。一些生态系统服务如侵蚀控制，归类于支持服务还是调节服务，取决于对人们影响的时间尺度和直接性。土壤形成通过影响食物生产的供给服务对人们产生间接影响，属于支持服务。相似地，由于在人类决策的时间尺度上（几十年或数世纪）生态系统变化对地方或全球气候产生影响，气候调节属于调节服务，但是氧气的释放则因生态系统对大气中氧气浓度的影响出现在相当长的时间内，归于支持服务。①

① 舒展，黄慧，于文男．环境生态学[M]．哈尔滨：东北林业大学出版社，2017．

二、生态系统服务的特征

（一）生态系统服务的一般特征

生态系统服务具有以下的一般特征。

（1）生态系统的服务是客观存在的，不依赖于评价主体。尽管生态系统服务的性能和功用可以被人和有感知能力的动物感觉到，但不能说感觉不到的生态系统服务功用就不存在，就没有意义。在人类出现以前，自然生态系统早就存在，在人类出现后，自然生态系统的服务性能就与人类的利益相联系。

（2）生态系统服务具有整体性。生态系统是由各组成要素相互作用构成的有机整体，生态系统服务是建立在生态系统整体性基础之上的。一种服务的提高必然影响其他功能的发挥。例如，人类将自然生态系统改造为农田生态系统以获取更多的食物产品和经济效益，但同时也导致生物多样性的丧失和生态系统整体功能的退化，其损失可能远高于农田生态系统所提供的效益。

（3）生态系统服务具有空间差异性。由于自然条件的差异，生态系统类型多样，其生态系统服务在种类、数量和重要性上也就存在很大的空间差异。同样，由于区域间社会经济条件的不同，生态系统服务对于人们的重要性、利用方式等也存在很大的不同。例如，在干旱地区涵养水源的功能比湿润地区重要，而在城市地区林地的娱乐游憩服务更重要。

（4）用途多样性。生态系统提供的服务是多样的，各种服务功能的发挥存在差异，不像市场上的商品，其使用价值比较单一。森林具有多种生态服务功能，如果保护这片森林就能得到多种效益，而将这片森林全部砍伐，就只能得到一种效益。

（5）公共物品性。由于环境物品具有公共物品的属性，许多生态系统服务具有非竞争性和非排他性。虽然有部分生态系统产品如鱼、木材等可以作为私人物品在市场上进行交易，但绝大多数生态系统服务属于公共物品，如水资源等，产权难以界定，没有市场价格。

(6) 外部性。由于生态系统服务大多具有公共物品性质，因而从生态系统服务中受益的人们并没有为此付费，而创建和保护生态系统服务的人们也并没有得到相应的补偿。

(二) 生态系统服务的空间结构

生态系统服务具有明显的空间异质性和区域差异性，只有在特定位置才能发挥其最佳功能。

1. 生态系统服务空间结构组成

生态系统服务的空间结构在服务供给方和使用方内部及两者之间均有特定的表现形式。

(1) 供给区

提供生态系统服务的空间单元即为生态系统服务供给区（service providing area，SPA），它具有以下特征。

① 净服务输出区。在供给区，生态系统服务最显著的特征就是大量服务输送到区外，因而该区为生态系统服务的“源”，通过水流、风力或人类活动等媒介将服务输送到区外。

② 空间镶套的服务供给体系。生态系统服务的生产者有物种、种群、群落、生态系统等多个层次，同时景观空间的异质性也使得服务供给呈现空间镶套的结构。因此，生态系统服务供给区是一个空间镶套的多层次服务供给体系，不同层次或空间提供不同的服务类型。

③ 特定的服务供给区位。生态系统服务供给区一般位于流域上游或上风向地区，地势较高且偏僻，自然生态系统发育良好，许多服务如涵养水源、径流调节等通过河流输送到中下游地区，而休闲娱乐等服务则需要游客主体移动来享受其服务。

(2) 受益区

在区域中，使用生态系统服务以满足需求的空间单元为生态系统服务的受益区（service benefiting area，SBA），它具有以下特征。

① 净服务输入区。在受益区，大量生态系统服务被输入区内，以满足不同个体或群体的需求。这类地区虽然也产生一些生态系统服务，但由于

社会经济活动强度大，对各种服务需求量大，因而必须依赖外区生态系统服务的输入。

② 空间镶套的服务消费体系。与生态系统服务供给区类似，受益区也是一个空间镶套多层次的服务消费体系。个体多关注与自身生产、生活有直接帮助的服务类型，而群体及其代理机构更多地关注涉及区内全体居民的公共服务产品。同时，在受益区内，也还存在对生态系统服务感知、认知和需求的地域差别。

③ 特定的服务消费区位。生态系统服务消费一般位于流域下游，靠近居民或生产要素密集的城镇、都市或工矿区。这些地区，自然生态系统受人类活动影响显著，自身提高服务的能力很低，需要使用外来服务满足量大质高的生产、生活需求。

（3）连接区

当生态系统服务供给区和受益区在空间不重合时，连接两者的中间区域为生态系统服务的连接区。连接区的存在依赖于供给区和受益区在空间上的分离，其大小和形状取决于供给区提供的生态系统服务类型、尺度大小、输移介质等因素。

2. 生态系统服务空间结构类型

根据生态系统服务供给区与受益区的空间重叠、邻近或分离关系，Fisher 等（2009）将生态系统服务供给与使用的空间类型划分为原地（in-situ）、无方向性邻近（omni-directional）和有方向性（directional）3 种类型。图 5-2 展示了这 3 种空间位置关系。其中，1 表示生态系统服务供给区和受益区在同一位置（如土壤形成与原材料供应等），无连接区；2 表示生态系统服务的供给区和受益区是无方向性的，其周边区域均可受益（如授粉和碳储存等）；3 和 4 表示生态系统服务从供给区到受益区具有一定方向性，3 为下游区域获得来自上游区域的服务，4 为提供服务的生态系统。[①]

① 舒展，黄慧，于文男．环境生态学[M]．哈尔滨：东北林业大学出版社，2017.

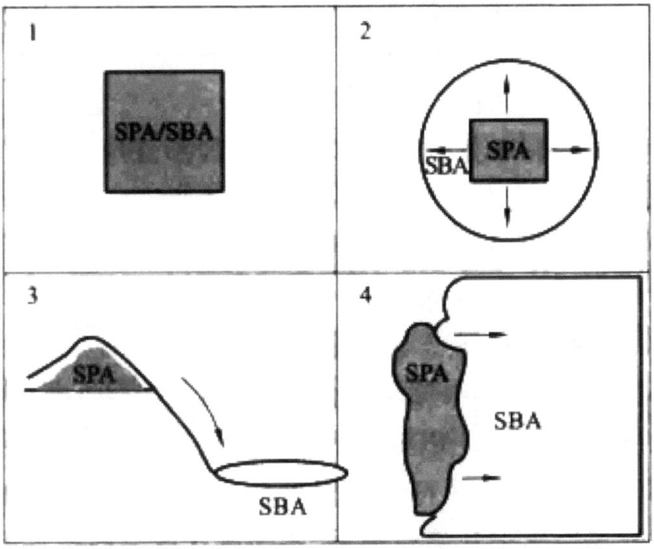

图 5-2　生态系统服务供给区与受益区之间的空间关系

（三）生态系统服务的空间流动与测度

生态系统服务的空间流动指服务在形成地与使用地之间的空间位移。生态系统服务形成之后，有些在当地发挥作用，有些则要惠及其他区域的社会经济系统。研究生态系统服务的空间流动包括明晰服务的源汇关系、流动路径和通量等，对于生态系统服务的管理具有重要的意义。

1. 生态系统服务空间流动类型

生态系统服务在产生地发挥作用或影响的称为域内效应，在产生地之外的则称为域外效应。生态系统服务空间流动的成因有：自然生态系统运动，如生态系统物质输送和能量交换、水流携带和容纳、气体混合与传播、生物体移动等；人类需求及活动，如自然美景的欣赏、水利设施建设、跨流域调水等。根据生态系统服务供给区与受益区的空间关系和不同的分类标准，生态系统服务空间流动类型和特征多种多样，如表 5-1 所示。

表 5-1　生态系统服务空间流动类型及其特征

划分依据	流动类型	基本特征	举例
服务流的方向性	有方向性服务流	服务从“源”流向“汇”	调节径流和保持土壤等，生态系统服务从流域上游向下游流动
	无方向性服务流	服务在“源”处无特定流向	碳储存和碳汇服务对各个方向调节大气都有益，昆虫传粉无特定路径
服务流的路径形状	线状服务流	服务流动路径为线状	与河流相关的服务如径流调节、泥沙调节等
	面状服务流	服务流动路径为面状	大气调节、气候调节和生物多样性维持等
服务流的路径长度	短距离服务流	服务半径一般在 10 km 以内	昆虫传粉服务等
	长距离服务流	服务可以输送到 10 km 以外	气体调节服务等
供需主体的移动特征	供给移动服务流	服务从供给方流向使用方	水源涵养、净化水质等绝大部分生态系统服务
	使用移动服务流	使用者通过空间移动消费生态系统服务	旅游休闲及文化服务等
服务积累或消散性	累积性服务流	服务在流动过程中得到强化增益	从流域上游开始向下游流动，生态系统提供的饮用水供给、灌溉和发电等服务不断累积增加
	弥散性服务流	服务在流动过程中强度减弱弥散	因地形等条件的影响，泥沙调节服务向下游逐渐降低

续表

划分依据	流动类型	基本特征	举例
驱动力特征	自然过程服务流	服务流的主要驱动力为自然力，如风力、水流和生物等	碳储存和碳汇、水源涵养、土壤形成和保持、生物多样性维持、昆虫传粉等环节调节和支持服务
	人为过程服务流	服务流的主要驱动力来自人类，如人口、迁移、交通客流等	食物供给、文化服务、旅游休闲的初级和高级需求的服务
平稳性特征	平稳性服务流	在一定时段内服务流呈现平稳状态，表现为流量恒定或波动很小	土壤保持、生物多样性维持、大气调节等调节服务；陶冶情操和休闲娱乐等文化服务
	非平稳性服务流	在一定时段内服务流呈现非平稳状态，表现为流量波动大，变化明显	抵御洪水、风暴潮灾害和病虫害表现为脉冲式服务
周期性特征	周期性服务流	服务流表现为周期性波动	与生物种群有关的生产性服务随着生物发育节律具有周期性变化
	非周期性服务流	服务流无显著周期性变化	在人类历史时间尺度内没有周期性变化特征，如土壤形成等

注：本表引自李双成等，2014。

2. 生态系统服务空间流动测度

生态系统服务空间流动十分复杂，涉及服务流供需双方空间位置和相互关系，进行生态系统服务空间流动测度，一般包括以下内容。

（1）选择研究区域和研究对象

由于生态系统的类型、结构和功能具有明显的地域依赖性，因而形成的生态系统服务类型、数量、质量和空间分布也具有鲜明的地域特色。从服务使用方来说，区域人口数量、社会经济发展水平和文化因素等也都会影响到对生态系统服务的需求。

在研究区域选择上，一般以完整的自然地理单元最为理想，如具有明显边界的流域等。为了使研究结论具有政策指导意义，有时也可以行政单元作为研究区，或采取自然地理单元与行政单元相互嵌套的研究区模式。①

（2）量化分析生态系统服务

通常采用物理量或价值量测度各类生态系统服务。以物理量测度，是通过模型计算出某类生态系统服务的物质量，如土壤保持量、水源涵养量等；以价值量测度，是将生态系统服务转换为货币价值。

为便于生态系统服务空间流动分析，对于服务的评价结果应进行空间分布格局表达，从而直观显示出生态系统服务高值区和低值区，以及服务的热点和薄弱之处，为识别生态系统服务的供给区、连接区和使用区提供基本信息。

（3）识别生态系统服务的流动特征

生态系统服务在自然和人为因素作用下，在空间上产生流动，实现服务从供给到消费各环节的传递。这些特征包括流动的媒介、传递的载体、流动的路径等。

（4）确定服务供给方和受益方及空间位置

识别生态系统服务的供给方和受益方是生态系统服务空间流动分析的基础性工作。该过程主要包括以下几个方面：① 判定生态系统服务供需双方的空间位置；② 分析供需双方的层次水平，确定不同生态系统服务类型产生的层次，以及不同等级用户对服务需求的异同；③ 确定供需双方的数量对应关系。

（5）确定生态系统服务的“源”“汇”和路径

在这里，“源”（source）是指一种或多种生态系统服务产生和提供的

① 乌云娜，王晓光. 环境生态学[M]. 北京：科学出版社，2020.

区域；“汇”（sink）一方面是指在没有消费者使用的情况下，生态系统服务的自然损耗，另一方面是指人类在使用过程中引起的服务损耗。从服务的“源”到“汇”的连接通道称为生态服务的流动路径（简称路径）。路径的几何形状有线状和面状两种。

（6）建立生态系统服务空间流的测度网络

根据区域的地形地貌、河流网络等特征，在确定生态服务“源”“汇”及路径、供给区和受益区及连接区的基础上，构建抽象的模拟生态服务流的网络。

（7）用通量、速率、衰减率、路径长度、分叉等相关指标来评价生态服务的空间流动特征。

第三节 生态系统服务价值的评估

一、生态系统服务的概念

生态系统服务（ecosystem services）是指对人类生存和生活质量有贡献的生态系统产品（goods）和服务（services）。

产品是指在市场上用货币表现的商品；服务是不能在市场上买卖、但具有重要价值的生态系统的性能，如净化环境、保持水土、减轻灾害。

自 Holdren 和 Ehrlich（1974）提出生态系统服务概念以来，生态学界就给予了很大重视，尤其是美国马里兰大学生态经济学研究所所长 Costanza 等 1997 年在《自然》杂志发表文章《世界生态系统服务和自然资本的价值》和 Daily 的《生态系统服务：人类社会对自然生态系统的依赖性》一书出版以后，研究生态系统服务的热潮开始兴起，各国领袖、科学家和公众对保护生物多样性的重要性认识和支持积极性都显著地提高了。①

二、全球生态系统服务的总价值

Costanza（1997）根据已出版的研究报告和少数原始数据进行最低估计，获得全球生态系统提供的服务总价值为：每年平均 33 万亿（16 亿~54 亿）美元，与之相比，1997 年全球 GNP 的年总量为 18 万亿美元，即全球生态系统服务总价值大约为当年全球 GNP 的 1.8 倍。表 5-2 所示为全球生态系统服务的价值。②

表 5-2　全球生态系统服务的价值

生态系统	面积/百万公顷	价值/［美元/（公顷·年）］	全球价值/（万亿美元/年）
海洋	33 200	252	8.4
近海水域	3 102	4 052	12.6
热带森林	1 900	2 007	3.8
其他森林	2 955	302	0.9
草地	3 898	232	0.9
湿地	330	14 785	4.9
湖泊河流	200	8 498	1.7
农田	1 400	92	0.1
全球价值=33.3 万亿美元/年			

注：引自 Roush，1997。

单位面积（公顷）年价值最高的是湿地（14 785 美元），远高于热带森林（2 007 美元）。

三、各类生态系统服务价值的比较

各类生态系统服务比较可以从两个指标，即单位面积价值与全球总价

① 余顺慧. 环境生态学[M]. 成都：西南交通大学出版社，2014.
② 乌云娜，王晓光. 环境生态学[M]. 北京：科学出版社，2020.

值，进行比较。其关系是：

某生态系统全球总价值=单位面积价值×该生态系统全球面积

将8种生态系统的全球总价值进行比较。海岸（近海水域）生态系统的总服务价值最高，海洋的次之，然后是湿地、热带森林、湖泊河流、其他森林、草地、农田。

将以上8种生态系统的单位面积价值进行比较。单位面积价值最高的是湿地，其次是湖泊河流，然后是海岸（4 052美元）、热带森林、其他森林（302美元）、海洋（252美元）、草地（232美元），农田最低（92美元）。

在全球总价值中，大约63%（21.0万亿美元）来自海洋，其中近海生态系统12.6万亿美元。

森林生态系统的意义，尤其是热带森林，是大家谈得最多的，如保持水土，调节气候，净化空气，提供野生动物栖息地等。

湿地的主要生态系统服务功能是：① 湿地是初级生产力最高的生态系统，如芦苇塘；与森林比较，森林不进行生产的、支持组织的量是很大的；② 湿地又称“自然之肾”，调节自然界的淡水量，具有抗干旱和抗洪水的能力；③ 湿地在养分循环上具有特别重要的意义；④ 湿地在净化环境污染物方面有重要的作用；⑤ 鸟类等生物多样性很高。[①]

Woodward等（2001）根据39个案例的研究结果，运用meta-analysis方法证明，各种类型湿地的服务价值有很大的区别，所以有必要分别按类型确定服务价值，并进行比较研究，找出其变异规律。

生态系统服务的项目数，在不同研究报道中是不一样的。Costanza在1997年的文章中列出17个服务项目，后来在2002年的另一论文中提出把服务项目分为4类：即供给或生产功能、调节功能、支持或栖息地功能和文化或信息功能，共23项。

1. 供给或生产功能

（1）食物：从太阳能转变为可以食用的植物和动物有机体。

---

① 胡荣桂，刘康．环境生态学[M]．2版．武汉：华中科技大学出版社，2018.

（2）原料：从太阳能转变为生物量结构，作为其他用途。

（3）遗传资源：包含遗传信息的基因资源。

（4）药物资源：取自自然界的生物或其产物。

（5）装饰物：毛皮、鸟羽、兰花、蝴蝶、观赏鱼等。

2. 调节功能

（1）气体调节：CO_2/O_2 平衡、臭氧层等。

（2）气候调节：调节和维持良好的天气和气候。

（3）防干扰：防风暴、洪水和干旱等。

（4）水调节：天然排水和雨水灌溉。

（5）水供应：饮水、工业用水和农业灌溉。

（6）水土保持：维持耕地的水土、防止侵蚀。

（7）土壤形成：耕地生产力的维持。

（8）营养物调节：生物对于营养物的储存和再循环。

（9）废物处理：控制污染、去毒作用、尘埃过滤。

（10）传粉：生物对于植物花粉的传播。

（11）生物防治：如控制虫害和疾病，减少食草动物的危害

3. 支持或栖息地功能

（1）野生生物栖息地：维持生物多样性，包括遗传多样性。

（2）繁殖和养育基地：作为农业和商业用生物的养育和繁殖的基地。

4. 文化或信息功能

（1）美学信息。

（2）生态旅游。

（3）文化和艺术。

（4）宗教和历史。

（5）教育和科学。

从现在看来，也不容易把所有项目的价值全都估计出来，例如，海洋有生物活性的药物是随着科学的发展而逐步增加的，可以作为人类营养补品的天然物质也是不断增加和有待于开发的，而且文化和艺术、教育和科

学等项目的服务价值也不容易正确评估，并且，随社会和经济条件的不同，其变动是相当大的。

四、生态系统服务要注意的问题

(1) 生态系统服务都是客观存在的，它与生态过程紧密地结合在一起。生态系统，包括其中各种生物种群，在自然界的运转中，充满了各种生态过程，同时也就产生了对人类的种种生态系统服务。只要自然生态系统存在，各种生态过程运行正常，不管人们是否认识到其意义和估计了它的价值，它都给居住在地球上的人类提供着无偿的或有偿的服务。另一方面，由于生态系统服务在时间上是从不间断的，所以从某种意义上说，其总价值是无限大的。全人类的生存和社会的持续发展，都要依赖于生态系统服务。①

(2) 最重要的生态系统服务价值多数是还没有进入市场的间接价值，具有对环境和生命维持系统的许多重大调节功能，如 CO_2 和 O_2 平衡、水土保持、土壤形成、净化环境。这部分价值在以往被人们认为是可以“免费”使用的、“公共的”“自然恩施”，社会对此并没有加以任何控制，并且其价值明显地大于可以作为买卖的直接价值。

要使公众和政府认识生物多样性保护的重大意义，其主要困难就在于人们如何把有价值的自然生态过程的种种机理都能认识和掌握，并加以定量，把非财政利益翻译为财政利益，但是，传统的经济学并没有估计这类生态系统服务的间接价值，因此，很多学者认为，发展生态经济学是当前重要的任务。

从这个意义上说，生态系统服务的价值，就是现在所谓的自然资本，生态经济学的迫切职责，就是要把它估计出来，充分发挥应有作用。

(3) 生态系统服务中，有不少服务是跨地区、超越国界的，如热带森林在保护良好气候和减少温室气体上具有重要的作用，不少属于这一类生

---

① 胡荣桂，刘康. 环境生态学[M].2 版. 武汉：华中科技大学出版社，2018.

物多样性的生存价值（existence value）不能从本地生物资源直接获得，而依附于别的国家的、遥远的生态系统。因为世界上发展中国家多数为富有生物多样性的，而发达国家由于其发达的工业，许多环境污染物（如燃料消费和化学物生产所产生的）往往大部分都来源于发达国家。国际保护署曾为此偿还发展中国家某些债务，以交换其为保护生物多样性所做出的贡献，即所谓“以货易货的自然债务”的原则。同样，我国东部人民也依赖于西部公众对于生物多样性的保护。广东北部是山区，东南部是发达地区，同样应该支持欠发达的山区。

（4）Costanza 提出，根据此项研究可以得到一个重要结论：社会应彻底检查和修改其环境和经济政策，如对湿地丧失收取税收。当然，也有学者说，每个生态系统是不同的，通用的环境税可能会导致某一些地区的过保护和另一些地区的低保护。不过，后者显然是可以通过试行和在实践中修正而解决的。

过保护和低保护的提法，表明了他们既反对只发展经济而忽视自然保护，又反对只要保护而不能开发的两种极端片面的观点。①

（5）Holmhand 等（1999）把生态系统服务划分为基本和需求推动的两类。前者是维持生态系统功能和稳定性所必需的，它们都是人类生存的基本前提，通常没有与市场的经济价值发生直接的联系。后者如食品、水产养殖和种植的药用植物产品，它们是由人类需求和直接经济价值所驱动的。

对于人类而言，在获取产品和维持稳定生存条件的基本生态系统服务之间常常会出现冲突或矛盾，需要用权衡（trade-off）来加以解决。例如，过多的种植和养殖系统必然会影响自然生态系统对人类提供的基本服务。对此如何进行协调，正确地定量评估两类生态系统服务的价值也是正确作出决策的基础，而这一点正是人们所容易忽视的。

---

① 舒展，黄慧，于文男. 环境生态学[M]. 哈尔滨：东北林业大学出版社，2017.

五、生态系统服务价值评估的重要意义

（1）生态系统服务估价较好地反映了自然资本（natural capital）的价值，它对提高公众对生物多样性的重要性意识，以及国家领导人做出保护生物多样性与生态系统的决策，都是非常重要的，因为人们通常容易把发展经济与保护自然环境对立起来。

（2）它从理论上说明，生态系统的许多服务项目，是人类几乎无法用其他方式替代的。据估计，要想通过人类自己来解决这些服务，每年人均至少要花 900 万美元。

（3）各种生态系统服务项目在各类生态系统上的相对价值，有助于说明其对于人类社会持续发展的相对重要性，从而为各级政府有关部门在制订具体方案和采取措施时提供背景值，也有助于解释生物多样性为什么正在衰退。

毕竟这项研究还处于初级阶段，也存在不少问题。例如，在地球上的生态系统中，人们对荒漠、冻原等生态系统还没有充分的研究资料；即使已经有很多资料的生态系统，也会有人们忽视或没有认识的重要服务项目；在不同洲和不同区域的同一类生态系统，其生态过程也可能有重要的区别，它们也必然会影响到其服务的价值。因为生态系统生态学的理论本身还处于尚未充分发展的阶段，所以，全球生态系统服务价值的研究只能说是一种探索性的研究，不可避免地有其局限性。①

但是，最重要的是，这项研究刺激了生态系统服务的进一步研究，包括生态系统模型的构建、自然生态与社会经济的结合、全球生态系统更深层次的研究。

① 杨保华，刘辉，赵美微．环境生态学[M]．武汉：武汉理工大学出版社，2015.

第六章

环境污染与生态监测

第一节 环境污染物与毒物

一、污染物与毒物

1. 污染物（pollutant）

通常，污染物是指进入环境后能够直接或间接危害人类的物质。还可以解释为：进入环境后使环境的正常组成发生变化，直接或间接有害于人类的物质。

实际上，污染物可以定义为：进入环境后使环境的正常组成发生变化，直接或间接有害于生物生长、发育和繁殖的物质。污染物的作用对象是包括人在内的所有生物。

环境污染物是指由于人类的活动进入环境，使环境正常组成和性质发生改变，直接或间接有害于生物和人类的物质。

2. 毒物（toxicant）

毒物是指对机体产生有害作用（毒作用）的化学物质。显然环境污染物属于毒物的范畴。外来化合物（xenobiotics）是指生物体内，正常生命活动中不产生的化合物。外来化合物包括环境污染物。

“毒物”是一个相对术语，毒物与非毒物之间并不存在绝对的界限。一种化学物可能在某些特定条件下是有毒的，而在另外的情况下是无毒的。例如，铜和锌是机体内必需的微量元素，因为铜是动物体内形成血浆所必需的，而锌则是保持体内某些酶的结构或活性所必需的。但摄入过量的铜会引起呕吐、腹泻甚至红细胞溶解；过量的锌会引起哺乳动物广泛的生化紊乱。显然区分化学物质的有毒与无毒，必须考虑剂量。

有毒化学物质通过各种途径排放至大气、水源和土壤等人类环境中，通常称为环境毒物。毒物的种类按其用途及分布范围可分为工业毒物、环境污染物、食品有害成分、农业化合物、嗜好品、化妆品和其他日用品中的有害成分、生物毒素、医用药物、军事毒物和放射性同位素等。按毒物作用于机体的主要部位可分为作用于神经系统、造血系统、心血管系统、呼吸系统、肝、肾、眼和皮肤的毒物等。按毒物作用性质则可分为刺激性、腐蚀性、窒息性、致敏、致癌、致突变和致畸毒物等。此外还可按化学结构或形态分类等。[1]

二、主要环境污染物及其环境毒理学效应

（一）重金属的环境毒理学效应

随着工业的发展，有害金属污染物排放，环境恶化日趋严重，已直接或间接地对生物和生态系统造成威胁，金属元素污染环境、进入机体，很不容易“消失”，易于逐渐在环境和生物体内蓄积，构成对人类的潜在危害。有害金属元素在生物体内完全是一种毒物，危害人体健康。排放到环

---

① 郭苏建，方恺，周云亨. 环境治理与可持续发展：中国经验和全球进展[M]. 杭州：浙江大学出版社，2020.

境中的汞引起水俣病，镉引起“骨痛病”，导致震惊世界的公害事件，重金属环境毒理学效应突出。

重金属和配位体的相互作用、重金属的有机化、重金属的氧化还原反应、重金属的蓄积作用是重金属毒性作用的特性。重金属与生物成分的相互作用，即和大分子物质的作用可能是大多数重金属产生毒性效应的原因。毒性作用的受体可能是有催化作用的官能团、结构单元，或细胞膜上的转运成分，氨基酸、肽、蛋白质、核酸等生物成分大多有与金属结合的基团。通常，进入机体的重金属，几乎不是以离子的形式存在，而是与生物成分发生反应，形成金属配合物或金属螯合物。

1. 汞

汞是典型的金属污染物。

（1）环境汞污染。在自然界中，广泛分布于地壳表层的大部分汞与硫结合成硫化汞。普通岩石中的汞含量均小于 200 μg/kg，地壳中的汞平均含量为 80 μg/kg。空气中的饱和汞浓度为 13.2 $\mu g/m^3$；天然水中汞的本底浓度一般均不超过 0.1 $\mu g/dm^3$；土壤中的汞含量一般不高于岩石。

大气汞污染的重要来源是含汞金属矿物的冶炼和以汞为原料的工业生产所排放的废气。土壤汞污染主要来自含汞农药和含汞污泥肥料，另外含汞污水灌溉农田时，土壤也会遭到汞的污染。水体汞污染的主要来源是含汞的工业废水的排放，以汞作为电极的氯碱工业是环境汞污染的祸首；其次为以汞的无机盐作为催化剂生产化工原料氯乙烯和乙醛的塑料工业；电池工业和电子工业等排放的废水也是水体汞污染的原因。

在大气、水和土壤环境中，汞不断进行迁移转化。大气中呈蒸气态的汞，在日光紫外线照射下可能生成甲基汞；大气中气态和颗粒状的汞，还可通过湿沉降或干沉降返回地面或水体。土壤中的汞可挥发进入大气；或直接被植物吸附；或被水中胶状颗粒、悬浮物、泥土细粒、浮游生物吸附和吸入体内；或由降雨冲淋进入地面水和地下水。地表水中部分汞可挥发进入大气，大部分汞以重力沉降，达到吸附共沉，而且汞对有机物中的巯基有较高的亲和力，能够结合在有机悬浮物上。底泥中的无机汞在细菌、微生物的作用下和维生素 B_{12} 的衍生物——甲基钴胺素作用，无机汞转化为有剧烈毒性作用的甲基汞。水生生物摄入的甲基汞可在体内蓄积，并经食物链的生物浓缩和生物放大，在鱼体内浓缩几万至几十万倍。1953 年，日本熊本县水俣湾周围发生的水俣病就是当地居民食鱼摄入甲基汞而发生的中毒性疾病，甲基汞是汞公害的病因。汞的甲基化是水体污染危害的主要致毒机理。①

（2）汞的环境毒理作用。汞及其化合物可通过呼吸道、消化道及皮肤等途径进入机体，虽然可分布于全身各个器官中，但均以肾脏汞含量为最高。在给予汞后，汞在体内分布的递减次序是：肾>肝>血液>脑>末梢神经。

各种汞化合物的通透性差异很大。金属汞被消化道吸收的数量甚微，通过食物和饮水摄入的金属汞一般不会引起中毒。金属汞蒸气侵入呼吸道时，可被肺泡完全吸收，并经血液运至全身。无机汞中的氯化汞为剧毒物质；有机汞中，苯基汞分解较快，毒性不大；而以甲基汞和乙基汞为代表的烷基汞化合物毒性最大。由新潟水俣病患者推算得出，70 kg 体重人体内甲基汞蓄积量达到 30 mg 时，可出现感觉障碍，蓄积到 100 mg 时则出现水俣病典型症状，故日本部分学者主张 100 mg 的蓄积量为中毒阈值。

汞进入体内后，对含硫化合物具有高度亲和特性，故汞离子与体内的各种含有巯基（—SH）的蛋白质极易结合形成汞的硫酸盐，因此一般认为 Hg 与—SH 反应是汞产生毒性作用的基础。一些参与体内物质代谢的重要酶类，如细胞色素氧化酶、琥珀酸脱氢酶和乳酸脱氢酶等，它们的活性中心是—SH 基，当汞与酶中的—SH 基结合时，就可以使酶失去活性，影响酶的正常功能。汞与体内组织中的巯基、氨基、磷酸基、羰基等功能基团结合，使汞可进入细胞内，并造成细胞的损害。

烷基汞化合物通过破坏大脑和小脑的神经元而使动物死亡，同时被汞抑制或损伤的血脑屏障转运机制，不能供应神经元必要的氨基酸。有机汞

① 郭苏建，方恺，周云亨. 环境治理与可持续发展：中国经验和全球进展[M]. 杭州：浙江大学出版社，2020.

化合物也可能是由于破坏了亚细胞结构，如溶酶体的膜，从而影响细胞的完整性。甲基汞化合物易溶于脂肪中，易通过血脑屏障而侵犯中枢神经系统，因此中枢神经系统损害的症状明显。

2. 镉

（1）环境镉污染。镉是相对稀少的金属，在地壳中的平均含量为0. 15～0. 20 mg/kg。未污染的大气、水和土壤环境中镉的含量很低（一般分别为0. 002～0. 005 μg/m^3，0. 01～10 μg/dm^3，0. 5 μg/kg以下，指土壤干重）。随着生产活动的开展，镉已被广泛用于电镀、汽车、航空工业以及氯乙烯稳定剂、颜料、油漆、电器制造、印刷等行业。空气镉污染可来自开采矿石、冶炼金属、石油和煤的燃烧等工业过程，城市垃圾的焚烧也可导致镉含量增高。工业城市和冶炼车间附近空气镉污染的最高含量达到0. 06 μg/m^3以上。水体镉污染可通过饮用水而直接被人体吸收，同时镉污染在水生生态系统中可沿食物链不断浓缩放大，海产品浓集的镉比海水高4 500倍。在风的扩散作用下，土壤镉污染范围有时达数十平方千米，镉污染土壤表层20 cm，甚至30～45 cm，土壤中镉含量在1 mg/kg以上，工业污染附近土壤的镉可达到40～50 mg/kg，镉污染土壤上种植的庄稼，镉含量可达0. 5～1. 0 mg/kg。污水灌溉对土壤中镉的蓄积有十分重要的作用，实测表明：污水灌溉污染了的土壤镉含量为对照土壤中镉含量的4～6倍。

（2）镉的环境毒理作用。在正常体内代谢中，镉不是一种必要的微量元素，环境中的镉，通过饮食进入人体的吸收率为1%～6%，通过呼吸道吸收为10%～40%。人体对来自空气的镉污染比来自饮食的镉污染更为敏感，镉进入机体后，主要与富含半胱氨酸的低分子质量（约10 000）胞浆蛋白相结合，形成金属硫蛋白，并可分布到全身的各个器官。进一步的研究表明，被吸收的镉1/2～1/3选择性地储存于肝和肾，其次是脾、肺、胰腺、肾上腺和睾丸中，而脑、心、肠和肌肉中则无镉的存留或存量甚微。

蓄积性是镉对机体作用的重要特点，镉进入机体后主要可在肾、肝和脾中蓄积。当高浓度吸收镉时，临界器官是肺，主要症状是肺水肿。长期低浓度摄入镉时，临界器官是肾和肺，主要症状是肾功能损害，特别是低分子蛋白尿与肺气肿。人长期摄入受镉污染的饮水及食物（粮食、蔬菜、水产品及畜产品等），可使镉在体内蓄积并导致慢性中毒。日本著名的公害病之一痛痛病（骨痛病）就是在这种条件下发生的慢性镉中毒的典型事例。① 据调查表明，日本发病区的大米平均含镉 0.5～0.8 mg/kg 以上。若当地居民以每日消费大米 300 g 计，则每日通过大米而摄入的镉就可达 300～480 μg。镉对鱼类和其他水生物都有强烈的毒性作用，如表 6-1 所示。

表 6-1 镉对鱼类和其他水生物的影响（刘毓谷，等，1987）

镉化合物	质量浓度/(mg/dm^3)	鱼类和其他水生物	作用
氧化镉	0.001 0	鲤鱼	经 8～18 h 致死
	0.016 5	鲫鱼	蒸馏水中经 8～18 h 致死
	0.100 0	水蚤	致死
	0.900 0	藻类	抑制繁殖
硝酸镉	0.100 0	藻类	硬水中经 96 h 致死
	0.100 0	水蚤	致死
	0.118 0	淡水鱼	致死
	0.300 0	丝鱼	经 7 天致死
	6.000 0	鲤鱼	经 36 h 致死
硫酸镉	1.042 0	水蚤	经 3 h 致死

（二）大气污染物的环境毒理学效应

大气污染（atmospheric pollution）是指大气污染物或由它转化成的二次污染物的含量远远超过正常本底含量，对人体和生物体产生不良影响的大气状况。根据物理形态，大气污染物分为气态污染物和颗粒污染物，通常由煤和石油燃烧而排放的大气污染物中，气态污染物占 85%～90%，颗粒污染物占 10%～15%。按照化学形态，可将大气污染物分成含硫化合物、含氮化合物、碳氢化合物、碳氧化合物、卤素化合物、颗粒物质和放射性

① 杨京平．环境与可持续发展科学导论[M]．北京：中国环境出版社，2014.

物质7类。大气污染的主要污染源来自工业企业、生活炉灶、采暖锅炉，交通运输工具火车、轮船、汽车、飞机等也可产生一定量的大气污染物。除了人类生产活动和日常生活这些主要的人为污染源外，天然污染源如火山爆发、森林失火也可导致大气污染。大气通常的化学成分是比较稳定的。氮气约占78.09%，氧气占20.95%，再加上氩、二氧化碳，共占大气总量的99.999%。环境生态学研究的正是这些主要成分外的飘尘、二氧化硫、二氧化氮和一氧化碳等，只占大气的0.001%。

二氧化硫是重要的大气污染物，历次世界范围内的严重大气污染事件，二氧化硫都是主要的大气污染物。

二氧化硫（SO_2）为无色而具有辛辣刺激性气味的气体，二氧化硫与二氧化氮、碳氢化合物共存时，经7 h后转化为三氧化硫的量可达20%～30%。三氧化硫吸湿性强，可以被大气中的固体粒子吸附和催化，非常容易形成硫酸烟雾。雨、雪等在形成和降落过程中，吸收并溶解含酸气体，降落在地面上，形成了酸雨，酸雨可以使水体、土壤酸化，破坏森林，伤害庄稼，损伤古迹文物，影响人体健康和生物生存。SO_2进入环境，主要来自含硫矿物燃料的燃烧，大约占SO_2含量的80%；另外对于这种含硫矿物的开采和含有较高硫的有色金属的冶炼，大约占10%；同时化学工业的生产过程中也产生SO_2。

二氧化硫极易与呼吸道表面的水相作用，吸水形成亚硫酸或硫酸。因此，人体短时间接触低浓度的二氧化硫，上呼吸道极易受到刺激，腐蚀损害；短期接触高浓度的二氧化硫，则可引起急性支气管炎，呼吸困难，以致死亡。①

机体吸收二氧化硫后形成的亚硫酸反应性极强，能进行加成反应、置换反应、还原反应等多样作用。实验证明，亚硫酸在机体内可以与某些辅酶及底物反应，从而影响机体代谢机能。例如，在机体内形成的亚硫酸可与辅酶I、黄素辅酶、醛类、酮类、叶酸、二氢叶酸，以及不饱和脂肪酸反应，

① 曲向荣. 环境保护与可持续发展[M]. 2版. 北京：清华大学出版社，2014.

亚硫酸根离子还可以对氨基酸，特别是胱氨酸进行可逆加成反应硫氢化。

二氧化硫对微生物具有致突变作用，并且引起植物、动物细胞染色体畸变。诱变机理在于亚硫酸根离子是极强的亲核剂，因此与核酸分子中的尿嘧啶和胞嘧啶发生加成反应，生成5，6-二氢尿嘧啶-6-磺酸和5，6-二氢胞嘧啶-6-磺酸，从而改变核酸的结构，使遗传信息发生变化而致突变。但人体由于亚硫酸氧化酶的保护作用，容易控制亚硫酸的侵入危害。

（三）农药的环境毒理学作用

1. 有机氯农药

有机氯农药化学性质稳定，不溶于水，溶于多种有机溶剂。遇光和高温均不易分解，故可在自然界中长期残留，在土壤中消失95%，需要数年至数十年。这类化合物挥发性低，吸入中毒的机会较少。一般主要经消化道进入机体，吸收后，主要蓄积在脂肪组织以及脂质含量较高的组织器官中，如大网膜、肾周围组织等。有机氯农药在机体内的代谢方式主要为脱氯化氢、脱氯和氧化反应。①

有机氯农药为神经及实质脏器毒物，大剂量可引起中枢神经及某些实质脏器，特别是肝脏与肾脏严重损害。由于有机氯农药的化学性质稳定，对人体危害的特征是蓄积性和远期效应。

2. 有机磷农药

有机磷农药多为油状液体或晶体固体，具大蒜臭味，挥发性强，难溶于水，溶于多种有机溶剂，对光、热和氧稳定，遇碱迅速分解。有机磷农药可经消化道、呼吸道和皮肤吸收进入机体，大多数化合物经皮肤吸收快且完全。吸收后迅速分布到全身各组织器官，尤其以肝、肾以及肺中含量较高。大多数有机磷农药可通过血脑屏障，在体内代谢较快，故一般没有明显的蓄积作用。有机磷农药在机体内可进行氧化、还原、水解和结合反应，其中尤以氧化反应方式多样且活泼。

有机磷农药进入机体后的毒性作用，主要在于对胆碱酯酶活力的抑

① 曲向荣．环境生态学［M］．北京：清华大学出版社，2012.

制，使其失去分解乙酰胆碱的能力，造成乙酰胆碱在体内大量积聚，引起一系列神经功能紊乱的中毒表现。有机磷农药有一些共同特点，即结构中含有亲电子性磷，也具有带正电荷的部分，结构与乙酰胆碱相近，因而能竞争性地抑制胆碱酯酶，即有机磷带正电荷部位与胆碱酯酶的阴离子部位结合，而亲电子性的磷则与胆碱酯酶的酯解部位结合，形成磷酰胆碱酯酶，此时不能再水解乙酰胆碱，因而造成体内乙酰胆碱的积累，导致神经传导功能紊乱。研究证明，有机磷农药对胆碱酯酶的抑制作用是不可逆的。某些有机磷农药同时使用具有联合作用，导致毒性增强。

3. 有机氮农药

有机氮农药，更多的是指氨基甲酸类杀虫剂，一般说来，有机氮农药对人、畜毒性属于中等程度至低毒范畴。在土壤中的滞留时间不长，半衰期多数仅 1~4 周左右，但近年来的研究表明，它的残毒问题还有待探索。

4. 拟除虫菊酯类农药

拟除虫菊酯类农药，是与天然除虫菊素相似的化合物，大多数品种为黄色黏稠状液体或无色结晶，挥发性弱，不溶于水，易溶于多种有机溶制，有遇碱分解的特性。该类农药在体内代谢快，蓄积程度低。拟除虫菊酯杀虫剂是一类神经毒剂，其作用机理十分复杂。目前认为主要作用方式为抑制神经细胞离子通道，使神经传导受阻，可能直接作用于中枢神经系统的敏感部位，作用于神经肌肉连结处，降低肌肉膜的电兴奋电位。

第二节 环境污染物在生态环境中的迁移与转化

一、污染物在生物体内的吸收、分布和排泄

（一）污染物在生物体内的吸收（absorption）

吸收是指生物体接触的环境污染物通过各种途径透过机体的生物膜进

入血液的过程。这一过程与氧和营养物质的吸收过程无本质差别。

1. 经消化道吸收

饮水和由大气、水、土壤进入食物链中的环境污染物均可经消化道吸收，消化道是环境污染物最主要的吸收途径。环境污染物在消化道中主要以简单扩散方式通过细胞膜被吸收，化学物质的分子由生物膜浓度高的一侧向浓度低的一侧转运，称为简单扩散。简单扩散可能是化学物质透过生物膜的主要方式。在简单扩散过程中，化学物质并不与膜起反应，也不需要细胞提供代谢能量。哺乳动物在胃肠道中还以特殊的转运系统，吸收营养物质和电解质物质，如葡萄糖、乳糖、铁、钙和钠的转运系统。环境污染物也能被相同的转运系统所吸收，外来化合物在消化道吸收的多少与其浓度和性质有关，浓度越高吸收越多；脂溶性物质较易吸收，水溶性易离解的物质不易吸收。①

胃液酸度极高，弱有机酸（如苯酸）多以未电离的形式存在，它们易于扩散。脂溶性高，也易于吸收。而弱有机碱（如苯胺）在胃中高度电离，一般不易吸收。哺乳动物胃肠道具有吸收营养物质和电解质的多种特殊转运系统。有些环境污染物可通过竞争作用，经过这些主动转运系统而吸收。例如，5-氟尿嘧啶（5-FU）的吸收即可通过嘧啶转运系统；铊、钴、锰可以经铁蛋白转运系统而被吸收；铅及某些具有二价正电荷的重金属可经钙转运系统而被吸收。小肠中的吸收与胃中相似，主要是通过单纯扩散。

2. 经呼吸道吸收

环境污染物经呼吸道的吸收以肺为主。肺泡上皮细胞层极薄，表面积大（50~100 m^2），而且血管丰富，所以气体、挥发性液体和气溶胶在肺部吸收迅速完全。吸收最快的是气体、小颗粒气溶胶（如烟雾）和脂/水分配系数高的物质。经肺吸收的外来化合物，直接进入血液循环而分布全身，这是呼吸道吸收的特点，与经胃肠道吸收不同。

---

① 余顺慧. 环境生态学[M]. 成都：西南交通大学出版社，2014.

气体、易挥发液体和气溶胶中的液体在呼吸道的吸收主要通过简单扩散。吸收情况受很多因素影响，主要取决于被吸收化合物的血液-气体分配系数 K，即气体在血液中的浓度（mg/dm^3）与在肺泡气中浓度（mg/dm^3）之比。分配系数对一种气体来说是一个常数。例如，二硫化碳为 5，苯为 6. 85，乙醚为 15，甲醇为 1 500，可见乙醚、甲醇比二硫化碳容易吸收。

气体在呼吸道的吸收还与相对分子质量、溶解度及肺通气量相关。气态物质的水溶性，决定其在呼吸道的吸收部位，水溶性高的化合物在上呼吸道被黏膜吸附；水溶性低的化合物，多进入呼吸道深部被吸收；对雾、粉尘等的吸收则取决于颗粒大小、比重、电荷及亲水性，小于 10 μm 的尘粒可直接经呼吸道上皮呼吸。

3. 经皮肤吸收

皮肤并不具有高度的通透性，是一道较好的脂质屏障，将机体与外界环境隔离，使外来化合物不易穿透。但是有些外来化合物可以通过皮肤吸收，引起全身作用。例如，四氯化碳可通过皮肤吸收而引起肝损害。还有些农药可经皮肤吸收，甚至引起死亡，如某些有机磷农药。

（二）分布（distribution）

环境污染物经各种途径被吸收后，随血液和体液循环分布到全身组织细胞的过程叫分布。

环境污染物经吸收过程进入血液和淋巴液后，从理论上应均匀分布到全身各组织细胞，但是事实上并非如此，污染物在体内的分布并不均匀。各种化合物在体内的分布不一样，有些化合物极易透过某种生物膜，即可分布全身；有些化合物不容易透过生物膜，因此分布受到限制。各种生物膜对同种化合物的透过情况也不一致。有机污染物多在体内呈均匀分布，由于它们是脂溶性且非电解质。而无机污染物在体内则多呈不均匀分布，属电解质，根据它们的价态，在体内分布有一定规律。一价阳离子，如钾、钠、锂、铷、铯等，阴离子为五、六、七价的元素，如卤族元素等，一般在体内分布比较均匀；而二、四价的阳离子，如钙、钡、铝、铍、镭等，容易分布在骨骼中，镉、钌等由于与含巯基蛋白结合，多集中于肾脏。①

此外，有些污染物由于具有高度脂溶性，可在机体某一器官浓集或蓄积。浓集或蓄积部位往往不是其主要毒性作用部位，仅起储存作用，储存的这种外来化合物往往不具活性。但也有例外，由于外来化合物在体内的储存部分与游离部分呈动态平衡，当游离部分逐渐消除时，储存的化合物可逐渐被释放进入人体循环。例如，DDT 可在脂肪中储存，此种储存的 DDT 并不影响脂肪代谢；但是在动物实验中，动物处于饥饿状态时，体内脂肪储备被动用，脂肪中储存的 DDT 就游离出来，并呈现毒性作用。在体内储存或沉积的外来化合物，虽然不立即呈现毒性作用，却随时存在呈现毒性作用的可能性。

（三）排泄（excretion）

排泄是一种化学物质及其代谢产物向机体外转运的过程，是机体内物质代谢全过程中的最后一个环节。外来化合物的排泄包括化学物质本身（母体化合物）、其代谢产物，以及结合物排泄的主要途径是通过肾脏随同尿液排出和经过肝脏随同胆汁混入粪便中而排出。此外，还有经过呼吸器官随同气体呼出，通过皮肤随同汗液、唾液、乳汁、泪液和胃肠道分泌物等排泄途径排出。肾脏是最重要的排泄器官，其转运方式为肾小球滤过（被动转运中的滤过）、肾小管简单扩散和肾小管主动转运，其中简单扩散和主动转运更为重要。经肾脏随同尿液排泄的化学物质数量超过其他各种途径排泄的总和。但是其他途径往往对某一特殊化学物质的排泄特别重要，例如，由肺部随同呼出气排出一氧化碳，由肝脏随同胆汁排泄 DDT 和铅等。毒物的排出是机体对毒物的一种解毒作用。

二、污染物在生物体内的转化

污染物的生物转化（biotransformation）是指进入机体内的外来化合物，

① 章丽萍．环境保护概论[M]．北京：煤炭工业出版社，2013.

在体内酶催化下发生一系列代谢变化的过程，也称为生物代谢转化（metabolic transformation）。其转化成的衍生物称为代谢物（metabolite）。肝、肾、胃、肠、肺、皮肤和胎盘等都具有代谢转化功能，其中以肝脏代谢最为活跃，其次为肾和肺等。根据化学物质的结构和反应性，经过生物代谢转化，原无毒或毒性小的化合物，能够被转化成有毒或毒性大的产物，这种转化叫作生物活化作用（bioactivation）或生物增毒作用（toxication）。相反，有毒的化学物质经代谢转化变成无毒或低毒的产物，这种转化叫作生物灭活作用（biodetoxication）或生物解毒作用。

通常，生物转化过程是将亲脂性毒物转化成极性较强的亲水性物质，以降低其通透细胞膜的能力，从而加速排出。但是有些毒物经生物转化，在体内生成新的毒性更强的化合物，称为致死性合成（lethal synthesis）。例如，有机磷农药对硫磷和乐果，在体内分别可氧化成毒性更大的对氧磷和氧乐果；致癌物3,4-苯并芘及各种芳香胺等，均需通过生物转化后，方可致癌；有机氯农药六六六可经不完全羟化形成环氧化物，进入细胞核，具有致癌活性。因此，污染物在体内的生物转化，与体内各组织器官的酶活性及相应的物理、化学、生化、生理效应的综合作用密切相关。嘌呤、类固醇、生物胺类衍生物等结构类似的毒物，可按体内营养物的代谢途径进行生物转化，而大多数污染物则通过一些非特异性酶的催化作用完成其生物转化过程。①

（一）降解反应

污染物的生物转化过程中主要包括4种反应，即氧化、还原、水解和结合反应。通常将氧化、还原、水解称为外来化合物代谢转化的第一阶段（phase I）或第一相（I相）反应；结合反应为第二阶段（phase II）或第二相（II相）反应。在第一相反应中，外来化合物的分子往往出现一个极性反应基团，一方面使其易溶于水，更重要的是为下一步结合反应创造条件，使其有可能进行结合反应。大多数外来化合物都是先经过氧化、水解

① 章丽萍. 环境保护概论[M]. 北京：煤炭工业出版社，2013.

或还原反应，再经过结合反应，然后排出体外。

1. 微粒体混合功能氧化反应

大多数外来化合物的生物转化过程中都包括氧化反应。此种氧化反应主要由微粒体中的混合功能氧化酶催化。微粒体混合功能氧化酶（mixed-function oxidase，MFO）是镶嵌在细胞内质网膜上的一组酶，是毒物代谢反应的主要酶系。已经证明，该酶系主要由血红蛋白类（包括细胞色素 P-450 及细胞色素 b_5）、黄素蛋白类（包括 NADPH-细胞色素 c 还原酶和 NADH-细胞色素 b_5 还原酶）、脂类（主要是磷脂酰胆碱等成分）组成。其中细胞色素 P-450 最为重要，它是含有一个铁原子的卟啉蛋白，可以进行氧化还原。细胞色素 P-450 广泛存在于各种哺乳动物体内，鸟类、鱼类、两栖类，甚至细菌和真菌中都含有细胞色素 P-450。动物种属间混合功能氧化酶活性相差较大，甚至同一类不同品系也有差别，活性依下列顺序递减：哺乳动物>鸟类>鱼类。[①]

许多结构不同的外来化合物，凡具有一定脂溶性者，都可被微粒体混合功能氧化酶所氧化，并形成相应的氧化产物。反应类型包括：① 脂肪族羟化（脂肪族氧化）；② 芳香族羟化；③ 环氧化反应；④ 氧化脱氨反应；⑤ N-脱烷基反应；⑥ N-羟化反应；⑦ 金属烷脱烷基反应；⑧ S-氧化反应。

2. 微粒体外的氧化反应

在肝组织胞液（cytosol）、血浆和线粒体中，有一些专一性相对不太强的酶，它们可以催化某些外来化学物质的氧化与还原。属于这一类酶系统的有醇脱氢酶、醛脱氢酶、过氧化氢酶、黄嘌呤氧化酶和单胺氧化酶（monoamine oxidase，MAO）等。例如，甲醇和乙醇一方面可在微粒体上通过细胞色素 P-450，在氧分子和 NADPH 存在下，被氧化为甲醛和乙醛；另一方面还可在醇脱氢酶作用下和受氢体 NAD 存在下，脱氢氧化成为酸，最后生成 CO_2 和 H_2O；此外，乙醇还可在过氧化氢存在下由过氧化氢酶催化成为乙醛和水。

---

① 乌云娜，王晓光. 环境生态学[M]. 北京：科学出版社，2020.

3. 还原反应

毒物在生物体内可被还原酶催化还原，但是在哺乳动物组织内还原反应不活跃，而在肠道细菌体内还原反应能力是比较强的。含有硝基、偶氮基、羰基的外来化合物以及二硫化物、亚砜化合物和链烯（C_nH_{2n}）化合物容易被还原，但往往不容易区别此种还原作用是通过有关的酶类催化还是一种非酶反应——NADPH、NADH 等生物还原剂作用的结果。哺乳动物肝脏中可检出硝基还原酶（nitro reductase），在肾、肺、心脏和脑组织中也有此种还原酶，可在厌氧条件下由 NADPH 和 NADH 提供氢，催化硝基芳香族化合物还原。与此类似的还有偶氮还原酶（azo reductase），可催化芳香族偶氮化合物还原。例如，奶油黄（二甲氨基偶氮苯）和包括某些食用色素在内的偶氮色素都可通过这一方式还原。

4. 水解作用

有许多毒物，如酯类、酰胺类和含有酯键的磷酸盐取代物极易水解，水解后其毒性大都降低。在生物转化第一阶段各种反应中，与氧化和还原不同，水解反应不消耗代谢能量。在血浆、肝、肾、肠黏膜、肌肉和神经组织中有多种水解酶，微粒体中也有水解酶存在。在各种水解酶中，酯酶（esterase）在哺乳动物体内分布最为广泛，能分解各种酯类化合物。机体内的另一种常见的水解酶为酰胺酶（amidase），可将酰胺类化合物水解成为酸类和胺类。

（二）结合反应

结合反应是进入机体的毒物在代谢过程中与某些内源性化合物或基团发生的生物合成反应，特别是有机毒物及其含有羟基、氨基、羰基、环氧基的代谢物最容易发生。所谓内源性化合物或基团往往是体内正常代谢过程中的产物。毒物及其代谢物与体内某些内源性化合物或基团结合所形成的产物称为结合物。在结合反应中需要有辅酶和转移酶，并且消耗代谢能量。①

毒物在代谢过程中可以直接发生结合反应，也可先经过氧化、还原或水

① 乌云娜，王晓光. 环境生态学[M]. 北京：科学出版社，2020.

解等第一阶段生物转化反应，然后再进行结合反应。一般情况下，通过结合反应一方面可使毒物分子上某些功能基团失去活性以及丧失毒性；另一方面大多数毒物经过结合反应，可使其极性（水溶性）增强，脂溶性降低，加速排泄过程，所以大都失去毒性或毒性有所降低，并排出体外。根据结合反应的机理，可将结合反应分成以下几个类型：① 葡萄糖醛酸结合；② 硫酸结合；③ 乙酰结合；④ 甘氨酸结合；⑤ 谷胱甘肽结合；⑥ 甲基结合。

三、污染物在食物链中的传递与放大

环境中污染物的浓度，具有明显的随营养级升高而增大的现象。污染物在食物链中的流动和积累，已构成对生态环境质量和人体健康的严重威胁。污染物在食物链中的传递与放大是环境生态学的主要研究内容之一。

生物富集（bio-enrichment）是指生物或处于同一营养级的许多生物种群，从周围环境中吸收并积累某种元素或难分解的化合物，导致生物体内该物质的浓度超过环境中浓度的现象。生物富集也称为生物浓缩（bio-concentration）、生物积累（bio-accumulation）或生物放大（bio-magnification）。生物富集通常随着食物链的延伸而急剧增大，其富集量通常用富集系数（或浓缩系数、积累系数，BCF）表示，例如，金属汞的富集系数等于鱼体内的汞含量除以环境（水、大气、土壤）中的汞含量。①

1. 重金属的食物链积累

重金属具有沿食物链积累和放大的特征，营养级高的水生生物体内积累的污染物含量大于低营养级的生物。

镉污染在水生态系统中可沿食物链不断浓缩放大，非污染区贝类的镉含量为 0.05 mg/kg，而污染带贝类和墨鱼肝中镉含量为 420 mg/kg，浓缩倍数达 8 400。海产品浓集的镉可比海水中高 4 500 倍。土壤环境的镉污染也是通过食物链造成镉中毒的主要来源，由于镉污染土壤上生长的农作

① 庞素艳，于彩萍，解磊. 环境保护与可持续发展[M]. 北京：科学出版社，2015.

物，对镉的特殊吸收和浓集作用。镉污染土壤上种植的庄稼，镉含量可达 0.5~1.0 mg/kg。

汞污染对河流水生生物的影响表明，汞在鱼、贝类体内大量积累，其中甲基汞含量占汞总量的 70%以上，严重影响食用价值。

重金属中，汞、镉、锌、铜、铅沿食物链积累和放大现象明显。其中汞和镉的食物链富集、积累对人类的威胁最大。天津蓟运河和沙漠地区的波韦尔水库的汞沿食物链积累的趋势十分相同，鱼类对汞的富集系数约为 3.0×10^3。

2. 农药的食物链积累与放大

20 世纪 60 年代，科学家发现野生动物和鱼类体内 DDT、六六六残留量很高。由于其化学性质稳定，有机氯农药能够在环境中长期残留。有机氯农药具有很高的脂水分配系数，导致从水中和食物链途径积累于生物体，并且沿食物链逐级放大。牡蛎在 DDT 含量为 0.1 μg/dm^3 的海水中，40 d 富集系数达到 7 万多倍。尽管 DDT、六六六等有机氯农药已停止使用 20 多年，美国沿海贝类体内至今仍然能够检测出 DDT 的代谢产物。根据最近的调查研究，白洋淀鱼类体内的 DDT 和六六六也仍然能够检测出，鲫鱼肌肉中的 DDE（DDT 的代谢产物）含量平均为 14.1 μg/kg（湿质量），六六六为 21.0 ug/kg（湿质量）。和 20 世纪 70 年代相比，分别下降了 54.2%和 86.9%。

20 世纪 70 年代中期，天津蓟运河汉沽河段受到汞、DDT、六六六的严重污染。河水和底泥中的汞、DDT、六六六通过不同途径进入生物体内，并沿食物链迁移和放大，特别是 DDT 生物浓缩与放大现象十分明显。可能由于底泥污染的影响，底层杂食性鱼类（鲤鱼和鲫鱼）肌肉 DDT 含量最高，达到 5.87 mg/kg（湿质量），积累系数达 9 万倍以上，大大超过食用卫生标准。六六六也有明显积累，污染严重时，鱼体内有明显的六六六粉气味，失去食用价值。六六六的生物浓缩系数较小，一般在 10^2 数量级。

鱼的种类不同，从污水中直接富集农药的能力可有较大差异。例如，0.15 m 长的鳟鱼在 DDD 质量分数为 10×10^{-12} 的污水中，20 d 后富集系数达到 2 000 倍；而食蚊鱼完成这一浓缩过程，只需要 24 h。同时一些试验的结果也指出，同种鱼类不同龄期，在富集能力上也有差异。与水生植物从污水中吸收农药的能力相比，污染环境中作物对农药的吸收要低得多。一般说来，陆生植物吸收土壤内残留农药的量要比土壤中的农药含量低得多。譬如，在种植大豆的土壤中含有质量分数为 10^{-6} 的七氯，而在成熟大豆种子中七氯浓度为 0.10×10^{-6}，是土壤中含量的 1/10。相反，花生种植在七氯质量分数为 0.16×10^{-6} 的土壤中，在成熟的花生种子中，农药的质量分数可达 0.67×10^{-6}，为土壤中农药含量的 4 倍。[①]

另外，土壤中残存的农药大多积贮在离表面土层 10 cm 左右处。例如，苹果园连续使用 DDD 16 年后，停用 5 年再测定土壤中农药的含量，结果表明 DDD 异构体和分解产物的残留量约 80%留在表土 10 cm 处。作物从土壤中吸收残存农药的能力，也有种类上的差异，试验表明，一般最容易从土壤中吸收农药的作物是胡萝卜，其次是草莓、菠菜、萝卜、马铃薯、甘蔗等。而番茄、茄子、圆辣椒、卷心菜、白菜等不容易吸收土壤中的农药。总的说来，根菜、薯类吸收土壤中残存农药的能力较强，而叶菜类、果菜类较弱，仅黄瓜例外。至于作物品种间吸收农药的差异情况，有人比较了 10 种大麦品种吸收土壤中残存狄氏剂的能力，结果表明不同大麦品种实生苗中农药的残留量无显著差异。

从形成食品中农药残留的原因来看，生物富集与食物链是一个非常重要的途径。食物链有时也是造成生物体内农药富集的一种因素。一般肉、乳品中含有残留的农药，主要是禽畜食用了被农药污染的饲料，造成农药在有机体内的蓄积，尤其积累在动物体的脂肪、肝、肾等组织中。在动物体内的农药，有些也随乳汁排出，有些转移至卵、蛋中。

3. 多氯联苯的食物链积累

多氯联苯（PCB_S）化学性质比 DDT 更稳定，极易在食物链中积累，在南极企鹅和北极熊体内也有检出。一般海水鱼 PCB_S 含量在 0.01～1.0 mg/kg 之间。美国五大湖和哈得逊（Hudson）河鱼类 PCB_S 多在 10～85 mg/kg 之间，个

---

① 庞素艳，于彩萍，解磊. 环境保护与可持续发展[M]. 北京：科学出版社，2015.

别高达 400 mg/kg，吃鱼水鸟体内 PCB_S 达 300～1 000 mg/kg。位于北美洲的世界最大的淡水湖群五大湖——苏必利尔湖、休伦湖、密歇根湖、伊利湖、安大略湖，总面积为 245 273 km^2，各种生物在这里生息繁衍。五大湖的黑背水鸟体内所含的 PCB_S 浓度竟然达到湖水的 2 500 万倍！沿着食物链分析，浮游植物的 PCB_S 含量为湖水的 250 倍，食用浮游植物类的浮游动物为湖水的 500 倍，食用浮游动物的糠虾（类似虾类的足节动物）为湖水的 45 000 倍，食用糠虾的鱼类为 83 万倍，最后是食用鱼类的黑背水鸟，竟高达 2 500 万倍。①

浓缩的 PCBs 给黑背水鸟带来了生殖和行动异常。20 世纪 70 年代，安大略湖的黑背水鸟的生殖能力只达到往年的 10%。水鸟的雏鸟因为无力破壳而出，80%死亡。1986 年和 1987 年，发现五大湖出现相当数量的水鸟雌性化和甲状腺肥大现象。

生物体内的环境荷尔蒙高度浓缩现象说明，环境中的化学物质，通过食物、水和空气进入生物体内以后，不断积累在内脏和血液等各个部分，远远超过环境浓度。同时，对带有雌性激素作用的环境荷尔蒙化学物质进行复合效应研究时，与这些物质单独存在时所产生的作用相比较，前者的雌性激素作用是后者的 1 600 倍。

第三节 生态监测与生态环境影响评价

一、生态监测的概念和理论依据

1. 生态监测的概念

目前，关于生态监测的定义大体有以下几种看法：

（1）生态监测是生态系统层次的生物监测（biological monitoring）（刘

① 周国强，张青. 环境保护与可持续发展概论[M]. 北京：中国环境出版社，2017.

培哲，1989）。

（2）生态监测是比生物监测更复杂、更综合的一种监测技术（王焕校，等，1986）。

（3）生物监测包括生态监测（沈韫芬，等，1990）。

（4）生物监测又称生态监测，是以活的生物作为指示器检测水质状况，评价其对生物生存的优劣程度（黄玉瑶，2001）。

无论是生物监测还是生态监测，都是利用生命系统各层次对自然或人为因素引起环境变化的反应来判定环境质量，都是研究生命系统与环境系统的相互关系。凡是利用生命系统（无论哪一层次）为主进行环境监测的方法和手段都可称为生态监测。

2. 生态监测的理论依据

生物与其生存环境是统一的整体。环境创造了生物，生物又不断地改变着环境，两者相互依存、相互补偿、协同进化。这是生物进化论的基本思想，是生态学最重要的理论基础之一，同时也是生态监测的理论依据的核心。

（1）生命与环境的统一性和协同进化是生态监测的基础。按照进化论的理论，原始生命始于无机小分子，它是物质进化的结果。生命的产生是地球上各种物质运动综合作用的结果，从这种意义上说，环境创造了生命，生命是适应于环境的一种特殊的物质运动。

然而，生命一经产生，又在其发展进化过程中不断地改变着环境，形成了生物与环境间的相互补偿和协同发展的关系。群落原生演替就是这方面典型的例子。生物群落从低级阶段向高级阶段发展——小生境的物种多样性增大、结构和功能趋于相对稳定和完善的“顶极”状态。在这一过程中，环境则由光秃秃的岩石裸地向着小生境增多的方向演变。原生演替是生物改变环境和两者协同发展的过程。生物与环境间的这种统一性，正是开展生态监测的基础和前提条件。[①]

① 乌云娜，王晓光. 环境生态学[M]. 北京：科学出版社，2020.

（2）生物适应的相对性决定生态监测的可能性。适应是普遍的生命现象，生物的多样性包括了适应的多样性。南极大陆是地球上最寒冷的地方，年均气温为-25 ℃，最低气温达-88 ℃。即使在这样极端的环境条件下，生存的已知动物仍达 70 余种。这个区域水体中生活的许多鱼类，能够合成不同寻常的生化物质——抗冰蛋白，它可降低鱼类血液的冰点。据分析，南极海水的冰点为-1.8 ℃，而含有抗冰蛋白的鱼类的血液冰点是-2.1 ℃，这就保证了这些鱼类在该海域里能够安全生活。

当存在人为干扰时，一种生物或一类生物在该区域内出现、消失或数量的异常变化都与环境条件有关，是生物对环境变化适应与否的反映。生物的适应具有相对性。相对性是指生物为适应环境而发生某些变异，椒花蛾（Biston betularcas）的工业黑化现象就是生物适应环境的一种变异；另外生物适应能力不是无限的，而是有一个适应范围（生态幅），超过这个范围，生物就表现出不同程度的损伤特征。以群落结构特征参数，如种的多样性、种的丰度、均匀度以及优势度和群落相似性等作为生态监测指标，就是以此为理论依据的。正是生物适应的相对性才使生物群落发生着各种变化。

生物富集是污染生态监测的依据。生物富集即生物浓缩现象，是生物中的普遍现象之一。人类的干扰、环境污染、某些人工合成的化学物必然要被生物吸收和富集，而且还会通过食物链在生态系统中传递和放大。当这些物质超过生物所能承受的浓度后，将对生物和整个群落造成影响或损伤，并通过各种形式表现出来。污染生态监测就是以此为依据分析和判断各种污染物在环境中的行为和危害的。①

生态结果的可比性。生态结果的可比性是因为生命具有本身共同的特征。这些共同的特征决定了生物对同一环境因素变化的忍受能力有一定的范围，即不同地区的同种生物抵抗某种环境压力或对某一生态要素的需求基本相同。

---

① 余顺慧. 环境生态学[M]. 成都：西南交通大学出版社，2014.

二、生态环境影响评价的程序及其方法

（一）生态影响评价的程序

参考我国《环境影响评价技术导则——非污染生态影响》中对生态影响评价所下的定义："通过定量揭示和预测人类活动对生态影响及对人类健康和经济发展的作用，分析确定一个地区的生态负荷或环境容量。"其内涵正体现了复合的生态系统。然而复合生态系统中的自然、经济和社会三者的关系错综复杂，给评价带来了极大的困难。目前在实践中，仍然以对自然生态系统的评价为主，适当对社会、经济的某些问题进行分析和评价。①

生态环境影响评价的基本程序与环境影响评价是一致的，可大致分为生态环境影响识别、现状调查与评价、影响预测与评价、减缓措施和替代方案 4 个步骤。

（二）生态环境影响评价的方法

生态环境影响评价方法正处于探索与发展阶段，尚不成熟，各种生物学方法都可借用于生态环境影响评价，下面仅简单介绍几种方法。

1. 生态图法

该方法也称为图形叠置法，以同一张图上表示两个或更多的环境特征重叠，用在生态影响所及范围内，指明被影响的生态环境特征及影响的相对范围程度。用此复合图直观、形象、简单明了，但是不能作精确的定量评价。

编制生态图有两种基本手段：指标法和叠图法。生态图主要应用于区域环境影响评价，如水源地建设、交通线路选择、土地利用等方面的评价。对于植被或动物分布与污染程度的关系，可以叠置成污染物对生物的影响分布图。

2. 列表清单法

该方法针对将实施开发的建设项目的影响因素和可能受影响的影响因

① 胡荣桂，刘康．环境生态学[M]．2 版．武汉：华中科技大学出版社，2018.

子，分别列在同一张表格的行与列内，并以正负号、其他符号、数字表示影响性质和程度，逐点分析开发的建设项目的生态环境影响。该方法是一种定性分析方法。

3. 生态机理分析法

按照生态学原理进行影响预测的步骤如下：

（1）调查环境背景现状和搜集有关资料。

（2）调查植物和动物分布、动物栖息地和迁徙路线。

（3）根据调查结果分别对植物或动物按种群、群落和生态系统进行划分，描述其分布特点、结构特征和演化等级。

（4）识别有无珍稀濒危物种及重要经济、历史、景观和科研价值的物种。

（5）观测项目建成后该地区动物、植物生长环境的变化。

（6）根据兴建项目后的环境（水、气、土和生命组分）变化，对照无开发项目条件下动物、植物或生态系统演替趋势，预测对动物和植物个体、种群和群落的影响，并预测生态系统演替方向。

根据实际情况，评价过程中可以进行相应的生物模拟试验和数学模拟。

4. 类比法

类比法分为整体类比和单项类比，后者可能更实用，是一种比较常用的定性和半定量评价方法。整体类比是根据已建成的项目对植物、动物或生态系统产生的影响，预测拟建项目的生态环境效应。该方法被选中的类比项目，应该在工程特征、地理地质环境、气候因素、动植物背景等方面都与拟建项目相似，并且项目建成已达到一定年限，其影响已基本趋于稳定。调查类比项目的植被现状，包括个体、种群和群落变化，以及动物、植物分布和生态功能的变化情况；然后再根据类比项目的变化情况预测拟建项目对动物、植物和生态系统的影响。①

---

① 胡荣桂，刘康．环境生态学[M]．2 版．武汉：华中科技大学出版社，2018.

5. 综合指数法

通过评价环境因子性质及变化规律的函数曲线，将这些环境因子的现状值（项目建设前）与预测值（项目建设后）转换为统一的无量纲的环境质量指标，由好至差用1~0表示，由此可计算出项目建设前、后各因子环境质量指标的变化值。然后，根据各因子的重要性赋予权重，得出项目对生态环境的综合影响。

6. 系统分析法

多目标动态性问题采用系统分析法，在生态系统质量评价中使用系统分析的具体方法有专家咨询法、层次分析法、模糊综合评判法、综合排序法、系统动力学、灰色关联等方法，这些方法原则上都适用于生态环境影响评价。这些方法的具体操作过程可查阅有关书刊。

7. 生产力评价法

绿色植物的生产力是生态系统物流和能流的基础，它是生物与环境之间相互联系最本质的标志，该方法的评价由下述分指数综合而成。

（1）生物生产力，是指生物在单位时间所产生的有机物质的质量，即生产的速度，单位为吨/(公顷·年)。

（2）生物量，是指一定空间内某个时期全部活有机体的数量，又称现有量。在生态环境影响评价中，一般选用标定相对生物量作表征指数(P_b)。

$$P_b = \frac{B_m}{B_{m0}},$$

式中：B_m 为生物量；

B_{mo} 为标定生物量；

P_b 为标定相对生物量，P_b 值越大，表示生态环境质量越好。

（3）物种量，是指单位空间（如单位面积）内的物种数量。生态环境影响评价中也用标定物种量的概念，并且将物种量与标定物种量的比值，即标定相对物种量，作为评价的指标（P_s）。

$$P_s = \frac{B_s}{B_{s0}},$$

式中：B_s 为物种量，种数/公顷；

B_{s0} 为标定物种量，种数/公顷；

P_s 为标定相对物种量，P_s 值越大，环境质量越好。

8. 生物多样性定量评价

生物多样性一般有多样性指数、均匀度和优势度 3 个指标表征。

9. 景观生态学方法

景观生态学方法通过空间结构分析、功能与稳定性分析，评价生态环境质量状况。景观是由拼块、模地和廊道组成，模地为区域景观的背景地块，是景观中一种可以控制环境质量的组分。模地判定是空间结构分析的重点。模地判定依据有 3 个标准：相对面积大、连通程度高和具有动态控制功能。采用传统生态学中计算植被重要值的方法进行模地的判定。拼块的表征采用多样性指数和优势度，优势度指数由密度、频度和景观比例 3 个参数计算得出。景观生态学方法体现了生态系统结构与功能结合相一致的基本原理，反映出生态环境的整体性。①

三、生态风险评价原理

生态风险评价（ecological risk assessment）是 20 世纪 80 年代发展起来的一种新的环境影响评价方法，是应用定量的方法来评估各种环境污染物（包括物理、化学和生物污染物）对人类以外的生物系统可能产生的风险及评估该风险可接受程度的一套程式。风险评价是保险业中使用的方法，如估计死亡和财产损失等风险发生的可能性和程度，其核心问题是定量估计事故发生的概率。参考保险业中使用的一些评价方法，评价大气、土壤、水域环境变化或通过生物食物链对人体健康可能产生的影响，称为环境风险评价（environmental risk assessment）。环境风险评价包括人类活动、自然灾害对人类及自然的影响。应用风险评价方法专门评估自然环境可能发生的变化及变化的程度称为生态风险评价。

① 舒展，黄慧，于文男．环境生态学[M]．哈尔滨：东北林业大学出版社，2017.

近年来生态风险评价主要是由于面源污染的影响，特别是人们认识到人类自身是全球生态系统的组成部分，生态系统发生不良改变直接或通过食物链途径间接影响或危害人类自身的健康。通过科学和定量的生态风险评价，为保护和管理环境提供科学依据。①

生态风险评价包括预测性风险评价（predictive risk assessment）和回顾性风险评价（retrospective risk assessment）。生态风险评价的范围包括点位风险评价（site risk assessment）和区域风险评价（regional risk assessment）。

（一）生态风险评价的内容及程序

首先要了解所要评价的环境特征及污染源情况，判断是否需要进行生态风险评价。如果需要评价，再选定评价终点，并进行暴露评价与效应评价。暴露评价与效应评价的结果结合起来进行风险表征并评价风险产生的可能性与影响程度。评价结果为风险管理提供科学依据。

（二）生态风险评价的基本方法

生态风险评价的核心内容是定量进行风险分析、风险表征和风险评价，因此应设计能定量描述环境变化产生影响的程序与方法。在生态风险评价中主要应用数值模型作为评价工具，归纳起来有以下 3 类模型：

1. 物理模型（physical models）

通常用于环境评价的物理模型是实验室内各种毒性试验数据，如鱼类毒性试验的结果。这些实验生物代表某些生物或整个水生生物的反应情况。污染源及其受纳水体的反应数据也可作为评价的依据预测某个水库是否会发生富营养化，常常利用附近类似的、已发生富营养化水库的资料，即应用类比研究的方法进行评价。渔业科学家提出的有些数据模型和计算机技术也可用于评价污染对鱼类资源可能产生的影响。

2. 统计学模型（statistical models）

应用回归方程、主成分分析和其他统计技术来归纳和表述所获得的观

① 舒展，黄慧，于文男．环境生态学[M]．哈尔滨：东北林业大学出版社，2017.

测数据之间的关系，作出定量估计，如毒性试验中的剂量效应回归模型和毒性数据外推模型。

3. 数学模型（mathematical models）

应用数学模型定量说明各种现象与原因之间的关系。自然界十分复杂，不可能用数学模型完全表达出来，常用假设和简化的方法来评价。生态风险评价一般要求在已知的基础上预测未来或其他区域可能发生的情况，对于大幅度和长期的预测，单独用统计学模型是不够的。数学模型能综合不同时间和空间观测到的资料，可根据易于观察到的数据预测难以观察或不可能观察到的参数变化，能说明各种参数之间的关系，以提供有价值的信息。应用于生态风险评价的数学模型有两类，即归宿模型和效应模型。[①]

（1）归宿模型（fate models）。模拟污染物在环境中的迁移、转化与归宿，包括生物与环境之间的交换、生物食物链（网）中迁移、积累等模型。

（2）效应模型（effect models）。模拟污染物对生物的影响与胁迫作用，包括：个体效应模型（organism-level effect models），如毒物动力学和生长模型等，涉及个体生物的吸收、积累导致死亡的风险；种群效应模型（population-level effect models），如毒物对种群增长、繁殖、扩散、积累的影响模型以及毒物与种群关系或浓度效应关系模型等，其中包括许多渔业资源管理中发展起来的模型；群落与生态系统模型（community and ecosystem models），在效应模型中这类模型最为多样，包括微宇宙、中宇宙、区域与自然景观生态系统中能流模型、物质循环模型、自然生态系统食物网集合模型等。

不确定性（uncertainty）是生态风险评价的主要特点。引起不确定性的因素主要有三方面：自然界固有的随机性、人们对事物认识的片面性、实验和评价处理过程中的人为误差，也就是自然差异、参数误差和模型误

① 乌云娜，王晓光. 环境生态学[M]. 北京：科学出版社，2020.

差。定量描述这些不确定性是生态风险评价的核心。

由于生物与生物、生物与环境之间的相互关系十分复杂，用统计学和数学语言加以描述存在争议。因此，有关模型需要加以验证。验证的方法包括实验性验证、参考杂志上发表的权威评论和实际应用检验。此外，还要吸收专家的意见，在生态风险评价中专家的判断常常有重要的作用。

第七章

生态环境保护与可持续发展

第一节 全球生态环境问题研究

跨入21世纪后，人类社会面临的一系列生态环境问题，仍然是20世纪困扰人类社会的人口增长、全球气候变化、生态环境破坏、资源短缺、生物多样性锐减等问题。在新世纪里，人类对于发展与环境相协调的意识会更加强烈，措施也更加积极。环境问题依旧非常突出，生态环境保护的任务仍然十分艰巨，实现全球可持续发展的道路也还很艰巨。

一、人口增长

在面临的诸多重大问题中，人口问题仍是最基本和最突出的问题。人口持续增长和与日俱增的个人消费对未来粮食、能源、资源、环境等诸多方面提出的新挑战，必将对世界政治、经济和社会发展等产生多种影响。

（一）人口问题的特点

1. 总数继续增长，持续时间接近百年

现代社会的人口增长具有显著的惯性，它一旦形成快速增长态势，就需要几代人的努力才能得以控制，这是人口种群变动的一条重要规律。21世纪，世界人口总数将持续增长，人口密度随之加大。据联合国有关机构的预测，若按中位预测方案，世界人口将在1990年52.95亿的基础上，到2100年达到102亿，而后会停止增长；若按高位预测方案，世界人口在2100年以后还要持续增长一段时间，总人口最高值将达到140亿甚至更多；按最理想的低位预测方案，即更严格的控制人口增长，世界人口可望在2095年稳定在93亿。根据历史经验，世界人口是按照稍微高于中位预测水平变化的。所以，世界人口持续增长的趋势至少将延续到2100年。①

2. 两种畸形增长，导致两极分化的趋势更明显

20世纪世界人口增长的基本态势，是低增长或负增长的“发达国家型”及高增长的“发展中国家型”，这种趋势在21世纪还将会继续维持相当长的时间。世界人口规模的扩大，将主要来自发展中国家。在2000年以后，世界新增人口有95%来自发展中国家，2020年以后则增为97%。发展中国家人口的这种超速增长，给经济和社会发展带来的压力越来越大。“越穷越生，越生越穷”的恶性循环会越演越烈。相反，发达国家的人口增长缓慢，不少国家甚至会出现负增长，劳动力不足及老龄化并存日趋明显。人口问题上这种“南快北慢”的格局若不缓解，经济发展和生活水平“南低北高”的现状就难以改变。这种两极分化所导致的国际社会不稳定因素也将越积越多，这会影响全球经济、政治和社会的健康发展。②

3. 人口质量令人关注

就全球范围而言，发达国家和发展中国家经济发展的不平衡和面临的人口问题的形式不同，健康水平、文化程度、接受教育的机会和知识层次也有很大区别。许多发展中国家陷入经济落后→人口增长→人口质量下降→经济更落后的困境。发展中国家的这种恶性循环对人口质量的影响，将是21世纪人口增长不可忽视的问题。

---

① 许鹏辉. 基于持续和谐发展的环境生态学研究[M]. 北京：中国商务出版社，2019.

② 应启肇. 环境·生态与可持续发展[M]. 杭州：浙江大学出版社，2008.

4. 性别比例可能失衡

从数量上看，20 世纪男性多于女性，男性比例偏高的特点比较突出。但是，21 世纪更快的生活节奏和新出现的诸如环境荷尔蒙之类的问题，使得雌激素对人类，尤其对于男性生理和后代性别会产生影响。世界人口性别比例失调和严重的老龄化趋势将变为不可忽视的问题。

（二）人口的变化动态对社会、经济和资源等的影响

1. 对粮食和农业的影响

根据对人口增长趋势的预测，2050 年，世界粮食需要总量将增加 110%，这意味着需要开垦更多的土地来满足对粮食的需求，这将对所剩不多的森林、草地等自然生态系统造成更大的压力，更多地区的淡水供应也将更加紧张。

（1）粮食供给与耕地变化。据美国农业部统计，1950—1984 年全世界粮食产量的增长速度远远超过了人口的增长速度，1984 年以后，粮食产量的增长开始落后于人口的增长，到跨入 21 世纪时，世界人均粮食产量已经下降了 7%（平均每年下降 0.5%）。因人口增长而产生的诸多矛盾中，食品供应是最基本、也是最为尖锐的矛盾。

与粮食生产相关，人口的增长既需要增加耕地，又要不断占用大量的农业用地来解决居住和城市化各种设施的需要，耕地的减少将成为突出问题。由于耕地面积的减少，越来越多的国家面临失去“养活自己”的能力的危险。这种形势已在人口增长最快的国家，如巴基斯坦、尼日利亚、埃塞俄比亚和伊朗出现。1960—1998 年这些国家的人均耕地面积已减少了 40%~50%。据保守估计，到 2050 年，这 4 个国家的总人口将达到 10 亿多，即使农田面积不再进一步减少，其人均耕地面积也要再减少 60%~70%，即人均耕地面积仅有 300~600 m^2，还不到 1950 年人均耕地面积的 1/4。[①]

（2）海产品和畜产品。1950 年以来，人类对海洋生物的消耗量增长了

① 张清东，谭江月．环境可持续发展概论[M].北京：化学工业出版社，2013.

5 倍。目前，每年的海洋捕捞量为 9 300 多万吨，这已接近或达到了其所能承受的阈限。据预测，到 2050 年，全球肉类消费量将从 1997 年的 2.11 亿吨增长到 5.13 亿吨，这将加大谷物供应的压力。

2. 对资源和能源的影响

与工业革命前相比，现代社会的人类生活对资源和能源的消耗量明显增加，随着人口的增加，对资源和能源的需求矛盾还会进一步加剧。

（1）森林资源和生物多样性。人类历史的大部分时间里，全球森林面积一直是随着人口的增长而减少的。在 21 世纪的一段时间内，对森林资源的破坏还不会停止，尤其严重的是，随着森林的破坏，生物栖息地的面积不断缩小，生物多样性锐减，物种灭绝的速度还将加快。现在，是自 6 500 万年前白垩纪末恐龙灭绝以来，动植物物种的最大灭绝期，这个时期物种灭绝的速度，是自然灭绝速度的 100~1 000 倍。

（2）淡水资源。据国际水资源管理机构的估计，到 2050 年，将有 10 亿人生活在面临缺水的国家中。河流干涸、湖泊消失、地下水位下降使许多国家的淡水供应危机日趋严重。水是生命之源，水资源的严重不足必将直接威胁人类的生存。

（3）能源。过去 50 年，全球能源需求的增长速度是人口增长速度的 2 倍。预计到 2050 年，随着发展中国家人口的增长和生活水平的提高，能源的消耗将更多。工业化国家的能源需求量将增加 5 倍。而且，一段时期内仍然以矿物燃料为主。人均能源消耗量的这种高增长，即使人口低增长率也会对能源的总体需求产生极大影响。

3. 对生活质量的影响

1950 年以来，全世界的劳动力从 12 亿增长到 27 亿，超过了就业机会的增长。两种不协调的增长将直接影响到人们对住房、健康保障和教育的获得能力，即影响到人们的生活质量。

（1）收入与住房条件。据最近几年的统计分析，人口增长率下降最快的发展中国家的收入增长最快，如中国、印度尼西亚、马来西亚。事实再一次证明，只有真正控制了人口的增长，各国的发展才能健康、快速，人民的经济收入才会提高。在21世纪，如果要实现世界经济的可持续发展和提高各国人民的生活水平，就绝不能忽视对人口增长的有效控制。

据联合国统计，目前全世界至少有1亿人没有住房，这一数字相当于墨西哥的总人口数。如果将擅自占据房屋者和其他无稳定住所或临时居住人员计算在内，无房居住的人口数将高达10亿。今后若不能实现人口增长的有效控制，无住房阶层的人数还将会继续增加。①

（2）教育和医疗。未来50年内，在世界人口增长最快的一些国家（主要分布在中东和非洲），儿童人口将平均增长93%，到2040年非洲的学龄人口将增长75%。在那些儿童人口不断增长的国家（不包括对成年人实施的继续教育问题），国民教育的投入需要大幅度地增加，否则，不仅满足不了国民要求接受教育的愿望，而且还将加剧经济落后的恶性循环。在经济欠发达国家，医疗保障的形势也是非常严峻的，婴儿的死亡率一般都很高，人口的平均寿命也远远低于发达国家。

（3）生活环境。在全球各大洲，由于人类的开发和人口增长，自然生态环境的面积不断缩小，尤其是人口迅速增长已经超出当地资源承受能力的国家和地区，人口的增长使居民的正常生活环境难以得到保证，无清洁的饮用水、无稳定住所、无保暖的设施等。而在一些特大城市，人们也没有平静和安宁的生活，居民被噪声、污浊的空气、喧闹的人群所困扰。不断增加的人口还增加各种垃圾的数量。21世纪，大量废弃物的治理任务还相当艰巨，即使在许多人口较稳定的工业化国家，抛入掩埋式垃圾场和排水道的垃圾也会持续增多。

二、全球气候变化

全球气候变化是全球变化问题的一部分。所谓全球变化，是指“可能改变地球承载生物能力的全球环境变化（包括气候、土壤生产力、海洋和

① 张清东，谭江月．环境可持续发展概论[M]．北京：化学工业出版社，2013.

其他水资源、大气化学，以及生态系统的改变）”。① 全球变化在地球的整个演化过程中没有停止过，而且时慢时快。现在，人们高度重视这个问题，是因为强烈的人为干扰因素参与到自然生态的演变之中，使得这个问题更为复杂。气候变化对全球生态环境的影响最广泛、最深刻，产生的影响效应有利有弊。

自地球诞生以来的整个进化过程中，全球气候经历了不同时间尺度的变化，通常分为 1 万年以上即地质时期的变化、近几千年来历史时期的变化和 19 世纪末至今 100 多年的变化。气候变化一般包括气温、降水和海平面变化 3 个方面的内容。研究表明：过去 100 年里，全球平均气温上升了 0.2~0.5 ℃，全球海平面上升了 10~25 cm；全球陆地降雨量增加了 1%。如果对目前的温室气体排放不采取有效控制措施，预计到 2050 年，全球气温将升高 1~3 ℃；全球海平面将上升 15~100 cm；降雨强度可能会进一步增加。从数据的绝对值看，上述变化的结果似乎并不惊人，然而这是全球的平均水平。而气温、降水和海平面及其变化速率在全球的分布是不均匀的，这会导致某些地区短时间内发生急剧的气候变化，如高温、飓风和暴雨等极端天气的频率增多等。极地温度的升高将导致冰川融化，加速海平面的上升，这对沿海地区的威胁是相当严重的。②

近 100 年来，全球气温变化的总趋势是普遍变暖。但有两个值得注意的特点：一是从 19 世纪到 20 世纪 90 年代，全球气温的变暖并不是持续的，从 20 世纪 40 年代到 70 年代气温约下降 0.05 ℃；二是全球气温变化有明显的地域性差异。就每个国家或地区而言，增暖幅度也不同，不少地区的气温变化很小，甚至有些地区的气温反而呈下降趋势。

对引起全球气候变化原因的分析，主要有“温室效应”、植被变化、大气气溶胶作用等。

---

① 马光. 环境与可持续发展导论[M]. 3 版. 北京：科学出版社，2014.

② 杨京平. 环境与可持续发展科学导论[M]. 北京：中国环境出版社，2014.

1. 温室效应

目前，普遍的看法认为“温室效应”（green-house effect）是造成全球气候暖化的主要原因。所谓温室效应，是指存在于大气中的某些痕量化学物质和存在于对流层中的臭氧具有吸收太阳能在近地表的长波辐射从而使大气增温的作用，具有这种作用的气体被称为“温室气体”（green-house gases）。实际上，在人类存在之前，温室效应和温室气体就已存在，如大气中的 CO_2 气体和水蒸气等，就具有让太阳辐射透过地球表面，而对地球表面散发的长波辐射又有强烈吸收的作用，减少地表向外层空间的能量净排放，这就是“自然温室效应”，其作用是维持地球与大气层之间的热平衡，而人类社会对化石燃料的利用，对森林砍伐以及工业发展等，破坏了地球上的“自然温室效应”所形成的热平衡，由此而引起的气候变暖称为“人为温室效应”。温室气体主要包括二氧化碳、甲烷、氧化亚氮、氯氟烷烃、六氟化硫和臭氧等，它们对全球变暖的“贡献”各不相同。

植被破坏也是引起温室效应的原因之一。植物最基本的代谢功能就是吸收 CO_2、释放氧，植被减少必然引起二氧化碳吸收量的下降，从而间接引起大气中 CO_2 浓度的升高。据估计，目前因全球森林植被破坏引起的 CO_2 增量约占 CO_2 增加总量的 24%。

2. 水汽

水汽在大气中的含量很低，但对大气的影响很大。其变化会通过许多途径影响全球气温，水与汽之间的转化需要释放或吸收大量热能。因此，空气中水分含量的多少和变化必然对气温产生影响。目前，全球许多地区由于降水减少，气候长期干旱导致土地沙漠化，造成了植被的减少、生态系统调控能力降低，其最终结果是促使气温升高；降水的减少会影响空气湿度和土壤水分，使地表温度变化剧烈，对气温的调控能力降低；全球降水多少和空气湿度高低，会对河流和水库蓄水、植物生长及低层云量产生影响，最终也要对气温变化产生影响；水汽的输送和水分循环会引起太阳能在大气中重新分布，进而对大气环流以及气候变化造成很大影响。①

3. 植被变化

植被对全球气候变化的影响除与二氧化碳的吸放有关之外，还与下列因素有关：① 森林、草原等生态系统具有极强的活力和调节功能，这个系统的减弱必然会对全球气候变化产生影响；② 植被对太阳能具有吸收、反射的作用，植被的减少将改变到达低气层及地表层大气的太阳能分配，从而对气候产生影响；③ 地球上的植被尤其是分布于热带和亚热带的雨林对全球气流循环有调节作用；④ 植被对土壤、大气及地下水的平衡分布起着重要调节作用。

4. 大气气溶胶

大气气溶胶是通过对阳光的散射作用而对全球气候变化产生影响的，它能造成天空浑浊和能见度降低，进而影响对流层能量平衡，使低层大气和地表温度下降。此外，火山爆发、地球自转速率变化、大气污染和冰山退缩等都会对气候变化产生不同程度的影响。

全球气候变暖对人类带来某些有利的影响，同样也带来许多不利的后果。例如，全球性气温升高将带来气候变迁，原来适宜人类居住的地方，可能会因气候条件的恶化变得不适宜人类居住；同时，原来不适宜人类居住的地方，可能会因气候条件的改善变得适宜人类居住；全球性增温还可能会使一部分地区的农牧业产量增加，也可能使另一部分地区的农牧业产量下降。② 全球气候变化导致的影响主要有如下几个方面：

（1）影响人体的健康。气候变化会导致极端（如炎热）天气出现的频率增加，使患有心血管和呼吸道疾病的病人死亡率增高，尤其是老人和儿童；传染病（疟疾、脑膜炎等）发生的频率会因病原体（病菌、蚊子）易于繁殖和更广泛的传播而增加。

（2）影响水资源的时空分布。温度升高会导致水的蒸发和降雨量变

---

① 杨京平．环境与可持续发展科学导论[M]．北京：中国环境出版社，2014.

② 程发良，孙成访．环境保护与可持续发展[M]．3 版．北京：清华大学出版社，2014.

化，从而可能增加全球旱涝灾害的发生频率和程度。

（3）改变原有的植被类型和物种结构。区域性的森林等植被中，原有物种可能会因来不及适应气候变化的速率而消亡；全球一些特殊的生态系统（如常绿植被、极地生态系统等）及候鸟、冷水鱼类等会因气候变暖而面临生存困境；温度升高还会增加病虫害等自然灾害的发生。

（4）导致海平面的升高。全球性的气候变暖会导致海平面上升，这对经济相对发达的沿海地区将产生重大影响。据估计，在美国，海平面上升 50 cm 的经济损失为 300 亿~400 亿美元；同时，海平面的上升必将使海滩的面积相应减少。

（5）对农业生产的影响。由于气候变化，某些地区的农业生产可能会因为温度上升，农作物产量增加而受益，但全球范围农作物的产量和品种的地理分布将发生变化，农业生产可能必须相应改变以往的土地使用方式及耕作方式。

三、生物多样性锐减

生物多样性（biological diversity 或 biodiversity）是地球最显著的特征之一。它是地球上的生命经过几十亿年进化、发展的结果。生物多样性是指地球上所有生物——动物、植物和微生物及其所构成的综合体，通常包括遗传多样性、物种多样性、生态系统多样性和景观多样性 4 个层次。野生种灭绝、局部范围灭绝、亚种灭绝和生态灭绝是生物多样性丧失的几种常见形式。

生境破坏、资源过度开发、环境质量恶化和物种的入侵，是造成物种灭绝的“灾害四重奏”（Diamond，1989），而人类活动对生境的破坏包括自然生境的退化、消失和生境破碎化现象（fragmentation），是当前生物多样性大规模丧失的主要原因。生物多样性的大量丧失和有限生物资源的破坏已经直接或间接地制约了经济发展和社会进步。在过去的 4 个世纪中，人类活动已经引起全球 700 多个物种的灭绝，包括大约 100 种哺乳动物和 160 种鸟类。其中 1/3 是 19 世纪前消失的，1/3 是 19 世纪灭绝的，另 1/3

是近50年来灭绝的。20世纪最后10年里灭绝生物物种比前90年所灭绝物种的总和还要多。据联合国资料表明，2000年一年地球上就有10%～20%的植物消失。进入21世纪，生物多样性还会以前所未有的速度丧失。①

由于人类活动的干扰，直接或间接地使很多物种濒临灭绝的边缘。引起物种灭绝或濒危最重要的人为干扰有以下5个方面：

1. 栖息地的破坏

即生境丧失、退化与破碎。近百年来，森林面积大幅度减少，湿地被开发或退化，使许多物种失去了生存所需要的生态环境。

2. 滥杀滥捕

许多野生动物种群数量的锐减甚至灭绝，不是由于生境的破坏，而是因为具有“皮可穿、毛可用、肉可食、器官可入药”的价值而遭灭顶之灾的，如大象、犀牛、藏羚羊等，人们为了食用山禽野味，也捕杀了大量的野生动物。

3. 盲目引种

盲目引种也是造成物种多样性减少甚至灭绝的重要原因。例如，15世纪欧洲人相继进入毛里求斯，随之引入了猴子和猪，这使当地8种爬行动物、19种鸟类先后灭绝。有的学者估计，盲目引种对濒危、稀有脊椎动物的威胁程度达19%，而对岛屿物种则更是致命的。

4. 环境污染

人类向自然界排放的各种有毒物质对环境造成的污染，使生态系统中生物的食物链和生存基础被破坏，污染对物种的影响是缓慢的、积累的，但作用又是极其深刻的，有人形象地把某些环境污染的危害比喻为“致生物于死地的软刀子”。

① 程发良，孙成访. 环境保护与可持续发展[M]. 3版. 北京：清华大学出版社，2014.

5. 气候变化

由于全球性的气候变化，特别是气温的升高和降水的减少，许多生活在温湿生境中的动植物不得已而迁移。例如，由于气候的变暖，欧洲地区34种蝴蝶中的2/3在20世纪内向北迁移了245 km；但像某些蜗牛、甲虫等动物就只能遭受灭绝之灾。

生物多样性是人类社会和经济发展的支撑和资源。生物多样性的减少，可导致生态系统为人类社会提供的生物生产价值和各种服务价值的大幅度降低。前者如木材、毛皮、水果、药用植物等减少，后者是生物多样性锐减最重要的影响，如植物的光合作用、保持水土、调节气候等非消费性的服务价值，包括动物的作用，如昆虫类为作物传授花粉、传播种子等。更为重要的是，生物多样性的减少会使物种资源库枯竭，未来的新品种培育和科学研究的价值将随之受影响。生物多样性是生态系统中生物链的基础，生物链最大的价值在于形成了相互联系的“生态网络”以维护人类的生存。毫无疑问，如果地球上只剩下人类自己，人类也绝不可能持久地生存下去。

四、资源短缺的危机加剧

人口的继续增长，必将增加对矿产、燃料、原料，以及各种可更新资源的消耗，加快某些稀有和短缺资源的枯竭。资源短缺将成为制约未来世界经济和社会发展的重要因素。在人类所需要的各种资源中，最基本和最重要的是以下几类资源。

1. 水资源

世界水资源研究所认为，21世纪全世界将有26个国家的2.32亿人口面临缺水威胁，另有4亿人口所生活地区的用水速度将超过水资源更新的速度，1/5的世界人口可能饮用不到符合卫生标准的淡水。而且，水资源的危机不仅表现在数量匮乏上，还表现在水质的恶化方面，即“水质性缺水”。由于环境污染，可饮用水和地下水的质量一直在恶化。全世界陆地淡水资源分布是很不均匀的，北非和中东很多国家降雨量少，蒸发量大，径流量小，淡水人均占有量很少，而冰岛、厄瓜多尔和印度尼西亚等国，若以每公顷土地的径流量做比较，人均水量是缺水国家的 1 000 倍以上。①

2. 土地资源

土地作为资源，主要表现在面积和质量两种属性上。仅就总量而言，全球无冰雪覆盖的陆地面积为 13.3×10^7 km^2，目前世界人均占有量为 2.5 hm^2。从绝对值上看，这个数字是不小的。但还必须考虑土地质量这个属性，因为陆地总面积的 20%是位于极地和高寒区，有 20%属于干旱区，20%为陡坡地，15%是岩石裸露，缺少土壤和植被，这些共占陆地面积的 70%。其余 30%较适宜于人类居住，即可作为耕地、住宅、工矿、交通等用地。按此计算，全世界人均占地仅为 0.75 hm^2；其中耕地仅占适宜人类居住地的 60%~70%，人均耕地 0.45~0.53 hm^2，人均粮田仅 0.12 hm^2。

3. 能源

能源可从不同角度分类为一次能源和二次能源、常规能源和新能源、可再生能源和不可再生能源等。21 世纪能源问题将有如下特点：① 在一段时期内能源消耗主要还是不可再生能源，全世界目前已探明的剩余可开采能源储量很有限：石油尚可开采 40 年，煤炭可开采 200 年，天然气可开采 40 年。所以，积极寻找替代能源是新世纪必须高度重视的问题。② 消耗水平的差异仍将继续存在，但使用总量将继续增加。发达国家对能源的消耗量还要继续增大，其中，占世界人口 5%而消耗世界能源 25%的美国，消耗强度也还要持续增长。随着人口增长和经济的发展，发展中国家的能耗需求和消耗强度也将有大幅度提升。②

4. 矿产资源

矿产资源具有不可再生性、可耗竭性、区域分布不平衡性、动态性等特点。20 世纪 70 年代末，美国矿务局曾对一些矿产资源的寿命进行了预

---

① 庞素艳，于彩萍，解磊. 环境保护与可持续发展[M]. 北京：科学出版社，2015.

② 许鹏辉. 基于持续和谐发展的环境生态学研究[M]. 北京：中国商务出版社，2019.

测，得出的结论是，14 种主要矿产资源的可开采时间为 20～300 年不等。这个预测可能不十分科学和准确，但可供开采的矿产资源总量确实是有限的。随着人类需求的不断增长，某些不可再生资源的耗竭是不可避免的。在 21 世纪内，矿物资源短缺的问题可能会凸现出来。

从理论上讲，可再生资源是不会枯竭的。但实际上，若不能积极保护和科学利用也会变成有限的。例如，对鱼类滥捕，就会使鱼类种群繁衍速度变缓，质量下降甚至绝种。不可再生资源虽说是有限的，但其本身却具有可被再利用的潜在价值，使其转变为无限的现实价值。因此，要用发展的观点来认识资源问题，既要看到有限性，又要看到它的潜在性和无限性。为此，在解决资源问题上，要切实搞好两个根本性转变：一要力求做到资源的合理配置；二要使经济增长方式从粗放型转变为集约型，使有限的资源实现充分利用和综合利用。另一方面，更要加速科学技术的进步，从各方面提高勘探、开发、冶炼、合成等技术能力，以获得新的资源或替代品，不断开辟新的资源空间和具有战略意义的开放领域如海洋等。

五、环境酸化

若能源结构无大的改变，环境酸化将可能成为 21 世纪全球性重大环境问题之一。环境酸化首先是大气环境的酸化，即大气含有大量人为排放的酸性气体。自然界自身也排放酸性气体，但就总量而言，人类活动的排放量约占总排放量的 2/3。由于产业结构和布局上的差异以及气候条件的不同，人为排放的酸性气体具有不均匀性和传播性的特点，这使得某些局部地区环境酸化的程度比较严重，有的地区甚至酸性降水（pH 值低于 5. 7）成灾。土壤酸化是酸性气体随降雨、降雪或直接进入土壤所致。酸度增高的土壤，改变了动植物已经适应的生存条件，从而影响农业生产、森林生长和生物的生存等。土壤酸化还能影响营养元素的地球化学循环，造成有毒有害元素（如铝）的活化等。同时，大部分酸沉降首先是降落到土壤上，然后由地表径流汇入江河和湖泊等水体，引起水体酸化。最早发现水体酸化现象的，是 20 世纪 50 年代末 60 年代初英国谢菲尔德地区的沼泽地表的水酸化。后来在加拿大、美国东部和瑞典、挪威南部，以及中国西南地区，也发现了水体酸化现象。

环境酸化对人类生活及赖以生存的生态环境具有极其严重和深刻的影响，而且酸化污染是区域污染，土壤和水体酸化又是长期酸沉降的结果，更难于治理。目前，大气环境酸化方面的研究主要集中在减少二氧化物、氮氧化物等酸性气体排放方面，如煤的脱硫技术、减少汽车尾气排放等；而在土壤和水体酸化方面的研究主要包括：酸沉降作用下，金属铝的地球化学生物特征；溶解有机物在土壤和水体酸化过程中的作用；环境酸化缓冲容量及临界负荷；适合特定流域或区域的酸化模型的建立；结合酸沉降负荷、地质特征、水文条件等因素进行的酸化敏感性区划和酸化趋势预测等。①

六、环境荷尔蒙的威胁

环境荷尔蒙是扩散于环境中、能使人和动物的生殖机能产生混乱并形成生殖障碍的一类化学物质的总称。它是被人类广泛使用并积累于环境中的合成化学物质。最具有代表性的是 DDT 等农药、PCB（多氯联苯）类工业化学物质、二噁英等致癌物质，以及女性使用的雌素酮等合成荷尔蒙 DES（己烯雌酚）类医药品。当人和生物长期接触、使用这些物质或生活在有这类物质的环境中时，其内分泌系统、免疫系统、神经系统就会慢慢出现功能紊乱。

1. 环境荷尔蒙的主要来源

环境荷尔蒙主要存在于空气、水和食物中。

空气中的荷尔蒙有 3 个来源：焚烧垃圾废物；生产过程中的某些泄漏；建筑材料、家具、日用品的挥发物。最典型的是二噁英，它是二苯基-1, 4-二氧六环及其衍生物的通称，也是迄今为止已知物质中毒性最强的化合

① 许鹏辉．基于持续和谐发展的环境生态学研究[M]．北京：中国商务出版社，2019.

物之一，有很高的致死性，其毒性是人们熟知的氰化钠的130倍、砒霜的900倍。此外，人类在生产过程中泄漏的荷尔蒙物质还有合成树脂加工过程中的可塑剂，喷洒在农田、绿地、树木、果林地的某些农药等。值得注意的是，房屋装修中用到的很多材料中也含有易挥发的荷尔蒙化学物质。

水中的荷尔蒙类物质主要来自工厂排放的工业废水、生活污水及雨水。降雨后的空气格外清新，其原因是降雨带走了空气中的污浊成分，其中就包括上面所提到的散发在空气中的二噁英等荷尔蒙类化学物质。这些带有荷尔蒙成分的微粒子被水中的藻类、微生物、浮游生物、鱼类摄入后，便在其体内蓄积，并通过食物链影响到人类。

食物中若含有荷尔蒙类物质，对人类的危害最大。如今，各种农作物的生产几乎都离不开农药和化肥，而许多农药则含有荷尔蒙类物质，它们在杀死害虫的同时，也严重地污染了农作物。虽然现在世界各国已相继禁止使用DDT等某些农药，但它们所产生的危害却不是短时间内能消除的。①

2. 环境荷尔蒙的危害及防治对策

有关环境荷尔蒙对人和生物影响的研究还刚刚开始，对其许多危害还不完全清楚。但某些荷尔蒙类物质被摄入动物体内会干扰动物自身激素的功能，使动物的生殖机能受到影响而出现生殖异变现象。最近出现的人类男性精子数减少、年轻女性的不孕症、生殖器官异变、乳腺癌等都与荷尔蒙分泌的异常有直接关系。当荷尔蒙影响到性荷尔蒙以外的其他荷尔蒙，如甲状腺荷尔蒙、副肾皮质荷尔蒙时，则会造成神经系统和免疫系统的功能障碍，而这些障碍又会导致许多社会问题的发生。环境荷尔蒙对自然界中其他生物的危害也极为严重。目前，已被证实环境荷尔蒙对生物有影响，如鱼类、鸟类、哺乳类动物的大量非正常死亡（鲸的集体自杀），动物的雌雄变异、畸形，某些物种的灭绝等。

---

① 郭苏建，方恺，周云亨．环境治理与可持续发展：中国经济和全球进展[M]．杭州：浙江大学出版社，2020.

对环境荷尔蒙危害的初步研究结果使人们意识到，过去那种认为“排放到环境中的有毒物质的浓度只要低于一定值便无害”的看法和做法是错误的，至少是片面的。现在，科学家们正在积极研究解决环境荷尔蒙危害的办法，并初步采取一些行之有效的防治措施。如禁止焚烧各种垃圾废物；禁止生产和使用含环境荷尔蒙化学物质的剧毒农药，而用害虫的天敌去抑制害虫；简化居室的装修并尽可能保持室内的通风良好；室内盆栽能吸收有害气体的花草；研制无磷洗涤剂；少食用高脂肪食品；适当延长清洗蔬菜、水果的时间或增加清洗次数，以清除表面残留的农药等。

第二节 人类应对环境问题的举措

正确的生态伦理观和发展观的提出及确立，促使人类的传统生产和生活方式发生了重要转变。这些变化包括对高消耗、高污染工业部门的治理、改造；积极发展高新技术产业和绿色产业；加强对环境质量的管理与监控；加大对自然生态系统的保护和受损生态系统恢复的力度等。

一、工业生态学

在工业污染控制的整个历程中，人们曾在“末端治理”上投入了大量的精力和财力，但收效并不理想。现在经过理性反思，人们终于开始了以转变传统生产模式的形式彻底解决环境问题的实践。工业生态学也正是在这种需求下产生和发展起来的。

工业生态学是指依据生态学的原理，根据可持续发展和资源充分利用的原则，研究和进行工艺设计，以使工业生产系统及其与环境之间进行的物质流和能量流，实现原材料循环再利用、减少资源消耗和降低环境污染或对环境无伤害为目标的科学。工业生态学的具体研究内容主要包括 4 个方面：

① 零排放。寻求建立循环利用全部被使用的物质而无废物排放的工业生产系统，除外部输入能源外，力求建立一个闭环系统，能够回收和循环使用生产中所产生的所有物质。实际上，真正达到零排放几乎是不可能实现的。目前，零排放实现较好的是使用氢燃料和以电能为动力的汽车。

② 替代材料。积极需求对环境“友好”的新材料。

③ 非物质化。非物质化理论认为，随着技术的进步，工业活动的增多和经济的增长不一定要伴随所需物质量的增加，资源消耗是可以减少的。如通过各种创新技术，可从矿物中更有效地提取有用物质，可以改善材料的性能，减少材料的使用量以及促进废物再利用等技术而实现非物质化。

④ 功能经济。这是工业生态学的一个理论观点，认为一种产品是代表向消费者提供特定功能的一种手段。当人们转变常规看法，把产品看成是向最终用户提供的某种功能时，资源的使用量和废物排放量将会大大减少。例如，当人们不买汽车这种产品本身，而只买汽车运送乘客和物品的功能时（即不买产品，只买服务），汽车制造商将会想方设法延长汽车的使用寿命，并且提高废旧汽车的回收价值，从而可减少资源消耗和废物排放。

工业生态学的发展，将给人类社会的工业生产和活动带来全新面貌。人们将不必投入大量的资金用于建立昂贵而又对环境造成二次污染的填埋场和废物处理厂；工厂经营者将通过改进工艺设计来减少废物和污染而提高效益；制造商们将更加关心产品的整个生命周期；工程师们也将以诸如“分解设计”“回收设计”和“环境设计”等新概念来替代以前经常用到的“加工设计”和“装配设计”等。在21世纪，工业生态学的发展和应用将为解决环境与发展问题而提供有效的途径。①

二、ISO环境质量标准体系

ISO是国际标准化组织的英文名称（International Organization for Stand-

① 郭苏建，方恺，周云亨．环境治理与可持续发展：中国经济和全球进展[M]．杭州：浙江大学出版社，2020.

ardization）的缩写。该组织是非政府性国际机构，其宗旨是“便于国际合作和统一技术标准”，目的是在世界范围内促进标准化工作及其有关活动的开展，以利于国际间物资、信息、环境保护等方面的交流和互相服务，主要任务是制定国际标准，协调世界范围内的标准化工作，与其他国际组织合作研究有关标准化问题。20 世纪 60 年代，基于环境污染问题特别是空气和水质污染日益引起世界各国的普遍关注，ISO 于 1971 年成立了 TC146 大气质量委员会和 TC147 水质量委员会，1986 年成立了土壤质量委员会（TC190），1991 年成立了固体废弃物委员会（TC200），1993 年又成立了环境管理委员会（TC207），专门研究环境战略的标准化问题，对于加强环境质量的管理和监控发挥了积极作用。1987 年，该组织推出了 ISO9000 质量体系系列标准，其关注范围由制定单个产品的质量标准进入质量管理领域。ISO9000 标准为设计和记录一个企业的质量管理程序和具体做法提供了指导，在世界范围内得到了各国企业的广泛认同。ISO14000 系列标准体系并不规定具体的操作方法或企业必须遵守的、数值化的或其他形式的性能标准，它的宗旨是为企业提供一个有效的环境管理体系的基础，帮助企业达到其环境目标和经济目标。ISO14000 具有权威性、普适性、自愿性、可操作性和持续性等基本特点。现在，符合 ISO 标准已经成为贸易活动中建立相互信任的基石。

三、自然保护

加强对自然生态环境和自然资源的保护，已成为人类的共识。在 21 世纪，对各种类型生态系统的保护仍将继续加强，另一方面，将把整个生态环境的保护、建设与经济发展紧密结合起来。自然保护区的面积还会相应扩大，以加强对珍稀和濒危物种资源的保护。自 1872 年建立世界上第一个自然保护区至今，现在世界各国面积在 1 000 hm^2 以上的各种类型自然保护区共有 4 000 多处。自然保护区是依据法律、经政府批准确定的，具有生态学特殊价值或功能性质的各类特定保护区域（包括陆地、水域和湿地等）的总称。保护对象主要是著名的、典型的生态系统及其所含生命系统所构成的特殊生态功能。联合国教科文组织已把自然保护区占国土总面积的百分比，作为衡量一个国家自然保护事业及科学文化发展水平的重要标志。

水产资源保护的任务将会加重。这不只是因为世界人口增长造成的食物压力，而且也是保护水生生物资源的需要，尤其要保证有经济价值的动植物的亲代、幼体、卵子、孢子等进行繁殖的需要。饮用水资源地保护的任务也十分紧迫，要确保提供安全卫生的饮用水，以保障人民的身体健康。森林资源的保护既要严格控制对其的采伐，又应注意气候变化带来的一系列影响，如火灾、病虫害的增加，生物物种分布的变化，外来物种的引进等。①

由于土地资源的紧张，加强水土保持，防止水土流失，保护和合理利用水土资源，是发展农业生产的根本措施，也是 21 世纪生态环境保护的重要任务。生态景观保护的意义更重要，它的保护需要制订区域景观整体保护规划和多功能的动态保护对策。文物保护将成为 21 世纪环境保护的一个热点。它是进行民族优秀文化传统教育和爱国主义教育的需要，是加强科学研究的需要；同时，它又是各国发展旅游产业的条件保证。

进入 21 世纪后，我国的环境保护采取了许多新的举措，有了积极进步。主要表现在全面落实《中国 21 世纪议程》中的承诺，在保持经济快速发展的同时，积极保护和建设生态环境，实施可持续发展战略的主要措施有以下几点：

① 将自然保护纳入社会经济发展计划，包括进行了详细的自然资源状况普查；健全经济、社会发展和环境保护综合评价指标体系；合理确定自然资源保护和改善环境质量在国民经济计划中的投资比例等。

② 规范有关自然保护的法律和法规，加大执法力度。加强部门间的协调，摈弃只顾部门生产和企业经济效益而忽视对整体自然生态和环境质量

---

① 郭苏建，方恺，周云亨. 环境治理与可持续发展：中国经济和全球进展[M]. 杭州：浙江大学出版社，2020.

保护的观念。

③ 运用经济杠杆如信贷、税收等手段的调控作用，促进自然资源的综合利用，鼓励综合开发利用及合理增殖自然资源和区域社会、经济与环境的发展协调。

④ 政府重视。各级政府和部门都把自然保护工作列入重要议事日程，作为实现经济建设、社会健康发展的内容和保证条件，认真规划和落实。

四、积极推进绿色文明

绿色文明是内涵非常丰富的概念，其实质是提倡一种人与自然和谐生产、生活的社会形态，包括绿色工业、绿色农业、绿色消费等。绿色文明的生态学含义，是指人类在开发利用自然，进行生产和生活消费的过程中，从维护社会、经济、自然系统的整体利益出发，尊重自然、保护自然，注重生态环境建设和生态环境质量的提高，使现代经济社会发展建立在生态系统良性循环的基础上，以有效地解决人类经济社会活动的需求同自然生态环境系统供给之间的矛盾，实现人与自然的协同进化和社会、经济、环境三者的协调发展。所以，许多学者认为，21 世纪，绿色道路是人类的唯一选择。①

绿色文明的内容涉及人类社会生产和生活的方方面面。下面，仅就几个方面的内容进行简要介绍。

1. 绿色技术

绿色技术主要是指企业选择的工艺和开发的新品种，在生产和消费过程中对资源能充分利用并对生态环境不构成损害的技术和产品。绿色技术是当今国际社会各类工业生产发展的一种趋势。近年来，绿色技术迅速发展，在防治污染、回收资源、节约能源三大方面形成了庞大的市场，包括产品开发、信息服务和工程承包等。据不完全统计，在 20 世纪末，绿色技

---

① 郭苏建，方恺，周云亨．环境治理与可持续发展：中国经济和全球进展[M]．杭州：浙江大学出版社，2020.

术与产品的全球市场销售已接近6 000亿美元。在这一市场角逐中，发达国家占绝对优势，如美国的脱硫、脱氨技术，日本的粉尘、垃圾处理技术，德国的污染处理技术等，均在世界上处于领先地位。目前，以占领世界绿色产品市场为目的、争夺绿色技术制高点的国际竞争已经开始。无污染的"绿色汽车"、低毒而对环境友好的"绿色化工"，以及提供健康和安全食物的"绿色农业"等技术都蓬勃发展。为了在竞争中获得优势，美、日和欧洲一些国家在绿色产业中应用生物技术、计算机技术和新材料，使其变成一个高科技行业。绿色技术中的"绿色设计"格外引人注目，它是指设计出的产品可以拆卸、分解，零部件可以翻新和重复利用的一种设计思维。这既保护了环境，也避免或减少了资源的浪费。这一新的设计理念正激发起世界上许多制造商们的热情，卡特彼勒拖拉机、施乐公司的复印机、美国的个人计算机、日本的激光打印机、德国和加拿大的电话机等，都曾采用这种"绿色设计"。①

2. 绿色产品

绿色产品是指在生产、加工、运输、消费的全过程中对环境无污染或少污染的各种技术产品，有人称之为"环境友善产品"、据美国国际环保商业公司统计，1990年新产品中仅有5%的"绿色产品"，至1997年这个比重已提高80%。近几年来，在计算机领域，美国率先开发了绿色电脑，美国环境保护署制订的"绿色电脑"标准和节电型电脑标志——"Energy star"正式实施，各大电脑厂商陆续推出具有高效率的机种，预计节电效果高达75%。据估算，由于使用了"绿色电脑"，美国联邦政府每年可减少电费支出400万美元。德国施奈德、格隆迪希等几家公司联合开发出了一种"绿色电视机"，该机所用材料是轻型钢板、铝制件、木料及塑料，其所用塑料可重新熔化，回收再用且性能不变。整机各个部件均可自行拆卸、拼装、更换，是保证适应环境保护要求的最新技术水平。除工业产品

① 郭苏建，方恺，周云亨．环境治理与可持续发展：中国经济和全球进展[M]．杭州：浙江大学出版社，2020.

外，绿色产品还包括各种食品等多类产品。

3. 绿色标志

绿色标志也称环境标志、生态标志，它不同于普通商品的商标，而是用来表明产品的生产、使用及处置过程中，全部符合环保要求，即对环境无害或危害最少的产品。世界上最先推行环境标志的是德国，1978 年，联邦德国首先在全球推行图案为“蓝色天使”（blue angel）的绿色标志。至今，德国批准使用的绿色标志已覆盖 60 多门类共 4 300 多种产品。绿色标志的使用已趋于国际化，并呈现区域一体化的发展趋势。绿色标志的实行和使用，对推进全球的环境保护有着重要的意义，它能培养消费者的环境意识，增加消费者关注环境问题和产品的环境影响。由于绿色标志的实行，使“绿色消费”越来越受到消费者的欢迎，甚至愿以高价购买有绿色标志的商品而抵制普通商品，致使绿色标志成为产品竞争的重要条件。因此，面对消费者绿色意识的日益增强，许多有远识的企业家开展了“以产品对环境的影响”为中心的营销策略，使“绿色营销”应运而生，所谓“绿色营销”，就是通过树立企业的绿色形象，刺激顾客对其商品的购买欲望，达到产品销售目的的各种营销手段和方式。[①]

4. 绿色包装

“绿色包装”是要求企业在产品设计及包装的使用和处理方面，既要降低商品包装费用，又应降低包装废弃物对环境的污染程度。目前，国际商界流行一种被称为“绿色包装”的纸包装，这种纸袋的成分易于被土壤微生物分解，能重新进入自然循环。有的专家还从仿生学角度，研究分析天然“包装”的巧妙性，企望能从诸如橘子的“缓冲式”包装、豆荚的“颗粒”包装、鸡蛋的气室防震功能和薄壳建筑式构造、贝壳中珍珠的养护与收藏等自然包装中，探索“绿色包装”的新路子。法国商场的食品货架上，已看不到塑料、玻璃等难以回收的包装材料，而绝大多数的奶制品、果汁和液体食品都采用无菌纸盒包装，无须冷藏就可保鲜 6 个月。而

---

① 张清东，谭江月. 环境可持续发展概论[M]. 北京：化学工业出版社，2013.

这些包装材料回收后又可加工成“彩乐板”制作家具、装饰材料、玩具等。“绿色包装”已成为世界液体食品包装的主流。

5. 绿色消费

人类与自然的关系，从根本上讲，就是人类消费行为、消费方式与对自然的开发、利用、破坏的关系。绿色消费正是基于对人类行为反思的基础上提出的，其内涵是鼓励人们的消费心理和销售行为向崇尚自然、追求健康方向转变。它主张和提倡人们不再以大量消耗资源、能源来求得生活上的过于奢侈，而应正视人类发展面临的环境危机，在求得舒适的基础上，节约资源和能源，从而在世界范围内兴起了“绿色消费”的热潮，“绿色消费”已成为一种时代文明的新时尚。“绿色消费”是一种以简朴、方便和健康为目标的生活方式。据有关资料统计，77%的美国人表示，企业的绿色形象会影响他们的购买欲；94%的意大利人表示在选购商品时会考虑绿色因素；在欧洲市场上，40%的人更喜欢购买有“绿色标识”的商品；在德国和荷兰，67%~82%的消费者在超级市场购物时，都十分重视环保问题。

6. 绿色文化

我国著名文化学者田汝康认为：“‘文化’一词代表着三种不同的内容：一是指一个国家或民族长期积累下来的精神财富——实际指的就是思想史；二是指与物质文明相对的精神文明，也就是教养问题，包括语言、社会风气、道德规范等；三是指区别于经济、科技、教育的文化艺术活动。这三种内容常常被重叠交互使用。”由此来看，绿色文化所含范畴相当广泛，包括了上面所提到的内容。这里突出强调的是“绿色管理”和“绿色教育”。所谓“绿色管理”，就是把环境保护的思想观念融于企业的经营管理和生产营销活动之中。具体地说，就是把环保作为企业重要决策要素来确定企业的环境对策和环境保护措施。例如，世界上最大的化学工业公司杜邦公司，就是首先推行“绿色管理”的企业，该公司任命了专职的环保经理，从1990年开始，在全球化工行业率先回收氟利昂，并计划在30年内不断减少排放废弃物，成为真正的“绿色企业”。“绿色教育”是当今世界各国开展的各种形式的生态教育和环境教育的总称，主要是生态意识、生态道德和生态环境保护知识和技能的教育，这是“绿色文化”的基础。现在许多国家都把“环境知识”教育列入职工培训的重要内容。

7. 绿色壁垒和绿色保护

随着人们“绿色”意识的不断提高，许多国家加强了对进口商品的限制，产品质量是否符合环保要求成了重要的控制标准，这就是所称的“绿色壁垒”，实质上就是国家间贸易保护的一种新形式和手段。许多国家的商品因此而不能进入国际市场或需要附加“绿色关税”，“绿色关税”又称“环境进口附加税”。这是 21 世纪国际间贸易必须高度重视的问题，它将给许多发展中国家的贸易带来困难。“绿色壁垒”对食品农药残留量、放射性残留和重金属含量的要求尤其严格。从保护环境和人体健康的意义上讲，“绿色壁垒”的积极意义是促进世界各国加强生态环境建设和保护。所谓“绿色保护”，就是通过各种法律手段，促使各行各业加强对生态环境的保护，使之达到食物天然化、环境绿色化和空气、水源纯净化的绿色要求。目前国际上已签订了 150 多个多边环保协定，其中有将近 20 个含有贸易条款，旨在通过贸易手段达到执行环保法规的目的。近年来，人们对纺织品的环保要求也越来越严格，尤其对丝绸染料的化学成分有明确的规定和严格的检测手段，欧盟还提出要禁止进口含有所列举的 51 种化学物质的棉布。德国联邦健康委员会制订了保护消费者健康的“一揽子”计划，其中包括禁止一些可能致癌的偶氮染料纺织品进入德国市场。进口产品也波及了机电产品，要求越来越多的机电产品不能在生产和使用过程中对环境构成污染。这在很大程度上促进了 ISO 环境管理体系的推广，现在，全世界已有 200 多个国家和地区积极采用 ISO14000。①

绿色文明是以人与自然和谐统一为基础的文明。这个文明的核心是绿色价值观，生态伦理就是绿色价值观的核心内容之一。生态伦理观的实质，就是要超越狭隘的人类中心主义，把道德关怀的范围从人扩展到人之

---

① 张清东，谭江月．环境可持续发展概论[M]．北京：化学工业出版社，2013.

外的其他自然存在物，倡导人们用心灵去贴近大自然，热爱大自然，与自然融为一体，重新确认人类生活的价值根基。绿色文明兴起的意义，就是使人类重新评估了近代以来人类社会的发展模式、政治理念与经济结构，使人类文明实现了根本性的“范式”转型。指出了绿色生活方式是绿色文明最坚实的根基，只有选择绿色生活方式，人类社会才能真正走出目前的困境。

第三节 人类社会的发展观与可持续发展战略

一、关于未来人类社会两种发展观的争论

20 世纪 70 年代，关于未来人类社会的发展前景问题，在西方国家的学者中曾展开过热烈的讨论，并形成了以福罗斯特和梅多斯为代表的“悲观派”与赫尔曼·卡恩和西蒙为代表的“乐观派”的两种发展观。

（一）悲观派的“世界末日”模型

福罗斯特发展了“系统动态学”分析方法，并把它应用于增长有限论方面，于 1971 年出版了《世界动态学》一书。梅多斯原是他的学生，1970 年受罗马俱乐部的委托与他人合作，在 1971 年出版了《增长的极限》一书。该书是罗马俱乐部的第一个报告，它在研究内容和分析方法方面，都是以福罗斯特的《世界动态学》为蓝本，而且，这两本书对于人类未来的结论也颇为一致。所以，西方经济学家常把他们的理论简称为福罗斯特–梅多斯模型。在他们提出的模型中，选取了人口增长、粮食供应、资本投资、环境污染和资源耗竭作为影响世界经济的 5 个主要因素。他们的研究结论认为，由于人口增长引起粮食需求的增长，经济增长引起不可再生资源枯竭速度的加快和环境污染程度的加深，都属于指数增长。因此，人类或迟或早必然出现“危机水平”。而且他们断言，在 2100 年到来以前，人类社会即将崩溃。

由于《增长的极限》所提出的观点涉及人类的前途与命运，得出的结论又令人害怕，所以遭到了西方乃至世界多数学者的强烈批评和指责。有些学者认为，“增长极限论”是新形势下的马尔萨斯人口论的再版，是“带着计算机的马尔萨斯”（Cole，1973）。R. S. Solow 甚至提出“末日模型是一个坏科学，因此也是公共政策的坏导向”。面对如此激烈的指责，罗马俱乐部不得不于 1974 年又提出了题为《人类处于转折点》的第二份报告。该报告根据世界各地文化、环境、发展水平和资源分布的不同，把整个世界分成 10 个区，在此基础上，由计算机编制出“多水平世界模型”。与第一个报告相比，这个报告所得出的结论有了明显改进。他们的结论是，在 21 世纪中叶以前，不同地区由于不同原因，在不同时局，可能发生区域性崩溃，必须进行全球的联合行动，否则，一个区域到一定时间就会发生崩溃。除联合行动外，另一种补充手段，就是把只是量的增加而无分化的增长，改变成像生物体的有机增长情况的均衡的、分化的增长。按照这种“分化增长”理论，在这 10 个区域内，自然是发达国家控制和指挥发展中国家。因此这个理论并不受经济欠发达国家的认可和欢迎。1976 年，罗马俱乐部又委托荷兰经济学家丁伯根提出了名为《重建国际秩序》的第三份报告，这个报告大大地缓解了前两个报告的论点，认为有关自然资源即将枯竭的说法可能是夸大了。作者认为，适宜耕种的土地大部分都已耕种，人口的压力仍然存在，资源问题中，主要是能源问题。根据这种分析，他认为应该更有效地利用自然资源，发达国家和贫穷国家都必须发展自己有比较利益的工业，不要保护缺乏效益的工业，以便扩大国际贸易，进行资源交流。所谓发展有比较利益的工业就是扬长避短，加强国际市场的竞争力的工业。[①]

（二）乐观派与“没有极限的增长”

1976 年，美国德森研究所所长赫尔曼·卡恩发表了系统驳斥悲观论的

① 许鹏辉. 基于持续和谐发展的环境生态学研究[M]. 北京：中国商务出版社，2019.

《今后200年——美国和世界一幅远景》一书，阐述了乐观派的未来观，提出了“大过渡理论”。该理论认为，过去200年和今后200年是人类的过渡期，这个时期虽然有较多的困难，但人类必将摆脱各种困境，使所有的国家进入超工业社会和后工业社会，使自然环境和社会环境都充满活力。该理论强调科学技术的作用，在环境保护办法切实可行而又让人们得到好处的地方，处理好环境保护与经济增长的关系，环境问题将会随着时间的推移而得到解决，人类将会享受到美好的自然环境和人工环境。西蒙作为乐观派的主要代表，以所发表的《没有极限的增长》为代表作，尖锐地指出了悲观派的缺陷所在，指出了“技术预测”和“工程预测”方法存在的片面性。他所得出的结论主要是：自然资源的供应在任何一种经济意义上说都是无限的；能源价格下跌的事例说明，多少世代都关心的问题，并没有出现不能逾越的严峻形势；人口的增长代表了经济的成功和人类的进步，而不是社会的失败。乐观派奉劝人们，不要相信悲观派的论调，人类要生活、要进步，就需要不断奋斗和拼搏，但没有任何困难是不可克服的。

关于人类未来前途与命运预测的大辩论中，悲观派和乐观派的观点针锋相对。从积极意义看，悲观论者提出的结论，具有预警性分析和警告性预测的作用，把公众的注意力吸引到了关注环境与发展问题上来，改变了人们思考问题的方式和积极探索解决环境问题的对策。乐观派对“技术预测”的批评也有一定道理，使人们从“技术预测”过渡到综合性的“模糊预测”。但他们主张通过科学技术进步，所有的问题都将会获得解决的观点也是不可取的。历史的经验教训使人们变得更加聪明，现在，每一个重大行动之前，都预先进行影响评估，并确定采取措施把不良影响缩减到最小的限度，这是人们向可持续发展战略转变的实际行动。①

---

① 许鹏辉. 基于持续和谐发展的环境生态学研究[M]. 北京：中国商务出版社，2019.

二、可持续发展战略的提出

发展是人类社会不断进步的永恒主题。环境安全与可持续发展密不可分，实施可持续发展战略是确保国家环境安全的必由之路。随着社会生产力的极大提高和经济规模的不断扩大，人类以前所未有的巨大物质财富加速了世界文明的演化过程。但是，人类在创造辉煌的现代工业文明的同时，对发展的内涵却步入了认识的误区，一味滥用赖以支撑经济发展的自然资源和生态环境，使地球资源过度消耗，生态急剧破坏，环境日趋恶化，人与自然的关系达到了空前紧张的程度，自然对人类的“报复”事件屡屡发生。面对严峻的现实，人类不得不重新审视自己的社会经济行为，深刻反思传统的发展观、价值观、环境观和资源观。世界上无论是发达国家还是发展中国家，都被迫理性地探索新世纪的发展模式和发展战略，试图冲破昔日牺牲生态环境、盲目追求经济增长的樊笼，寻求一条既能保障经济增长和社会发展，又能维护生态良性循环的全新发展道路。历史把人类推到了必须从工业文明走向现代新文明的发展阶段。可持续发展思想在环境与发展理念的不断更新中逐步形成。“可持续发展战略”正是在这一背景下提出的。

可持续性发展的概念渊源已久。早在公元前 3 世纪，杰出的先秦思想家荀况在《王制》中说：“草木荣华滋硕之时，则斧斤不入山林，不夭其生，不绝其长也；鼋鼍、鱼鳖、鳅鳝孕别之时，罔罟、毒药不入泽，不夭其生，不绝其长也。春耕、夏耘、秋收、冬藏，四者不失时，故五谷不绝而百姓有余食也；污池、渊沼、川泽，谨其时禁，故鱼鳖尤多而百姓有余用也；斩伐养长不失其时，故山林不童而百姓有余材也。”[①] 这是自然资源永续利用思想的反映，春秋时在齐国为相的管仲，从发展经济、富国强兵的目标出发，十分注意保护山林薮泽及其生物资源，反对过度采伐。他说：“为人君而不能谨守其山林菹泽草莱，不可以立为天下王。”1975 年在

① 杨京平．环境与可持续发展科学导论[M].北京：中国环境出版社，2014.

湖北云梦睡虎地11号秦墓中发掘出上千支竹简，其中的《田律》清晰地体现了可持续性发展的思想。因此，“与天地相参”可以说是中国古代生态意识的目标和思想，也是可持续性的反映。西方一些经济学家如马尔萨斯、李嘉图和穆勒等的著作中也较早认识到人类消费的物质限制，即人类的经济活动范围存在的生态边界。[①]

三、可持续发展的基本思想和原则

可持续发展是一个综合概念，是人类社会的一种全新的发展观和发展模式，所以它涉及经济、社会、科技、文化和自然环境等诸多领域。它是以“人与自然和谐发展”为理论基石，以“一定环境条件具有相应承载力”和“资源可以永续利用”为两大理论支柱的社会发展观。具体地说，可持续发展的主要观点有可持续系统观、可持续效益观、可持续人口观、可持续资源观、可持续经济观、可持续技术观、可持续全球观等。

上述观点集中体现了可持续发展的三个基本思想。一是可持续发展鼓励经济增长，通过经济增长提高当代人的生活水平和社会财富。但可持续发展更追求经济增长的质量和方式，提倡依靠科技来提高经济增长的效益和质量。二是可持续发展的标志是资源的永续利用和良好的生态环境。强调经济发展是有限制条件的，没有限制就没有可持续发展，经济和社会发展不能超越资源和环境的承载能力。三是可持续发展的目标是谋求社会的全面进步。可持续发展观认为世界各国的发展阶段和发展目标可以不同，但发展的本质应当包括改善人类生活质量，提高人类健康水平，创造良好的社会环境。[②] 可持续发展的这些思想可概括为：“发展经济是基础，自然生态保护是条件，社会进步是目的。”这些思想又体现了以下3个基本原则：

---

① 郭苏建，方恺，周云亨．环境治理与可持续发展：中国经济和全球进展[M]．杭州：浙江大学出版社，2020.

② 庞素艳，于彩萍，解磊．环境保护与可持续发展[M]．北京：科学出版社，2015.

（1）公平性原则。是指机会选择的平等性，一是本代人的公平，即代内之间的横向公平；二是代际之间，即世代的纵向公平。

（2）持续性原则。资源和环境是制约可持续发展诸多因素中的主要限制因素。人类在经济、社会发展中，需要根据自然环境可提供的支撑能力，调整生活方式、确定消耗标准。

（3）共同性原则。要实现可持续发展的总目标，需要世界各国的共同努力，这是由生物圈的整体性和相互依存关系以及人类的共同利益所决定的。

四、实施可持续发展战略的对策与行动

可持续发展战略已被世界各国所认同，为推动这一战略的实施，许多国家都结合本国的国情，采取了积极的措施和行动，具体如下：

（1）加强国际合作，共同解决全球性环境问题。生态环境恶化和污染由区域性扩展为全球性的发展趋势，使世界各国都认识到，本国的生态安全与其他国家的生态安全是高度一致的。世界性环境问题的解决，如水污染、大气污染等均不受国界的限制，仅靠一个国家的力量已不足以保护地球生物多样性和全球生态系统的整体性。因此，致力于全球可持续发展，需要加强各国之间的合作，建立新的全球合作关系，包括国家之间直接合作，建立国际组织和订立国际公约、协定等，这方面的努力现在已发挥了积极作用并收到了明显效果。在联合国的积极努力下，成功地使绝大多数成员国批准并签署了《气候变化框架公约》《维也纳保护臭氧层公约》等国际公约。①

（2）强化环境管理，建立经济发展与环境保护相协调的综合决策机制。实施“可持续发展”的重要条件之一，就是把对环境和资源的保护纳入国家的发展计划和政策中。因此，各国都加强了环境管理和资源利用的

① 郭苏建，方恺，周云亨．环境治理与可持续发展：中国经济和全球进展［M］．杭州：浙江大学出版社，2020.

全面规划，以防止对资源的不合理或过度开发，防止生态环境质量的继续恶化；积极开展了可持续发展战略、政策、规划的制定，如我国就是世界上最早制定本国 21 世纪议程的国家。许多国家已初步建立了经济发展与环境保护的综合决策机制，协调经济发展与保护环境间的矛盾；许多国家还相当成功地运用市场价格机制，实现对资源的合理配置和对环境的有效管理。建立了资源核算、计价和有偿使用的制度，把生产过程的环境代价纳入生产成本。市场机制又激发了技术进步，提高了资源的使用效率，减少了不必要的浪费。世界各国还通过环境关税、废除或给予补贴等经济手段进行宏观调控，以促进对生态环境的保护。

（3）大力推进科技进步。科技进步是经济发展的动力，也是解决经济与环境协调发展的重要途径。进入 21 世纪后，世界各国都充分认识到这一点的重要性，大力推进科技进步，投入了更多的人力和财力，研究和开发无污染或少污染、节水、节能的新技术，新工艺，提高资源利用率；高新技术蓬勃发展，绿色产业方兴未艾。由于科学技术的迅速进步，在解决环境问题和实施可持续发展战略的进程中，出现了明显的四个转向：环境治理从重视“末端”转向“全过程”的清洁生产；环境保护从单纯的污染防治转向重视资源、生态系统的保护；环境管理从单一部门转向多部门的配合；环境战略从片面地重视环境保护转向经济、社会、生态的全面可持续发展。这四个转向虽因各国经济发展水平不同而存在程度上的差异，但行动上的积极努力却是令人鼓舞的。[①]

（4）完善法律和法规体系，保障可持续发展战略的实施。法律、法规的建设和完善，是实施可持续发展战略的重要保障条件。环境法规作为调节人与自然关系的手段，通过对行为主体的规范，预防或控制环境污染或生态破坏的发生，同时也是对以资源持续利用和良好生态环境为基础的可持续发展的具体化和制度化。依靠法律、法规和政策加强生态环境保护与

---

① 郭苏建，方恺，周云亨．环境治理与可持续发展：中国经济和全球进展［M］．杭州：浙江大学出版社，2020.

建设，是实施可持续发展战略的重要手段。对此各国立法机构和政府都非常重视，如瑞典的《自然资源法》《水法》《环境保护法》《自然保护法》等环境保护法律就十分完善，详细地规定了资源、生态、环境的权属，以及每个公民和社会组织的权利、义务。我国也非常重视环境立法工作，现制定并实施的环境法有5部、资源管理法8部，20多项资源管理行政法规和近300项环境标准，初步形成了环境资源保护法律体系。①

（5）重视环境教育，增强生态意识。实施可持续发展战略，不断提高人们的生态意识是最根本的。因此，提高全民族可持续发展的意识，培养实施可持续发展所需要的专业人才，是实现可持续发展战略目标的基本条件。正是基于这种认识，世界各国都高度重视对国民的环境教育。我国在加强环境保护和实施可持续发展战略的进程中，已初步建立了从中央到地方的环境宣传教育网络。全国有23个省级、100多个地市级设有环境教育和宣传的专门机构。

（6）积极发展环保产业。实施可持续发展战略，执行严格的环境标准，推动了全球环保产业的形成与发展。环保产业是解决环境污染、改善生态环境、保护自然资源，提高人类生存环境质量的产业、产品和服务业的总称。主要包括，用于环境保护的设备制造、自然保护技术、环境工程建设、环境保护服务等方面的各种行业。在国际上，无论是发达国家还是发展中国家，环保产业都被视为经济的新增长点或振兴经济的重点支柱产业。目前，发达国家在世界环境贸易中仍处于领先地位，世界环保产业的中心也在发达国家。但可喜的是，随着发展中国家对可持续发展和环境保护的进一步重视，环保产业逐步成为产业结构的重点之一。②

人类经过反思后，在思想观念、生产活动和生活方式等方面的重要转变对于实施可持续发展战略是极其重要的。经济全球化和生态环境问题的整体性，使世界各国之间相互依存的关系更加紧密。这种相互依存。一方

---

① 李爱华，王虹玉，侯春平，等. 环境资源保护法[M]. 北京：清华大学出版社，2017.

② 杨京平. 环境与可持续发展科学导论[M]. 北京：中国环境出版社，2014.

面有利于各国利益的互补与联系，促成了国际合作；另一方面也引发了国际间的矛盾和冲突，这种冲突在可持续发展领域也有明显反映。例如，温室气体排放问题、能源、工业生产、人民福利水准等，甚至涉及国家的外交和主权。因此，实现全球可持续发展的目标仍然存在着错综复杂的利益之争，具体表现在发达国家与发展中国家的利益冲突、发达国家之间的矛盾冲突、发展中国家之间的矛盾冲突三个方面。但正如前面已指出的，可持续发展战略代表的是全人类的根本利益，符合宇宙中地球系统运动和变化的自然规律。所以，可持续发展战略的实施，是未来人类社会唯一的正确选择，是未来人类社会的光明所在。

参考文献

[1] 乌云娜，王晓光. 环境生态学[M]. 北京：科学出版社，2020.

[2] 许鹏辉. 基于持续和谐发展的环境生态学研究[M]. 北京：中国商务出版社，2019.

[3] 胡荣桂，刘康. 环境生态学[M]. 2 版. 武汉：华中科技大学出版社，2018.

[4] 舒展，黄慧，于文男. 环境生态学[M]. 哈尔滨：东北林业大学出版社，2017.

[5] 郝传波，鞠耀绩. 中国资源型城市可持续发展研究[M]. 北京：中国经济出版社，2017.

[6] 郭苏建，方恺，周云亨. 环境治理与可持续发展：中国经济和全球进展[M]. 杭州：浙江大学出版社，2020.

[7] 陈泽宏. 环境影响评价基础技术[M]. 北京：中国环境出版社，2017.

[8] 石龙宇. 城市可持续发展能力辨识方法及案例研究[M]. 北京：中国环境出版社，2017.

[9] 周景阳. 城镇化发展的可持续性评价研究[M]. 北京：经济科学出版社，2018.

[10] 庞素艳，于彩萍，解磊. 环境保护与可持续发展[M]. 北京：科学出版

社，2015.
[11] 莫祥银，俞琛捷. 环境科学概论[M]. 2 版. 北京：化学工业出版社，2017.
[12] 任建兰. 区域可持续发展导论[M]. 北京：科学出版社，2014.
[13] 吴舜泽，万军，秦昌波，等. 环境保护 2020：以提高环境质量为核心的战略转型[M]. 北京：中国环境出版社，2017.
[14] 周国强，张青. 环境保护与可持续发展概论[M]. 北京：中国环境出版社，2017.
[15] 李元. 环境生态学导论[M]. 北京：科学出版社，2009.
[16] 宋马林，张宁. 中国环境经济发展研究报告 2017：水资源可持续利用[M]. 北京：科学出版社，2017.
[17] 杨保华，刘辉，赵美微. 环境生态学[M]. 武汉：武汉理工大学出版社，2015.
[18] 李登新，关杰，马林转. 环境工程导论[M]. 北京：中国环境出版社，2015.
[19] 顾卫兵. 环境生态学[M]. 2 版. 北京：中国环境科学出版社，2007.
[20] 贺文智，李光明. 环境工程原理[M]. 北京：化学工业出版社，2014.
[21] 曲向荣. 环境保护与可持续发展[M]. 2 版. 北京：清华大学出版社，2014.
[22] 程发良，孙成访. 环境保护与可持续发展[M]. 3 版. 北京：清华大学出版社，2014.
[23] 章丽萍. 环境保护概论[M]. 北京：煤炭工业出版社，2013.
[24] 田京城，缪娟，孟月丽. 环境保护与可持续发展[M]. 2 版. 北京：化学工业出版社，2014.
[25] 马红芳，苑宝玲. 环境工程概论[M]. 北京：清华大学出版社，2013.
[26] 鲁敏，孙友敏，李东和. 环境生态学[M]. 北京：化学工业出版社，2012.